高职高专营销类专业能力本位系列教材

编写指导委员会

高职高专营销类专业能力本位系列教材

商务礼仪

SHANGWU LIYI

主 编：覃常员

副主编：林光友 张艳美

暨南大学出版社
JINAN UNIVERSITY PRESS
中国·广州

图书在版编目（CIP）数据

商务礼仪/覃常员主编．—广州：暨南大学出版社，2010.3（2013.7 重印）
（高职高专营销类专业能力本位系列教材）
ISBN 978－7－81135－424－9

Ⅰ.①商…　Ⅱ.①覃…　Ⅲ.①商务—礼仪　Ⅳ.①F718

中国版本图书馆 CIP 数据核字(2009)第 213084 号

出版发行：暨南大学出版社

地　址：中国广州暨南大学
电　话：总编室（8620）85221601
　　　　营销部（8620）85225284　85228291　85228292（邮购）
传　真：（8620）85221583（办公室）　85223774（营销部）
邮　编：510630
网　址：http：//www.jnupress.com　http：//press.jnu.edu.cn

排　版：广州市天河星辰文化发展部照排中心
印　刷：广州市怡升印刷有限公司

开　本：787mm×1092mm　1/16
印　张：15.125
字　数：386 千
版　次：2010 年 3 月第 1 版
印　次：2013 年 7 月第 3 次
印　数：6001—8000 册

定　价：29.00 元

总 序

“十一五”期间，教育部、财政部决定实施国家示范性高等职业院校建设计划，通过重点建设100所国家示范性高职院校，带动全国高职院校深化改革，提升高等职业教育的整体建设水平。这标志着我国高等职业教育进入了一个追求内涵发展的新历史阶段。这是科学发展观在我国高等教育领域的具体体现，对促进我国高等职业教育更好更快发展具有重大的战略意义。

在人数与规模上，高职教育已占据了我国高等教育的半壁江山。经过多年的发展，高职教育已从当初注重规模化建设转向突出内涵发展，转向深入课程改革与提升学生的核心专业能力培养。在当前全国各类学校争创示范院校的形势下，我国高等职业教育正在进行一场颠覆性变革。如何进行内涵建设、提高课程教学质量，是当前所有高职院校面临的一项重要课题。

随着我国生产力水平的不断提高，市场竞争日益激烈，传统的营销方式越来越不能满足经济发展的需要，市场向营销工作提出了更高要求，也向营销人才培养提出了更高要求。2006年以来，广东交通职业技术学院开始在全院各专业中大力推行基于工作过程和岗位能力的课程教学改革。我们通过工学结合基地建设、专家讲座、说课比赛、教学示范、教学观摩、教学评价、教师培训、教案评比等一系列工作，将教学改革逐步推进，并在各专业与一线教师中深入开展。根据我院“航标灯精神”和“铺路石品格”的人才培养理念，各专业对原有的专业课程体系进行了根本性的改造，并初步取得了成效。

为了满足实际教学的需要和进一步巩固改革成果，在充分调研与分析的基础上，我们组织近二十所高职学校的百余位专业老师及多名知名企业的专业人士共同编写了这套营销类专业能力本位系列教材。我们力求将知名企业实践与理论有机结合起来，以就业岗位为导向，强调分析企业实际工作过程与岗位关键能力训练。重点结合近年来国内尤其是广东的知名企业营销工作来进行内容提炼与编排。充分听取和吸收企业人员的意见，每一本教材都有企业顾问参与编写或进行审核。合理补充新知识与新内容，充分体现高职教育的特点。每一个案例、技能训练活动、习题等都精益求精，强调实践性与可操作性，真正把教师备课、授课、辅导答疑、学生考证、企业实际工作内容、岗位能力训练等教学、实训环节有机结合起来。其编写特色主要体现在以下几个方面：

（1）突出能力本位。力求面向专业培养方向和岗位工作要求，不断强调学生岗位业务操作能力和自我学习、思维能力以及创造性解决问题的能力，促进学生就业以及后续发展。

（2）内容新颖。借鉴国内外最新教材与成果，案例取材主要为近几年来国内尤其是广东省内的知名企业实践经验，内容突出岗位实际操作，融会最新理论与实践成果。

（3）合作交流。本系列教材集思广益，由全国近二十所高职院校近百名专业教师与企业专业人士合作编著而成，具有较强的实战性与适用性。

（4）配套产品丰富。本系列教材除有电子课件外，还有教学用的视频、习题、考卷、知名企业的一手岗位训练内容等，为一线教师提升教学质量提供方便。

衷心希望这套系列教材能进一步深化高职院校营销类专业教学改革，为新形势下高职营销人才培养作出一份贡献。同时，也希望广大教师与读者多提宝贵意见。

广东交通职业技术学院院长　陈周钦

2009 年 2 月

前　言

商务礼仪是指在人们商务交往中适用的礼仪规范，是在商务交往中，以一定的、约定俗成的程序和方式来表示尊重对方的过程和手段。商务交往中涉及的礼仪很多，从根本上来讲，礼仪还包括人与人之间的交往，所以我们习惯把商务礼仪界定为商务人员交往的艺术。

商务活动中，完美的举止是获得成功必不可少的条件。商务礼仪使我们知道在商务交往中应该怎么做，不应该怎么做。做到“约束自己，尊重他人”才能使人们更轻松愉快地交往。“为他人着想”不仅是商务交往，也是人与人之间交往的基本原则。所以，学习并正确地运用商务礼仪既是一个人内在修养和素质的外在表现，又是人际交往中适用的一种艺术、一种交际方式或交际方法，是人际交往中约定俗成的示人以尊重、友好的习惯做法。在人际交往中进行相互沟通就一定要掌握商务礼仪的技巧。

从个人的角度来看，掌握一定的商务礼仪有助于提高自身修养、美化自身、美化生活；从企业的角度来说，掌握必要的商务礼仪不仅可以塑造企业形象，提高顾客满意度和美誉度，还能最终达到提升企业的经济效益和社会效益的目的。商务礼仪是企业文化、企业精神的重要内容，是企业形象的主要附着点。

在当今竞争日益激烈的社会中，越来越多的企业对企业自身的形象以及员工的形象高度重视。如果现代企业商务人员具备了礼仪知识和技能技巧，就会有效地提高自身的职业素养，塑造专业形象，使交往对象产生规范、严谨、专业、有力的良好印象，从而形成企业独特的竞争优势。

本书在编写过程中不仅遵循了理论与实际相结合的原则，而且根据高职院校的培养目标以及学生的认知特点、学习规律，重点突出了职业技能的培训，安排了大量的实训项目。

本书由广州城建职业学院覃常员进行课程整体设计并担任主编，广东科技贸易职业学院林光友、广州体育职业学院张艳美担任副主编。最后由覃常员对全书统一加工整理，总纂定稿。

由于编者水平有限，书中难免存在不妥之处，敬请广大读者批评指正！

编者

2009 年 10 月

目 录

第一章　商务礼仪概述

●技能目标

1. 培养良好的商务礼仪意识
2. 在日常的商务场合中灵活运用商务礼仪的基本原则
3. 在日常商务场合准确把握商务礼仪惯例

●知识目标

1. 理解商务礼仪的内涵
2. 认识商务礼仪的功能
3. 掌握商务礼仪的基本原则
4. 掌握商务礼仪的惯例

●导入案例

“一口痰”背后的故事

一口痰“吐掉”一项合作——某医疗器械厂与美国客商达成了引进大输液管生产线的协议，第二天准备签字。当该厂的厂长陪同外商参观车间时，向墙角吐了一口痰，然后用鞋底去擦。这一幕让外商彻夜难眠，他让翻译给那位厂长送去一封信：“恕我直言，一个厂长的卫生习惯可以反映一个工厂的管理素质。况且，我们今后要生产的是用来治病的输液皮管。贵国有句谚语：人命关天！请原谅我的不辞而别……”一项已基本谈成的项目，就这样“吹”了。

一口痰“吐掉”一份工作——小刘看到一家医药公司正在招聘医药代表，这对他来说是一分专业对口的理想工作。初试后，他对自己参加复试很有信心。果然，通知复试的电话打来了，老板要亲自与他面谈。办公室里，他详细地述说了自己多年来的业绩，并得体地回答了老板的每一个提问，换来的是老板热情的握手。最后老板对他说：“小伙子，真不错，请于星期二下午来公司签聘用合同。”耶，成功了！他下决心一定要好好珍惜这个机会。签聘用合同那一天，他抱着八字已成一撇一捺的态度走进公司，不巧的是，老板正在和一位客户谈生意，老板示意他先到旁边的休息间待会儿。就在这个节骨眼上，因一时闲来无事清嗓子，下意识中他顺势朝窗外吐了一口痰，却恰好被老板看在了眼里。随即秘书过来传话："请改日再来。"改日小刘自然没有来成，因为当晚他就接到了老板的电话，老板委婉地表示公司不光要业务能力强的人，更需要素质高的人，如果他日后在客户面前乱吐痰，对公司形象会是一种损害，毕竟医药公司是拿健康做文章的单位。

外交家们常说，在国家交往中"外交无小事"。从以上案例中我们可以看到，在商务交往中"礼仪无小事"。古人云："穷则独善其身，达则兼济天下。"当今，伴随着经济全球化进程，中国与国际的融合不断加速，我们的商务交往日益频繁，交往的商务圈也日益宽泛，商务礼仪作为商务人员一项不可或缺的职业素质，普遍受到社会各界商务人士的高度重视。无论是对于组织还是对于个人而言，都需要我们顺应时代潮流，正确理解商务礼仪的内涵，在商务交往中具备一定的商务礼仪意识，恰到好处地实践商务礼仪规范，进一步提升个人素质，维护组织形象，为组织和个人的长期发展创造条件和机遇。

第一节　礼仪及商务礼仪内涵

一、礼仪内涵

1. 追溯中国礼仪的历史

人类区别于动物的一个显著特征就是人类的社会性。人类的活动不但受到自然规律的影响和制约，而且受到社会规律以及由社会规律决定的各种社会规范的制约。礼仪作为从人类历史长河中沉淀而来的一种文化，始终闪耀着人类文明与智慧的光芒。

中国是四大文明古国之一，素以注重礼仪而著称。礼仪即礼节和仪式。《荀子·修身篇》称："人无礼则不生，事无礼则不成，国无礼则不宁。"根据史籍记载，早在夏、商时期，作为言行规范的"礼"就已经基本成型。孔子曾说过："殷因于夏礼，所损益，可知也；周因于殷礼，所损益，可知也。"中国古代有五礼之说，"祭祀之事为吉礼，冠婚之事为喜礼，宾客之事为宾礼，军旅之事为军礼，丧葬之事为凶礼"，其中丧礼的产生最早。

中国古代礼仪的形式多样且内容繁多，本质上强调为维护统治阶级的等级制度服务。整体来说，古代礼仪可分为两大类：一是用于治理国家，包括政治、经济、军事制度在内的典章制度；二是古代社会生活所形成的做人的道德规范及个人和社会必须遵守的行为准则与仪式。其中前一类包括祭天、祭地、宗庙之祭、祭先师先圣、尊师乡饮酒礼、相见礼、军礼等；后一类包括五祀、诞生礼、冠礼、饮食礼仪、馈赠礼仪等。孔子是古代礼仪的集大成者，我国古籍中著名的“三礼”——《周礼》、《礼仪》、《礼记》标志着中国古代礼仪发展的成熟阶段。

以孔子为先师所构造的中国古代礼仪不仅影响中国社会长达两千多年，随着古代国家交往范围的扩大，中国“礼仪之邦”的美名也享誉海外。在古代，许多到过中国的外国友人都认为中国人言行举止温文尔雅，民众关系和睦融洽，不愧为“礼仪之邦”。18 世纪在欧洲出现的几位大思想家都非常推崇以礼仪为主要内容的孔子学说，其中伏尔泰认为孔子礼仪中所宣扬的都是高洁的道德，非常实际，他主张欧洲人面对中国文化一要赞美，二要自惭，三要模仿。

程门立雪

“程门立雪”出自《宋史·杨时传》，说的是宋代学者杨时和游酢向程颢、程颐拜师求教的事。杨时、游酢二人，原先以程颢为师，程颢去世后，他们都已 40 岁，而且已考上了进士，然而他们还要去找程颐继续求学。故事就发生在他们初次到嵩阳书院，登门拜见程颐的那天。相传，那日，杨时、游酢来到嵩阳书院拜见程颐，但是正遇上程老先生闭目养神，坐着假睡。这时候，外面开始下雪。这两人求师心切，便恭恭敬敬侍立一旁，不言不动，如此等了大半天，程颐才慢慢睁开眼睛，见杨时、游酢站在面前，吃了一惊。这时候，门外的雪已经积了一尺多厚了，而杨时和游酢并没有一丝疲倦和不耐烦的神情。

“六尺巷”的故事

清朝时期，宰相张廷玉与一位姓叶的侍郎都是安徽桐城人。两家毗临而居，都要起房造屋，为争地基发生了争执。张老夫人便修书到北京，要张宰相出面干预。这位宰相到底见识不凡，看罢来信，立即作诗劝导老夫人：“千里家书只为墙，再让三尺又何妨？万里长城今犹在，不见当年秦始皇。”老夫人见书明理，立即把墙主动退后三尺；叶家见此情景，深感惭愧，也马上把墙让后三尺。这样，张叶两家的院墙之间，就形成了六尺宽的巷道，成为有名的“六尺巷”。张廷玉失去的是祖传的几分宅基地，换来的却是邻里的和睦及流芳百世的美名。

2. 现代礼仪的内涵

古人云：“不学礼，无以立。”在现代信息社会中，根据马斯洛的需要层次理论，作为个体的人有与人交往的需要；而作为一个“社会人”，不可避免要与人打交道，任何人都不可能与世隔绝，孤立于社会环境之外。“没有规矩不成方圆”，与人交往就需要遵守一定的“游戏规则”，接受规则的约束，否则就会给人际交往带来沟通障碍。通过对古代礼仪的批判继承，对国际礼仪的吸收与借鉴，“取其精华，弃其糟粕”，礼仪得到了真正意义上的变革，成为现代礼仪。我国现代礼仪与古代礼仪本质上的区别在于：现代礼仪不再以森严的等级制度为基础，而是以构建尊重自我和尊重他人的和谐社会为出发点和目标。

从古沿用至今的礼貌用语

中途先走说—失陪	请人勿送说—留步	送人远行说—平安	宾客来到说—光临
等候别人说—恭候	没能迎接说—失迎	需要考虑说—斟酌	无法满足说—抱歉
请人谅解说—包涵	希望照顾说—关照	赞人见解说—高见	归还物品说—奉还
看望别人说—拜访	求人指点说—赐教	向人询问说—请问	请人协助说—费心
问人姓氏说—贵姓	客人入座说—请坐	陪伴朋友说—奉陪	请人赴约说—赏光
请人接受说—笑纳	欢迎购买说—惠顾	求人办事说—拜托	麻烦别人说—打扰
仰慕已久说—久仰	长期未见说—久违	求人帮忙说—劳驾	

现代礼仪主要就是指现代社会中的人为了互相尊重而约定俗成、共同认可的行为规范和程序，它是礼节和礼仪的总称。礼是指由一定的道德观念和风俗习惯形成的礼节及表示尊称的态度或动作；仪是指人的外表、动作及按程序进行的礼节。简言之，“礼”，即礼貌、礼节；“仪”，即仪表、仪态、仪式。从个人修养的角度来看，礼仪是一个人内在修养和素质的外在表现；从交际的角度来看，礼仪是人们交际中的一种艺术和沟通的技巧。现代礼仪与社会学、公共关系学、伦理学、心理学、传播学、民俗学、美学等多门学科密切相关。

2001 年 9 月 20 日中共中央所发布的《公民道德建设实施纲要》中，将“明礼”列为我国公民的基本道德规范之一。对现代礼仪的学习与应用既顺应了当今社会主义精神文明建设的趋势，也是每个现代文明公民适应社会发展、提升自身素养的基本途径。

二、商务礼仪内涵

伴随着经济全球化进程和社会主义市场经济的发展，商务活动日益成为人与人沟通、展示个人与组织形象的重要平台。商务礼仪在商务活动的实践中应运而生，并且成为商务交往必不可少的组成部分。

商务礼仪是基于业缘关系，按照行业划分的人们在工作岗位上所应遵守的现代礼仪，它是一般礼仪在商务场合中的运用和体现。具体来说，商务礼仪是指公司或企业的商务人员及其他一切从事商务活动的人士，为了塑造个人和组织的良好形象而应当遵循的礼节和仪式的程序、规范，其中包括仪容仪表礼仪、语言交际礼仪、日常商务交往礼仪、商务活动礼仪等方面。在各种各样的商务场合中，商务人员的言谈举止及待人接物的方式小则代表了个人的修养与品味，大则代表了一个企业或公司的形象；在国际化的商务场合中，甚至代表了国家的形象。

商务礼仪目前已经成为中高等职业院校相关专业和企业培训机构所开设的重要培训课程。它是一门综合性较强的人文应用科学与艺术：一方面，商务礼仪易于理解，因为它没有高深晦涩的理论，它是从日常商务活动的实际出发，经过长期的积淀所形成的人们对于商务行为的规范艺术的共识；另一方面，商务礼仪是复杂的，因为它无处不在，渗透到我们日常商务活动的方方面面。所谓“纸上得来终觉浅，绝知此事要躬行”，要培养良好的商务礼仪素养，并非一日之功，需要我们亲身体验，不断地实践再实践。这就要求每一个现代商务人士都树立礼仪意识，从我做起，从规范做起，把礼仪规范变成自然习惯，才能在商务场合中游刃有余地运用商务礼仪规范，亮出个人和组织形象的风采，为成功的商务交往奠定基础。

一个人的礼貌就是一面照出他肖像的镜子。——歌德

在缺乏教养的人身上，勇敢就会成为粗暴，常识就会成为迂腐，机智就会成为逗趣，质朴就会成为粗鲁，温厚就会成为谄媚。——洛克

礼貌像只气垫：里面可能什么也没有，但是却能奇妙地减少颠簸。——约翰逊

礼仪不良有两种：第一种是忸怩羞怯；第二种是行动不检点和轻慢。要避免这两种情况就只有好好地遵守下面这条规则：不要看不起自己，也不要看不起别人。

——约翰·洛克

一副善良的相貌就是一封推荐书。——菲尔丁

礼貌经常可以代替最高贵的感情。——梅里美

礼貌无须花费一文而能赢得一切。——蒙田

好脾气是一个人在社交中所能穿着的最佳服饰。——都德

礼貌使有礼貌的人喜悦，也使那些受人以礼貌相待的人喜悦。——孟德斯鸠

礼貌是人类共处的金钥匙。——松苏内吉

以金钱赠人不如以礼貌待人。——伊斯巴哈尼

第二节 商务礼仪功能

商务礼仪之所以在社会范围内受到广大商务人士的重视和推崇，是因为它具有以下重要的五种功能。总体来说，这五种功能既体现了运用商务礼仪的经济价值，又体现了它独特的社会文化价值；既有利于提高个人的内在修养，又有利于推进建设和谐社会。

一、约束和调节商务行为

商务礼仪最基本的功能就是约束和调节各种商务活动行为。俗话说“没有规矩不成方圆”，商务礼仪是公司或企业的商务人员及其他一切从事商务活动的人士约定俗成应当遵循的礼节和仪式的程序、规范。在长期的实践中便形成一种社会行为规范。任何一个在商务环境中工作的社会人，都自觉或不自觉地受到商务礼仪的约束。同时，商务礼仪可以化解人们在商务交往中的矛盾与冲突，力求建立一种积极健康的人际关系模式。

具体来说，商务礼仪的约束和调节作用体现在以下两个方面：一方面，商务礼仪把企业的理念、价值观、规章制度具体化为一些规范的行为模式，从而强化了企业的制度要求，树立企

业遵纪守法、遵守社会公德的良好形象；另一方面，员工在企业价值观的引导下，不断提升内心的道德感，在企业规章制度范围内不断调整自己的行为，使其符合商务礼仪的行为规范，对内争当企业的“模范公民”，对外成为塑造企业良好形象的“代言人”。

二、传递信息、展示价值

有些商务礼仪规范从形式上，只不过是让一个座、握一个手、递一张名片、接听一个电话、喝一杯茶等，但这些看似细枝末节的一言一行，却可以发挥举足轻重的作用，传递着关于个人素养和组织形象的重要信息，成为我们在商务场合立身处世的法宝。对商务礼仪的把握和运用是商务人士传递个人和组织信息、展示价值的一个平台。

在商务洽谈中，你是否遵时守约可能就会影响到你所代表的组织在谈判中的地位；在中式或西式的商务宴请中，你的举止是否得体也许就决定了大订单的成功与否；在办公室里，你一贯不雅的仪容仪表或许会让你失去了一次接触大客户、赢取销售业绩的机会……“机遇总是光顾有准备的头脑。”良好的商务礼仪修养可以更好地向对方展示你的价值，通过你的言行传达出尊重、友好、诚恳等情感信息，在一定程度上，这些积极的情感信息可以帮助你获得对方的信任与支持，它往往直接预示着成功机会的降临；反之，如果你在商务活动中毫无礼仪意识，忽略了商务礼仪传递信息和展示价值的功能，没有展现出应有的内在和外在的品位修养，可能会在不知不觉中与成功的机遇失之交臂。

三、塑造个人与企业组织的形象

教养体现细节，细节展示形象。对于商务人员个人来说，商务礼仪是个人道德修养、文化素养的外在表现；对于企业组织来说，商务礼仪是企业价值观、企业文化、企业文明程度的集中体现。因此，商务礼仪成为塑造商务人员个人和企业组织良好形象的重要手段。

1. 塑造商务人员个人形象

随着社会主义市场经济建设的蓬勃发展，人与人的商务交往也在不断地拓展。人与人第一次交往中给人留下的印象，在对方的头脑中形成并占据着主导地位，通常会在自己对该人的具体认知方面发挥明显的，甚至是举足轻重的作用，这种效应被称为“首轮效应”。“首轮效应”在商务交往中尤其显著。通常，在商务活动中，每个参与者的仪容仪表、言谈举止等具体的行为给予对方一种最直接的视觉效果，常常会使他人产生一种特殊的认知定式，直接或间接影响着人们下一步的商务交往。“千里之行，始于足下”，如果一个人在商务交往中展示了积极自信的精神面貌、得体适宜的仪表和服饰、彬彬有礼的言行举止，一定会给人留下美好的第一印象，从而为有效地进行深入的商务活动打下良好的基础。

2. 塑造企业组织形象

企业组织形象作为一种无形资产与财富，是公众对组织整体印象的评价和综合认知的结果。它既包括组织的产品、资金实力、建筑设施、规划等物质要素，还包括组织精神、价值观、职业道德、行为准则、人员素质等精神要素。塑造良好的企业组织形象，提升企业的知名度和美誉度是企业经营者的重要战略目标之一。

活跃在商务场合中的商务人员往往不是完全独立的，他们总是代表着各种各样的组织，所以他们的个人形象和组织形象是不可分割的。在商务交往中恰到好处地运用商务礼仪，不仅可以塑造个人的良好形象，也可以塑造企业组织的良好形象。从这种意义上说，一方面，商务礼仪好像一面镜子，可以将企业的组织精神、价值观、人员素质等精神要素呈现在公众面前；另一方面，商务礼仪可以间接为企业带来经济效益。现代市场竞争除了产品和服务竞争外，更体现在形象竞争上。一个拥有一定美誉度的公司或企业，同时也具备较强的市场竞争力，就可在激烈的市场竞争中脱颖而出。

四、沟通情感、促进商务合作

在当今日益频繁的商务活动中，凡是涉及与领导、同事、客户等的交往，必然少不了商务礼仪。在商务交往的过程中，双方可能都会产生一定的情感，由情感转化为态度再上升到行为层次，双方或相吸、或相斥。

正所谓“世事洞明皆学问，人情练达即文章”，古人对交际的意义如此看重。恰如其分的商务礼仪运用，易于在商务人士之间架起一座沟通的桥梁，从而为建立友好合作的商务关系，取得商务交往的成功提供保障；反之，忽略了商务礼仪或不合时宜地运用商务礼仪，则很容易产生感情排斥，造成信息沟通受阻，产生不和谐的商务关系因素，最终影响到商务活动的顺利发展。所以，从一定程度上来看，礼仪是社会经济发展的基石，商务礼仪是商务人士沟通情感、协调商务关系、促进商务合作的重要手段。礼仪造就了形象，形象代表着信誉，信誉蕴涵着经济利益。商务礼仪是商务活动和谐发展的润滑剂和加速器。

五、净化社会风气、树立国家形象

“人无礼则不立，事无礼则不成，国无礼则不宁。”建设社会主义和谐社会离不开提高全民族的素质，那么知礼仪、用礼仪就成为提高全民素质中不可或缺的重要内容之一。在商务场合中，一个人、一个公司或企业组织的礼仪意识与行动也是展示社会风气和国家的国际文明形象的窗口。

具体来说，商务礼仪净化社会风气、树立国家形象的功能主要表现在两个方面：一方面是商务礼仪作为一种行为规范和道德约束，它对全社会的每个人都在直接或间接地施行教化，发挥净化社会风气的重要作用；另一方面，商务礼仪的形成和发展过程本身就是社会文化发展的重要组成部分，是国家形象的一面镜子，它不断吸收精华，兼容并包，在老一辈与新一代之间世代相传，促进社会社会进步，树立“礼仪之邦”的光辉国际形象。

第三节　商务礼仪的基本原则与惯例

一、商务礼仪的基本原则

商务礼仪一般包括仪容仪表礼仪、语言交际礼仪、日常商务交往礼仪、商务活动礼仪等，几乎渗透到吃、穿、言、行的方方面面，事无巨细，规范众多，而且涉外商务礼仪还要依照不同国家和民族礼俗的差异进行特殊处理，更是使商务礼仪呈现出复杂多样、操作性强的特点。那么，如何才能在各种各样的商务场合中有效掌握细则纷繁的商务礼仪，让我们可以挥洒自如、游刃有余地展示个人或组织的形象，获得打开商务合作成功之门的机会呢？我们不妨先化繁为简，从宏观上把握具有普遍性、通用性、规律性的七大商务礼仪原则。只要掌握并遵行商务礼仪的基本原则，在商务活动中依照基本原则行事，就可以成为具有品位修养且彬彬有礼的商务人士。

从事商务活动的黄金“IMPACT”

英国学者大卫·罗宾逊概括出了从事商务活动的黄金规则，具体表述可用“IMPACT”一词来概括，即：Integrity（正直）、Manner（礼貌）、Personality（个性）、Appearance（仪表）、Consideration（善解人意）和Tact（机智）。

1. 正直：通过言行表现出诚实、可靠、值得信赖的品质。当个人或公司被迫或受到诱惑，想要做出不够诚实的事时，这就是对正直进行考验的时候。良好的商务举止的一条黄金规则就是：你的正直应是毋庸置疑的——不正直是多少谎言也掩饰不了的。

2. 礼貌：人的举止模式。当与他人进行商务交往时，风度可以向对方表明自己是否可靠，行事是否正确、公正。粗鲁、自私、散漫是不可能让双方的交往继续发展的。

3. 个性：在商务活动中表现出来的独到之处。例如，你可以对商务活动充满激情，但不能感情用事；你可以不恭敬，但不能不忠诚；你可以逗人发笑，但不能轻率、轻浮；你可以才华横溢，但不能惹人厌烦。

4. 仪表：所有人都会哪怕是下意识地对交往者以貌取人。要做到衣着整洁得体，举止落落大方，这些都是给商务伙伴留下好印象的至关重要的因素。

5. 善解人意：这是良好的商务风度中最基本的一条原则。成功的谈判者往往在会面前扮演一下对手的角色。人们如果事先就想象好即将与之交谈、写信或打电话联系的对方可能有的反应，就能更谨慎、更敏锐地与对方打交道。

6. 机智：商场中每个人都极有可能对某些挑衅立即作出反应，或者利用某些显而易见的优势；如果我们一时冲动，则会悔之不已。不过本条黄金规则更深的内涵是：有疑虑时，保持沉默。

1. 尊重原则

“只有有自尊心的人才能尊重别人，也只有有自信心的人才能知道如何相信别人。人与人之间靠互相尊重和信任，才能真正合作，才会使我们感到人间的温暖和快乐。”尊重原则是商务礼仪的核心原则，尊重是商务礼仪的情感基础。每个人都有自己的人格尊严，并期望在各种场合中得到尊重。尊重好比是商务交往中的“绿灯”，能够引发他人的信任、坦诚等情感，缩短交往的心理距离。尊重包括自尊和尊人。在商务礼仪中，要把握好“尊重”原则，自尊和尊人兼而有之方可做到不失礼。商务人员要具有实现自我尊严和自我价值之心，即自尊，自尊是尊人的前提，正所谓：己不爱，焉能爱人；己不尊，何谈尊人。一个没有自尊之心的人是无法做到尊敬他人的；与此同时，礼仪本身就是“设身处地时刻考虑别人的兴趣和感情”，更要具有向他人传达谦恭与友善之意，即尊人。在商务场合中，无论是在组织内部面对同事和上下级，还是在组织外部面对客户，都要时刻保证“尊人”第一，不可枉然伤害他人的尊严，更不可恣意侮蔑他人的人格。

白金法则

白金法则是美国最具影响的演说家托尼·亚历山大德拉博士与人力资源专家迈克尔·奥康纳博士于20世纪80年代末所提出的一项关于人际交往的基本法则。奥康纳博士研究的成果——白金法则的精髓就在于“别人希望你怎样对待他们，你就怎样对待他们”，从研究别人的需要出发，然后调整自己行为，运用我们的智慧和才能使别人过得轻松、舒畅。黄金法则和白金法则启示我们，在社交中和处理人际关系时，要尊重他人、待人真诚、公正待人。每个人都有自尊心，自尊是一种由自我所引起的自爱、自信，并期望受到他人或社会肯定的情感。然而，许多人都存在这样一种想法：值得我尊重的人，我才尊重；不值得我尊重的人，我没有必要尊重他。其实，尊重与某个人是否能干完全是两码事。尊重不存在值不值得的问题，我们应当尊重每一个人的人格，就像我们自己希望受到别人尊重一样。

2. 平等原则

所谓平等是指人与人之间在政治、经济、文化等各方面处于同等的地位，享有同等的权利。马克思说过，“搬运工和哲学家之间的原始差别要比家犬和猎犬的差别小得多，他们之间的鸿沟是分工造成的。”平等，集中表现在人格和法律地位上的平等。平等是社会进步的体现，平等待人是现代人的基本素质，平等待人体现了人的美好道德价值。社会有了平等才可以和谐稳定发展，商务礼仪有了平等内涵才有持续发展的保证，平等是运用礼仪的基本要求。

商务礼仪中需要秉持的平等原则是指在商务场合中，要一视同仁、平等待人，不以貌取人、以势取人、以才取人、以物取人、以家境取人。对于同事、上级、下级、投诉顾客、小客户、大客户、VIP 客户等每一个交往对象都要恭敬友好，以礼相待，不能因其性别、民族、文化程度、职位高低、财富多寡、社会地位等客观条件而把人分成三六九等，要做到不偏不倚，一视同仁；另一方面，也要平等待己，克服自卑心理，不要自视低人一等。

无视平等待人的代价

大卫是美国著名的作家，在成名之前，有过一段艰难的日子。这天，他把写好的一部小说寄给一家小型出版社。这是大卫的第三部小说，前两部由于销量不怎么样，所以大卫也不敢抱多大的希望。没有想到出版社很快就给了答复。他们愿意出版大卫的小说，还说希望下周一能过去签订出版合同。到了下周一，出版社又打来电话，说社里出了点事情，合同要等到下个礼拜才能签。又过了一个礼拜，大卫如约赶去出版社。签订合同时，出版社又说："鉴于你的知名度不够，所以我们原先定下的8%的版税现在只能给你6%。"大卫很不满，但他明白对于一个没有名气的作者来说，他和出版社的交易永远处于弱势，所以大卫还是无奈地接受了。按照合同的约定，一个月后，大卫去出版社领取预付版税。出版社又一次发生失信的事情，他们拒绝现在给大卫预付版税，理由是他们进一步发现这部小说的诸多缺点。当然这只是出版社的借口，大卫终于忍无可忍，和出版社终止了合同。他没有理由相信这么一个没有诚信的出版社。塞翁失马，安知祸福？大卫最后把小说给了另外一家出版社，一切都很顺利，出版社很快就出版了小说，并把这部小说作为重点来宣传。一个月后，大卫的小说登上全美畅销书排行榜，大卫一夜成名。之前的那家出版社得知这个消息后捶胸顿足、懊恼不已，但为时已晚。

3. 真诚原则

《韩非子》中说："巧诈不如拙诚。"巧诈可能一时得逞，但时间一久，就容易露馅。拙诚是指诚心地做事，诚心地待人，尽管可能在言行中表现出愚直，但时间长了，会赢得多数人的信赖。

"正直和诚实还没有发现代用品，人们缺少它就没法取得成功。"商务礼仪中的真诚原则要求我们在商务交往中运用礼仪时要真心实意、坦诚相待，以从心底感动他人而最终获得他人的信任。商务活动旨在通过树立良好的个人和组织形象来实现经济价值和社会价值。我们要认识到，所有的商务活动并非短期行为，从事商务竞争与合作，只有恪守真诚原则，注重礼仪，以诚待人，思想和言行一致，说老实话，办老实事，做老实人，才能获得最终的利益。倘若把商务礼仪当成"虚假"表演的舞台道具，弄虚作假，结果只能是"竹篮打水一场空"，既丧失了个人形象，也有损于组织形象，商务活动的经济价值和社会价值也无从实现。

真诚的价值

小赵是一家钢材销售公司的业务员，1.65米的身高，不太整齐的牙齿，配上与时尚不沾边的穿着和脸上架着的一副大黑框眼镜，似乎没有一点能吸引人的地方，成为"剩男"也就不足为怪了。因为他的羞涩、木讷、不敢于为自己争取，涨工资似乎也总与他无缘。他的工作是负责为设在外市的总公司配货，位置举足轻重，但他的存在却明显无关紧要，公司上下似乎根本就没有人会在意他、理会他。

然而，正是这个不起眼的小赵做成了一笔数额巨大的销售单，而且是能建立长期合作关系的VIP客户。事后，客户对公司的老总说，能在考察了多家公司后最终选中他们，除了他们的实力、信誉外，更重要的是得益于负责接待他的业务员小赵的真诚。看惯了生意场上的虚虚假假，小赵那些没有谎言辐射的一言一行最终为公司赢得了客户的信任。

4. 谦和原则

《荀子·劝学》中说到："礼恭而后可与言到之方，辞顺而后可与言道之理，色从而后可言道之致。"谦和是中华民族的传统美德，更是现代社会商务交往中不可缺失的基本原则。"谦"就是谦逊、谦让、谦恭而不轻狂，"和"就是和善、和美、和恰而不争斗。泰戈尔说过："当我们大为谦卑的时候，便是我们最接近于伟大的时候。""谦和"原则要求每一个身处商务场合的商务人士在言行和态度上要表现出善于与人和平相处、乐于听取逆耳忠言，而不能处处唯我独尊、飞扬跋扈。《管子·兵法》上说"和合故能谐"，有了和睦就能行动一致，步调协调，便可无往不胜。商场如战场，有了谦和之心，我们才能在商务交往中进退自如，掌握交往的主动权。

越谦和越接近高尚

黑格尔是学识渊博的德国大哲学家，也是极谦和的人。对黑格尔来说，谦和已经成为一种习惯。朋友们聚会，一位朋友问他："您一贯谦和的习惯是怎么养成的呢？"他没有直接回答，而是讲了小时候的一件事：

有一天上午，父亲邀他一同到林间漫步，他高兴地答应了。

父亲在一个弯道处停了下来，专心地听了一会儿，问黑格尔："孩子，除了小鸟的歌唱之外，你还听到了什么声音？"

他仔细地听了一会儿，自信地回答："我听到了马车的声音。"

父亲说："对，是一辆空马车。"

黑格尔惊讶地问父亲："我们都没看见，您怎么知道肯定是一辆空马车呢？"

父亲答道："从声音就能轻易地分辨出是不是空马车，因为马车越空，噪音就越大。"

从此以后，黑格尔将父亲的话牢记在心。每当要出现粗暴地打断别人说话苗头的时候，每当要出现自以为是、贬低别人苗头的时候，他都会想到父亲的提醒："马车越空，噪音就越大。"

正所谓物极必反，我们应当认识到过度的谦和反而会给商务交往带来负面影响。比如在商务谈判中，谦和的态度固然是必要的，但切忌把自己变成谈判桌上的“谦谦君子”，无原则的妥协和退让会让你失去最基本的谈判立场和商业利益；又如在与欧美人的国际商务交往中，过度的谦和，一味地贬低自己，会让交流对方认为你缺乏自信，从而怀疑你的业务能力。商务活动形式多样，千变万化，在商务交往中要把握好“谦和”的尺度，务必具体情况要具体分析，灵活运用商务礼仪的谦和原则。

5. 宽容原则

宽容带来的“双赢”

一位女士不小心摔倒在一家整洁的铺着木地板的电器超市里，手中的奶油蛋糕弄脏了商店的地板，她一脸尴尬地看了看老板。不料老板却说：“真对不起，我代表我们的地板向您致歉，它太喜欢吃您的蛋糕了！”老板的热情打动了女士，于是她笑了，笑得很灿烂。这位女士立刻下决心“投桃报李”。一个星期后，这位女士回到这家电器商店里，毫不犹豫地买下了新居所需要的总价值6万余元的电器。

常言道：“海纳百川，有容乃大。”宽容也是中华民族自古提倡的一种修养与美德。宽即宽待，容即容忍，宽容是一种恢弘的气度，就是要心胸宽广，不要处处过分苛求，多设身处地地容忍和体谅他人。从事商务交往，要求我们在严于律己的同时，更要宽以待人。无论是与同事相处，还是与客户交往，出于各自的立场和利益，难免会产生各种各样的冲突和误解。所谓“度尽劫波兄弟在，相逢一笑泯恩仇”，如果我们能自觉地遵循宽容的原则，以全局的眼光看待矛盾，从长远利益出发，拿得起、放得下、想得开，互谅互让，多一份谅解，多一份宽容，多一份宽待，多一份善意，就能化大事为“小”，化小事为“无”，最终就可获得“双赢”的结果。

6. 适度原则

敞开心扉要适度

刘娜大学毕业后就职于一家公司。刚刚踏进职场的她急于想和周围的同事与客户建立密切的联系，以便提高自己的工作业绩。于是，她在午休吃饭的时候常常把自己的一些“小秘密”告诉同事，比如在大学里曾经有过的刻骨铭心的初恋等；在与客户交往的过程中，为了表现出自己的真诚，除了谈业务，刘娜也不惜把自己的“小秘密”当成话题，以期拉近与客户的距离。不曾料到，同事们却渐渐疏远她，原本欣赏她业务能力的客户也有意无意地避开与她联系业务了。这是怎么回事呢？刘娜百思不得其解，感到很委屈。

案例中的刘娜虽然态度诚恳，但却有些过度，显然是没有把握好人际交往的距离，不符合礼仪规范，结果必然事与愿违。适度的原则要求我们在不同的商务场合中应用商务礼仪时，不管是律己还是敬人，要做到以下几个方面：态度适度、谈吐适度、举止适度、关心适度、批评适度、距离有度。

商务交往要恰到好处地把握好尺度。比如在接待客户的商务场合中，要彬彬有礼，但不能低声下气、低三下四；要热情大方，又不能轻浮失礼、阿谀奉承。在应用商务礼仪时，过火或做得不够都不能真正赢得对方的尊重，交际和沟通的目的也就难以实现。掌握商务礼仪的适度原则，要依靠不断的历练与积累。

7. 变通原则

王经理错在哪里

某公司销售部的王经理在五星级酒店门口迎接即将到来的英国客商。昨天晚上，王经理为了准备今天的迎接活动，还特意上网查询了轿车座次等相关礼仪资料。不一会，一辆高级轿车向饭店驶来。车停靠在饭店豪华大转门庭前，王经理看到后排坐着两位男士，前排副驾驶座上坐着一位身材较高的女士。他一步上前，以优雅的姿态先为后排客人打开车门，做好护顶关好车门后，王经理又迅速走向前门，准备以同样的礼仪迎接那位女士下车，但那位女士却是满脸不悦，让王经理茫然不知所措。通常后排座为上座，一般凡有身份者皆在此就座。这位女士为什么不悦？王经理错在哪里？

在西方国家流行这样一句俗语：“女士优先。”在社交场合或公共场所，男士应优先为女士着想，处处照顾女士。案例中的王经理未能按照国际上通行的做法先打开女宾的车门，致使那位外国女宾不悦。俗话说：“十里不同风，百里不同俗。”由于国情、民族、文化背景、个人喜好与禁忌的不同，对于同一件事情，不同国家和地区，不同民族，不同的人总会有大相径庭的态度和处理方式。在商务交往中，我们不能无视这一客观现实，商务活动的国际化发展趋势更需要我们认识差异，遵守惯例、学会变通、求同存异，做到入境问俗、入乡随俗、进门见礼、出门问禁，尊重别人的喜好和禁忌。如果一味地自以为是，肆意对他人的习惯做法品头论足，只会给商务交往带来不愉快的结果。所以在应用商务礼仪的时候，切记遵循变通原则。

入乡随俗的典故

《六度集经·之裸国经》记载：很久以前，有一个地方，人们都裸露着身体，所以，这个地方人称“裸乡”或“裸国”。一次，兄弟二人去裸乡经商。弟弟说：“福德很大的人衣食充足；而福德小的人，则衣匮粮缺。今日我们来到了裸乡，这里没有佛法，是道德比较落后的地方。我们前往这里，和他们交流起来比较困难。所以，我们应该入乡随俗，进退要遵循对方的规矩。和他们相处时，心态要柔和，语言要谦虚。只有匿慧扬愚，才能不枉此行啊。”哥哥说：“礼教不可亏。我怎么会因为他们裸身，就放弃我的礼教呢?”弟弟说：“这样做并没有破坏我们的礼教道德啊！因为我们的内心是正的。这就像黄金外表涂了一层铜一样。再说，这仅是权宜之计。我们还是一起进去吧!”哥哥说：“还是你先进去看一下，之后回来告诉我具体情况。”弟弟答应了。十天后，弟弟返回来告诉哥哥：“必须要遵循当地的习俗。”哥哥听后勃然大怒：“畜生！这哪还像人啊！你这样做，我偏不这么做!”于是弟弟又回到裸乡。他随从于那里的风俗，和当地人打成一片。国王很喜欢他，国民也非常敬重他。国王以高价购买他的商品。哥哥乘着车也来到了裸乡，但他执意坚持礼教，指责当地人这里不对，那里不行，违背了民心。国王非常生气，国民也特别讨厌他。有人还抢了他的商品，将他赶走。

二、商务礼仪的常见惯例

1. 女士优先

“女士优先”的原则起源于欧洲中世纪的骑士之风，是传统的欧美礼节的基础，后来成为国际社会公认的重要礼仪原则。“女士优先”不仅仅意味着顺序上的优先，而是指在一切社交场合，每一个成年男子，都有责任和义务通过自身的言谈举止表现出对所有妇女的尊重、照顾、关心、保护，时时处处为妇女排忧解难。国际社会公认，唯有这样的男士才具有绅士风度、才有教养，否则会被认为缺乏基本常识。

虽然商务礼仪是国际社会公认的“第一礼俗”，但它仍然有特定的适用范围。其一，“女士优先”的原则主要适用于商务社交场合，而在公务场合则不强调这一原则。在公务场合强调的是“男女平等”，或者“忽略性别”。其二，“女士优先”主要通行于西方发达国家、中东欧地区、拉丁美洲地区以及非洲的部分地区；而在阿拉伯世界和一些亚洲国家，由于对本国传统文化的传承，依然普遍讲究“男尊女卑”。

女士优先原则具体表现在：

1. 步行时，男子应该走在外侧，就是靠车辆的一边，女士走在内侧。
2. 进门时，男子应把门打开，请女士先进。
3. 上下电梯，应让女子走在前边。
4. 下车、下楼时，男子却应走在前边，以便照顾女子。
5. 进餐厅、影剧院时，男子可以走在前边，为女士找好座位。
6. 入座时，应请女士先坐下。
7. 进餐时，要请女士先点菜。
8. 席间有女士离席，旁边的男士应该立刻起来为其拉开椅子，让她方便离开，然后自己再坐下来；而女士返回时，同样的程序就会重复一次。这一点我们看起来好像很麻烦，似乎没有必要，但在正式场合如果男士端坐不动的话，一定会被其他在场人士视为粗鲁无礼，没有教养的。

9. 自助餐会时，男士应该在原位等候，等女士取完后，男士再去。

10. 在聚会时，男士应该先向女士问候，如果坐着的要起立。而女子则不必站起，只要坐着点头致意即可。

11. 握手时，男士只有在女士伸过手来之后才可以伸手，并应该摘下手套，而女士可以不必摘下。

12. 女士的东西掉在地上时，男子都应帮她拾起来。

13. 迎面走来的时候，男士都应该谦让，让女士先行。

2. 遵守时间

“守时就是最大的礼貌”

1779 年，德国哲学家康德计划到一个名叫珀芬的小镇去拜访老朋友威廉·彼德斯。康德动身前曾写信给彼德斯，说自己将于 3 月 2 日上午 11 点之前到达。

康德 3 月 1 日就赶到了珀芬小镇，第二天早上租了一辆马车前往彼德斯的家。老朋友的家住在离小镇 12 英里远的一个农场里，小镇和农场之间隔了一条河。当马车来到河边时，细心的车夫说：“先生，实在对不起，不能再往前走了，因为桥坏了，很危险。”康德下了马车，看了看桥，中间的确已经断裂了。河面虽然不宽，但水很深，而且结了冰。

“附近还有别的桥吗？”康德焦急地问。

车夫回答说：“有，先生。在上游 6 英里远的地方还有一座桥。”

康德看了一眼怀表，已经 10 点了。“如果赶那座桥，我们以平常速度什么时候可以到达农场？”“我想大概得到 12 点半。”

康德又问：“如果我们经过面前这座桥，以最快速度什么时间能到达？”

车夫回答说：“最快也得用 40 分钟。”

于是康德跑到河边一座很破旧的农舍里，客气地向主人打听道：“请问您这间房子要多少钱才肯出售？”农妇大吃一惊：“您想买如此简陋的破房子，这究竟是为什么？”

“不要问为什么，您愿意还是不愿意？”“那就给 200 法郎吧！”康德付了钱，说：“如果您能马上从破房上拆下几根长木头，20 分钟内把桥修好，我将把房子还给您。”

农妇把两个儿子叫来，让他们按时修好了桥。马车平安地过了桥，飞奔在乡间的路上。10 点 50 分的时候，康德赶到了老朋友的家。

在门口迎候的彼德斯高兴地说：“亲爱的朋友，您可真守时啊！”康德与老朋友相会的日子里，根本没有对其提起为了守时而买房子、拆木头修桥过河的经过。

后来，彼德斯在无意中听到那个农妇讲了此事，便很有感慨地给康德写了一封信。信中说道："您太客气了，还是一如既往地守时。其实，老朋友之间的约会，晚一些时间是可以原谅的，何况您还遇到了意外。"

一向一丝不苟的康德，在给老朋友的回信中写了这样一句话："在我看来，在一定意义上可以说，无论是对老朋友，还是对陌生人，守时就是最大的礼貌。"

不守时就是不守礼，不守礼必然不守信。遵守时间是一件很简单的事情，也是一件微乎其微的事情，但细节决定成败，可能往往就因为这些微乎其微的时间问题导致你失去一个重要客户，失去一个合作项目。遵守时间要求我们在商务交往中时刻牢记时间观念，严格遵守一切与时间有关的约定，能够根据实际情况按时履行约定。遵守时间有以下三点具体做法：

（1）事前邀约。

在商务交往中，为了表示对交往对象的尊重，务必事先约定交往的起始时间，勿要不请自来，成为不速之客。如业务员小王和客户约定2009年9月10日下午3点至4点上门拜访。邀约应从实际出发，充分考虑交往对方的实际情况的方便程度。一般来说，非迫切要处理的紧急事宜，应尽量不要占用对方的休息时间，如午休用餐时间、下班时间、公众假日等，不要占用对方业务相对较繁忙的时间，如每个工作日的上午。邀约要最大限度地考虑交往对方的意愿，不能在违背对方意愿的基础上软磨硬泡，否则势必会给正常的商务交往带来负面影响。

（2）按时赴约。

事先邀约是遵守时间的第一步，按时赴约就是遵守时间至关重要的第二步。一方面，在不同商务场合，无论是参加公司会议、商务谈判，还是接待、拜访客户等，或者参加商务宴会，都一定要遵守按时赴约的规范；另一方面，遇到突发特殊事件，确属需要变更约定的情况，要及时有效地与交往对方沟通，以便另行安排。无视约定时间乃失礼之举，既会给商务人士带来形象损失，又可能让企业错失商机。

多一些守时，少一点理由

在参加某公司招聘的大学毕业生当中，小李各方面条件都很突出，也符合公司岗位的要求，小李本人也对公司表现出了浓厚的兴趣。在这种情况下，公司招聘人员安排他当晚7点30分作进一步的详谈，并留下了面谈的地址和电话。但晚上到点还不见人影，招聘人员以为小李改变了主意。大约晚上9点左右，小李打来电话说由于晚上要参加期末考试，所以不能来。招聘人员考虑小李尚是在校学生，就同意安排他第二天早晨9点钟过来面谈，小李表示同意。第二天早晨却仍不见其人，9点20分，小李再一次打来电话，表示正准备出发，要公司招聘人员多等一会儿。招聘负责人在电话中对小李直言，招聘人选已确定了，请他到别的单位看看。

（3）终止有度。

在公司会议主题发言、商务谈判、拜访客户等日常商务场合，对于事前确定好的时间规定，务必做到心中有数、终止有度，无原则、无限制地拖延时间势必会影响到工作的进展或给交往对象造成不便而影响交往的效果。

3. 尊重隐私

被拒绝的“友善”

有一天，刚参加工作不久的孙妮小姐被派到外地去出差。在卧铺车厢内，她碰到了一位来华旅游的美国姑娘。由于对方首先向孙小姐打了一个招呼，孙小姐觉得不与人家寒暄几句实在显得不够友善，便操着一口流利的英语，大大方方地随口与对方聊了起来。

在交谈之中，孙小姐有点没话找话地询问对方：“你今年多大岁数呢？”不料人家答非所问地予以搪塞：“你猜猜看。”孙小姐觉得没趣，转而又问：“到了你这个岁数，你一定结婚了吧？”这一回，那位美国小姐的反应更令孙小姐出乎意料：对方居然转过头去，再也不搭理她了。一直到分手，她们两个人再也没有说上一句话。

孙小姐与那位美国姑娘话不投机，不欢而散，主要是因为孙小姐在交谈中向对方所提出的问题在国外统统属于不宜向他人打探的个人隐私。按照常规，对方是有权利拒绝回答的。

按照我国的传统文化，人们通常认为为人应该光明磊落，正所谓“君子坦荡荡”。现代社会，尊重隐私已经成为国际社会交往的惯例和共识。所谓个人隐私，简单地说，指的就是一个人出于个人尊严的考虑而不愿意为他人所知的个人秘密。从法律的角度讲，隐私权是公民对自己个人信息、个人宁静生活以及决定私人事务等享有的一项重要民事权利，它包括个人信息的保密权、个人生活不受干扰权和私人事务决定权。即使是家人、亲戚、朋友之间，也必须尊重彼此的个人隐私。

个人隐私“九不问”

其一，收入支出。其二，年龄大小。其三，恋爱婚姻。其四，身体健康。其五，家庭住址。其六，个人经历。其七，生活习惯。其八，信仰政见。其九，所忙何事。

在商务交往中，我们要尊重交往对象的个性独立，维护其个人尊严就要尊重其个人隐私，应当自觉回避对对方个人隐私的任何形式的涉及。进而言之，在言谈话语之中，对于涉及对方个人隐私的一切问题，都应该自觉地、有意识地予以回避。不要主动打听交往对方的年龄、收入、婚恋、家庭、健康、经历、住址、籍贯，以及宗教信仰、政治见解、正在忙什么等问题。

无视“尊重隐私”的商务交往惯例，不管三七二十一，自顾“打破砂锅问到底”，只能导致交往对方极度不悦，甚至还会因此损害双方之间的关系，为商务交往带来不必要的损失。

●习题与实训

一、简答题

1. 商务礼仪的内涵是什么？
2. 商务礼仪有哪些重要功能？
3. 商务礼仪有哪些基本原则？
4. 如何理解“尊重”是商务礼仪最基本的原则？
5. 联系您的实际，谈一谈如何把握好商务礼仪的适度原则。
6. 你知道商务礼仪有哪些日常惯例吗？

二、实训

案例分析一：

郑伟是一家大型国有企业的总经理。有一次，他获悉有一家著名的德国企业的董事长正在本市进行访问，并有寻求合作伙伴的意向。于是他想尽办法，请有关部门为双方牵线搭桥。让郑总经理欣喜若狂的是，对方也有兴趣同他的企业进行合作，而且希望尽快与他见面。到了双方会面的那一天，郑总经理对自己的形象进行了一番刻意的修饰，他根据自己对时尚的理解，上穿夹克衫，下穿牛仔裤，头戴棒球帽，足蹬旅游鞋。无疑，他希望自己能给对方留下精明强干、时尚新潮的印象。然而事与愿违，郑总经理自我感觉良好的这一身时髦的“行头”，却偏偏坏了他的大事。

（资料来源：金正昆．涉外礼仪教程．北京：中国人民大学出版社，1999）

郑总经理的错误在哪里？请您运用本章学习过的关于商务礼仪的知识帮助郑总经理分析他的错误。

案例分析二：

适逢某皮具公司开年度订货会，全公司从总经理到前台员工都积极备战，期待年度订货会圆满成功。新来的公关部员工小王也是格外认真，积极准备自己负责的各项接待准备工作。

订货会开幕那天，场面热闹非凡，全国各地的经销商云集公司总部，人数比以往历年都要多。公关部的小王应接不暇。她负责接待的江浙地区的客户，其中有位刘总，每年订货量都是高居榜首，是他们公司的忠实大客户，小王格外积极热情，跟在刘总左右，端茶递水，嘘寒问暖，让刘总觉得很不自在，小王似乎还觉得自己做得不够；同时，在今年江浙地区的客户中，多了一位新客户孙经理，别人都是西装革履，个个都是老板的排场，这位新客户却是其貌不扬。他的订单量也是所有客户中最低的，但是问题却是最多的，老是向小王询问关于订货的细节问题。于是小王很不耐烦，摆出一副不冷不热的样子，把精力都放在了刘总和其他客户身上。结果刘总向公司的总经理抱怨了小王的行为，而新客户孙经理却连最低的订货量也没有留给该皮具公司，在订货会还没有结束时就提前离开了。

案例中的结局和公关部的员工小王有关系吗？请您运用本章学习的关于商务礼仪的基本原则来进行分析。

案例分析三：

面试“轻轻关门”，应聘跨进银行大门

研究生毕业那年，就业形势相当严峻，我连续几次应聘失败，仿佛经历一场噩梦，但还得鼓起勇气继续找工作。忽然有一天看到一家银行门口贴着招聘广告，银行工作稳定、福利好，很多同学都想去。我想，反正不用交报名费，就试试吧。同学们知道我去参加了银行的应聘，都嘲笑我，可一周以后，我还真接到了银行的面试通知。参加面试的人很多，砰砰的关门声加剧了紧张的气氛。前面面试出来的人，有的喜形于色，有的万分沮丧。排在我前面的女孩长得很漂亮，我想我可真够倒霉的，排在她后头，主考官刚欣赏完一个美女，再来看我，反差也太大了。漂亮女孩笑着从主考官办公室走出来，随着“砰”的一声关门声，下一个该轮到我了。我整整衣裳，大着胆子往里闯……很幸运，问题挺简单，在要求自我介绍后，只问了几个简单的小问题。我回答完后，主考官点点头，面无表情地说：“你可以走了。”没有看到微笑，我心想也许没戏了，就朝门口走去，我正准备开门时，出于礼貌又返身朝他们鞠了一躬：“谢谢”，然后轻轻开门，又随手轻轻关上了门。从银行大厦里走出来，我安慰自己，银行的工作太刻板了，不去也好。20天后，银行方面打来电话通知我，我被录取了。第一天上班，在我去领制服的时候，碰到了那天面试我的一个主考官，他向我表示祝贺。我奇怪地问他，在几百人中他怎么会记得我，他回答我说：“那天我们接待了约300个应聘者，你是唯一一个向我们鞠躬，并且关门关得那么有礼貌的人。我们是服务行业，礼貌待人是我们对员工的基本要求。”这是我的一次求职经历，虽说是误打误撞的成功，却让我明白了一件事，也许我们不是最优秀的，但是即使是在我们失意时，也要讲礼貌，也要向人们展露我们的微笑。

请您结合本章中关于商务礼仪功能的内容，谈一谈以上这个案例说明的问题。

第二章　商务人员形象设计

●技能目标

1. 学会设计适应不同商务场合的商务人员形象
2. 能够恰当运用商务仪态礼仪
3. 能够选择适合不同场合的商务人员的服饰
4. 善于恰到好处地展示商务形象

●知识目标

1. 掌握商务人员形象的内涵和设计的原则
2. 掌握商务仪容礼仪的基本规范和设计技巧
3. 掌握商务服饰礼仪的基本规范和设计技巧
4. 掌握商务人员的仪态礼仪规范

●导入案例

都是“时尚”惹的祸

小刘在一家时尚杂志社工作，虽说是初出茅庐，但因业务能力强而得到了领导和同事的认可。有一次，领导特意安排她去专访一位知名民营企业的老总。听说这位老总是一个既能干又极有魅力的女性，对工作一丝不苟，尤其对时尚非常敏感，对自己的衣着及礼仪要求极高。小刘非常珍惜这次专访机会，事先做了大量细致的采访准备工作。到了采访当天，穿什么衣服却让她犯愁了，面对这样一位重量级的人物，尤其是位时尚女性，当然不能太落伍了。小刘不是个爱打扮的女孩，因为工作和性格关系，平时穿衣都是怎么舒服、方便就怎么穿。时尚杂志倒也看，但只是凑热闹而已。后来在杂志上看到女孩穿吊带装，那清纯可人的形象打动了她，于是她迫不及待地开始模仿起来。

采访那天，小刘穿了一件紧身、可爱的吊带装，搭配了一条七分裤和崭新的名牌运动鞋，打了个时下极其流行的发髻，兴冲冲地直奔采访目的地。当她站在该公司前台说明自己的身份和来意时，明显看到了前台小姐那不屑的眼神。经过小刘再三说明身份，并拿出工作证来，前台小姐才勉强地带小刘走进老总的办公室。眼前的这位女老总，高挑的身材，优雅的举止，得体的职业装，让小刘怎么看怎么舒服。小刘突然感觉自己的穿着就像个舞台上的丑角，往日在采访工作中的自信荡然无存，几乎驾驭不了采访提纲，也忘却了曾经娴熟的提问技巧。小刘坐立不安地硬着头皮完成了采访。采访一结束，便逃似的奔离了女老总的办公室。

商务人员形象设计的成功与否，直接关系到商务交往的效果。在商务场合，商务人士的专业知识和业务能力是进行商务交往的根本，其地位固然重要，但是通过商务人士的仪容、仪表、体态、举止等细节所透露出来的职业气质与展示的职业形象同样不容忽视。如果一个人在商务交往中展示了积极自信的精神状态、恰到好处的妆容与服饰、温文尔雅的言行举止，不仅能赢得他人的信任，同时还可以展示组织形象的风采，从而为成功的商务交往打下良好的基础。

案例中小刘的记者身份之所以让公司的前台小姐产生质疑，之所以在大方得体的女老总面前坐立不安，最终导致采访效果受到影响，都是失败的形象设计惹的祸。在解读以上这个案例后，你是否对职业形象设计问题深有感触呢，是否能够领悟到商务人员形象的价值所在呢？让我们从正确理解商务人员形象的内涵入手，理解商务人员形象的设计原则，在此基础上，进一步掌握商务人员仪容、服饰、仪态礼仪的基本规范和设计技巧。

第一节　商务人员形象的内涵

在商务交往中，一个商务人士给外界留下深刻的第一印象的地方无外乎个人的容貌、表情、着装、举止、言谈等诸多方面，它们是人的精神面貌、性格特征等具体而集中的表现，可以引起交往对象的思想共鸣或感情活动。每一个商务人士首先都是通过自己的形象让他人认识自己，而交往的对象也会通过这种形象对其作出正面或负面的反馈与判断。良好的外在形象不仅可以体现个人高尚的文化修养和审美品位，还有助于提高商务交往的沟通能力。

我们知道，形象就是外界对个体的整体印象和综合评价。商务人员的形象是内在形象和外在形象的统一体。内在形象主要是指个体的职业能力、知识素养和道德修养，是商务人员良好形象的最高境界；外在形象是指个体的仪容、仪表、仪态、服饰、言谈举止等诸多方面的综合形象，它侧重于个体的形象展示或形象推销，是外界对商务人员良好形象的“第一印象”。商务人员形象强调内外兼修，既要做到内强素质，又要做到外树形象。那么，对于商务人员形象内涵的理解，要求我们同时以内在形象和外在形象两个方面为出发点，用辩证的眼光来看待问题：

（1）脱离内在形象只谈外在形象，会使外在形象失去依托。

比如，从事空乘服务的空中小姐，无论从身材还是容貌来说，都是在众多竞争者当中百里挑一、无可挑剔的。但如果空姐们缺乏内在文化修养，一言一行粗鲁蛮横，缺乏专业空乘知识，对乘客的询问"一问三不知"，那么姣好的容貌和曼妙的身材也会因为内在形象的缺失而黯然失色。

（2）摒弃外在形象，只强调内在形象，会使内在形象大打折扣，甚至遭到质疑。

比如，一位业务部项目经理，从名牌大学毕业，拥有硕士研究生学历，满腹诗书、业务精通，工作驾驭能力强，但如果在拜访或接待客户时不修边幅，经常出现鼻毛外露、衣领不洁、指甲不修、高跷二郎腿等一系列有失仪容仪表礼仪的不雅之举，那么，客户会对他产生什么样的印象呢？他的内在能力和知识素养无疑就会被大打折扣，自然会影响到他的工作业绩。

本章节主要介绍商务人员外部形象设计的原则、基本规范与设计技巧。

1. 修饰是对自己的一种爱护，对他人的一份尊重。最重要的是，它可以提升自己的内涵。

2. 适度修饰自己的形象，其实也是对自我人格的一种塑造和珍惜。

3. 外貌是天生的，仪表却是后天的，它或者可以同时理解为魅力、风度。

4. 不经意的修饰如果点到为止常常有出奇制胜的收获；刻意的追求一旦过度则难免弄巧成拙。

5. 从一定意义上讲，美好的容貌是一张通行证。不过，这张通行证可以使人上天堂，也可以使人下地狱。

6. 端庄的仪表与整洁的服饰就是最好的推荐信。

7. 看人，不能只重貌相；律己，则又不可忽视貌相。

第二节　商务人员形象设计的原则

商务人员的个人形象往往代表了企业形象、产品形象和服务形象，在跨地区、跨文化交往中还代表地方形象、民族形象和国家形象。在一般社会生活中，个人形象可以具有个性化色彩，但是在商务场合中，商务人员外在的容貌与装扮和内在的言谈举止、表情姿势务必要遵循一定的原则要求与规范做法。在传统与时尚元素、东方与西方文化背景交融碰撞的现代社会，商务人员的形象呈现出多元化的特征，并随着商务场合的变化而有所不同，但是万变不离其宗。商务人员的形象设计需要同时遵循以下五个基本原则：

一、适用原则

我们知道，商务礼仪是基于业缘关系按照行业划分的，人们在工作岗位上所应遵守的现代礼仪。所以商务场合中商务人员的形象设计并非是千篇一律的，而是既要遵循适应原则，又要体现多元化。适应原则要求我们要做到以下三点：

（1）商务人员形象设计应当与本人工作岗位相适应。

比如，空乘服务人员、公司销售经理、酒店大堂经理、健身俱乐部会籍销售专员等岗位的商务人员的形象应该从不同工作岗位的特点出发而有所不同。

（2）商务人员形象设计应当与本人的身份相适应。

比如，在一家五星级商务酒店，迎宾、服务员、前台、大堂经理、营销经理等不同身份商务人员的形象设计应该与其身份特征相适应。

（3）商务人员的形象设计应当与所处的具体场合相适应。

比如，一位女公关经理参加商务谈判时的着装和参加商务晚宴时的着装应该依据不同商务场合的着装规范而有所变化。

二、协调一致原则

协调原则是以全局的眼光，从整体的角度看待商务人员自身的形象设计。商务人员形象设计涉及妆容、服饰、神态、举止等诸多方面，每一方面都有具体的规范和做法。大方得体的商务人员形象设计一方面要注意妆容协调、服饰协调、神情举止协调；另一方面还要注意这些形象要素之间的相互协调。

让我们看一看在商务场合中的“不协调音符”：比如在商务谈判中的男翻译小刘，身穿一套笔挺的商务西装，脚蹬一双运动鞋。西装固然符合商务谈判礼仪的规范，但是显然没有把握好衣服和鞋子的协调，必然会自贬形象。又如，第一天到公司报道上班的“白领丽人”小王，身穿一套公司定制的剪裁得体的职业裙装，为了给同事们带来耳目一新的形象，小王早上特意提前起床一个小时化了时尚的个性化彩妆。这样的形象果然在公司引发了“轰动效应”。小王忽略了妆容与着装的协调，成为别人的笑柄。

三、自然大方原则

自然大方原则是商务人员形象设计应遵循的基本原则之一。

首先，自然美是一种天然物质符号的美，它侧重于形式，是生命的充满活力的形象，能够给人带来愉悦的心灵享受。尽管我们在商务交往中不强调以貌取人，但是商务人士若能以自然而不做作的形象示人，则能给交往对方带来快乐心怡的好心情，有助于形成和谐融洽的交往氛围，自然会对商务交往成效产生积极的影响。

其次，古人云：人无信不立。为了实现商务交往的既定目标，需要通过落落大方的仪容仪态以及言谈举止建立交往对方对自己的信任。对于商务人士来说，落落大方，体现在服饰方面，就是着装和饰品要适合自身的气质，做到量体裁衣；体现在待人接物方面，就是要不吝啬，除了基本的物质需求以外，人们也期望得到他人的认同、赞美、同情、宽容、尊重、理解等。宽以待人，慷慨赞美他人的言行，都是对他人大方的表现。

在商务形象设计上坚持自然大方的原则，有助于形成和谐融洽的交往氛围，有助于建立交往双方的信任，进一步促进商务交往取得更好的成效。

四、简约适度原则

商务人员形象设计既要力求自然大方，注重自然美，又要注意简约适度，注重修饰美。简约适度原则要求商务人员在进行形象设计与修饰时，要遵循基本的规范，把握好一定的尺度，既不能过于简化也不能过于繁杂。要能够根据个人的条件扬长避短，塑造个人形象，否则都只会物极必反。

比如，出席正式的商务晚宴，对于仪容仪表有着不同于其他商务场合的要求，如果女士既没有化妆也没有选择合适的晚礼服，而是以简单的工作装出席，会给人留下随随便便、不懂规矩的印象，自然也是“失礼之举”。再如，女士在接待客户的商务场合中，为了充分表达自己对客户的尊重和重视而为自己设计了“盛装形象”，耳环、胸针、项链、手链、丝巾、戒指、脚链等全部上阵，显然过于繁杂，落得个过犹不及。

五、因人而异原则

对于商务人员形象来说，终归到底还是“人”的形象。社会中的人自然是千差万别，高矮胖瘦、音容笑貌不尽相同，现代社会是一个提倡多元化发展的时代。商务礼仪虽然强调商务人员形象设计的原则与规范，但是形象设计并不是标准化的产品，我们不能忽略每个人自身的特点，“适合自己的才是最好的”。商务人员形象设计也要从个人的优缺点出发，从自然条件出发，坚持因人而异的原则进行恰到好处的修饰，以达到赏心悦目的形象效果。如此，商务人员形象设计才更为科学、合理，方能呈现出符合时代特点的多元化、人性化的特征。

第三节　商务人员仪容礼仪

所谓仪容，即一个人自然的外观容貌。在商务交往中，人与人之间的接触，首先展示给交往对象的，是个人的外表形象而非内心世界，一个人的仪容又是外表形象中最易引发他人“第一印象”的首要区域，假如个人的“面子工程”留给他人的第一印象不佳，又怎能获得别人的敬仰和接近的机会？个人仪容是形成良好商务形象的基本要素之一。从商务礼仪的角度来看，仪容除了面部五官修饰以外，还包括发型、手臂、腿等部位的修饰，这些都是商务交往活动中最易引起交往对象注目之处。

每个人的仪容形象很大程度上是“天生的”，不是个人可以选择的，但是良好的商务礼仪修养主要有赖于后天的塑造与习惯的养成。是天生丽质也好，是相貌平平也罢，讲究商务仪容礼仪就是从个人的特点出发，对天生的外观容貌进行必要的设计和修饰，使得仪容符合商务活动的要求和商务礼仪的规范。在商务活动中，如果能够恰到好处地对仪容进行修饰，即使天生相貌平平，同样能展示出吸引他人目光的独特气质与品位；如果忽略了仪容修饰或修饰过度，即使原本是天生丽质，也会被人认为是缺乏礼仪素养。

"魅力女神"——英国王妃戴安娜

英国王妃戴安娜初入王室时，容貌并不算倾国倾城。她虽然透出一股"村姑"的清纯和朴实，但是和王室成员的气质差距甚远；脸颊太红，鼻子和颧骨相对突出；虽有1.78米的高挑身材，但不够苗条；为了不压过查尔斯，平时很少穿高跟鞋，有习惯性驼背……婚后，人们发现她形象气质越来越好，容貌也越来越漂亮迷人，原因就在于她在诸多王宫美容师的点拨下进行了"美容革命"——她用薄粉底来调和发红的脸色，再配以色调柔和的桃色、珊瑚色胭脂，在颧骨下面打暗影，使颧骨显得不那么突出，脸型也不显得太大。后来她又听取著名化妆师的建议，在脸上薄施桃褐色的腮红，衬出美丽的双颊，又以蓝色眼线液和蓝色眼影衬出一双鲜明夺目的蓝眼，让她成为世人瞩目的"魅力女神"。

戴安娜王妃的美部分是天生丽质，更多的是来自恰到好处的修饰。可见，即便是像戴安娜王妃那样的人，也需要做一定的修饰。仪容修饰的必要性在于，每个人的容颜不可能完美无缺，适当的修饰可以弥补某些不足，使自身形象更趋于完美。作为商务人员，往往代表着组织的形象，要保持仪容的整洁、端庄与品位，对仪容的整理修饰是必不可少的。

一、容貌修饰

1. 容貌修饰的基本要求

容貌修饰很大程度上就是指人们常说的面部修饰。容貌修饰是仪容礼仪中的基本要素之一。在商务场合中，仪容是一个人外在形象的首要区域，而个人容貌在这个首要区域中又是首当其冲，况且任何容貌修饰的细节对于交往对象可以说是一览无余，所以商务人士在进行容貌修饰时，务必注重细节，不可掉以轻心。"若把西湖比西子，浓妆淡抹总相宜"，要进行容貌修饰，协调、自然、健康、洁净是关键，具体涉及容貌所包括的不同部位，有着不尽相同的具体要求。总体来说，均要遵循以下四点基本要求：

（1）无不洁异物。

做到保持面部洁净清爽，耳、鼻、眼等部位无不洁分泌物，面部无汗渍、泪痕、灰垢、油迹、血渍等污迹。

（2）无多余毛发。

在商务场合，要求男士做到鼻毛不外露，胡须要勤剪；汗毛较为浓密的女士应及时脱毛或加以修饰。

（3）无严重皮肤病症。

面部出现较为严重的伤痕、皮炎、湿疹、痤疮等皮肤病症时，要及时加以治疗；非紧急特殊情况，最好避免直接出席正式的商务活动场合。

2. 容貌修饰的基本内容

(1) 做好面部皮肤的清洁。

面部皮肤表面存在很多的皮沟，因而空气中的灰尘和细菌较易附着在皮肤上，再加上现代商务人员的日常工作都离不开电脑，日积月累的电脑辐射也会对面部皮肤产生一定程度的污染，同时皮肤表皮自然新陈代谢的角质层细胞和一些分泌物会形成污垢，使皮肤容易藏污纳垢。一方面，皮肤污垢会影响皮肤美观和身体健康，皮肤则易多发粉刺、色素斑等不良皮肤病症并失去光泽；另一方面，面部有失洁净美观也会给商务人员的形象带来负面影响。所以，有效地进行面部清洁是商务人员做好仪容礼仪的第一步，也是讲究仪容礼仪的基础。

仪容礼仪——面部清洁

商务人士简易洁面三部曲：

首先，注意洗脸的水温及洗面次数。一般情况下，宜使用自来水洗脸，水温略低于体温对皮肤有良性刺激，水温过低则反而会使皮肤干燥、苍白。因此，一般以微温水为宜；强油性皮肤者亦用热水，水温可在40度左右，有助于洗去油脂，油性皮肤者可增加洗脸次数，一日3~4次。用热水洗脸后，应再以冷水漂洗。其他肌肤类型者洗脸的次数应视其生活方式和职业性质而定。一般早、中、晚各一次即可。

其次，选择洁肤品。仅用热水或冷水不能充分洗除污物，我们通常需要加用洁肤品。现今洁肤品的种类和形式繁多，可以选择的有香皂、洗面乳等，个人可以根据皮肤性质和反应来加以选择。

最后，洁面后皮肤一般比较干燥，可以根据个人情况通过护肤乳液或酸性化妆水来调整皮肤的酸碱性，补充适当的水分。一般应先涂酸性化妆水，再用护肤乳液。

(2) 注重面部“卫生死角”修饰。

此外，需要要特别提醒的是，面部清洁勿忘打扫“卫生死角”。比如颈部、眼角分泌物、鼻腔分泌物、口腔异味、牙缝异物等。如果忽视了以上任何一处“卫生死角”的细节处理，都可能让你在不知不觉中处于尴尬的境地，轻则让你成为别人的笑料，重则会让交往对象对你产生不信任感甚至对你所代表的组织失去信任。所以，商务人员在修饰容貌方面务必重点做到以下三点：

①保持口腔清洁。生活中我们每天都在通过各种方式与人沟通，作为商务人员，无论是在日常的商务办公场合，还是在拜访和接待客户、参加商务谈判等商务活动中，更离不开与交往对象进行面对面的沟通与交流。你拥有了优秀的口才和灵活的思维，掌握了应付各种工作场合的沟通技巧，固然能帮助你在沟通与交流中位居主动，但如果你面对客户和同事说话时不断传来一股口腔异味，牙齿上也是污渍斑斑或夹带食物残渣，无疑会让交往对象对你产生避之不及的厌恶情绪。所以保持清新怡人的口气和洁净健康的牙齿不仅能给自己带来一份好心情，也是商务人员仪容礼仪中重要的修饰要素之一。

仪容礼仪——口腔清洁

口腔清洁六步曲：

第一步，养成良好的饮食习惯。

要减少吃含糖食物的次数，因为有很多细菌积聚在牙齿及牙龈边缘，细菌利用糖就会产生酸性物质，侵蚀牙齿，引起龋齿。

第二步，建立良好的口腔卫生习惯。

要时刻保持口腔卫生清洁，掌握正确的刷牙方法，做到饭后漱口，早晚刷牙，定期更换牙刷，使用牙线彻底清除牙缝中的食物残渣。

第三步，选用保健牙刷和含氟牙膏。

用保健牙刷能有效地清洁口腔，而又不损伤牙齿和牙龈，保健牙刷的刷毛柔软有弹性，刷面平坦，刷头不大，刷毛末端磨圆。含氟牙膏中的氟能与牙齿珐琅质结合，使牙齿更坚固，有良好的防龋作用。

第四步，正确的刷牙角度和动作。

将牙刷倾斜45度，压于牙面与牙龈之间，刷毛尽量进入龈沟和牙缝间，然后顺着牙缝竖刷并轻轻旋转刷头，用力不要过大，按顺序使每个牙齿都刷到，每次刷3分钟。

第五步，使用牙线清洁牙缝。

小心地将牙线以锯式的动作进入牙缝，以免损伤牙龈，然后将牙线贴在牙面，上下移动，就可以彻底清洁牙缝。

第六步，定期口腔检查。

定期进行口腔检查，口腔医生会给你提供口腔保健指导和帮助，以保证你的牙齿和牙龈健康美观。

②保持鼻腔清洁健康。刷牙、洗脸是人们日常生活中必不可少的基本卫生习惯，然而，鼻子的清洗往往容易遭人忽视，成为被遗忘的“卫生死角”。作为商务人员，为了在工作场合免遭尴尬，应当同样注重保持鼻腔的清洁。需要做到经常清理鼻腔的不洁分泌物，经常修剪鼻毛，清理鼻腔要避人，切忌在商务场合中，在众目睽睽之下有抠鼻孔、擤鼻涕、拔鼻毛的举动，既有失雅观也不尊重别人。

仪容礼仪——鼻腔健康

第一，养成良好的个人卫生习惯。掌握正确（擤鼻涕）的方法，避免将异物或污染物塞入鼻腔。

第二，保持鼻腔干净。正常情况下每天不少于两次，每天早、晚各一次（早上起床后洗脸前和晚上冲凉前），清除鼻腔内（外鼻道）的鼻涕和分泌物。

第三，常使鼻腔湿润。“对症”方法就是清洁和湿润，可以喷洒些生理性药物雾剂，清洗掉附在鼻腔黏膜上的病菌和杂质，保持鼻腔黏膜处于湿润状态，就能预防和减缓各种呼吸道感染和鼻腔炎症的发生。

第四，鼻孔毛有保护和调节等作用，只要不太影响形象，就不要动它。一旦长到影响你的容貌的时候，也不能用手直接拔掉，正确的处理方法是，用清洁的剪刀剪去突出鼻孔的部分即可。

③保持耳部清洁健康。商务人员修饰仪容，在清洗面部的时候不要遗忘清洗耳朵周边的污垢，还要养成定期清洁耳道内分泌物的习惯，勿让异物阻塞耳道引发不适而影响生活和工作。应知当众掏耳朵是一种不雅与失礼行为，在商务场合须避人行之。

仪容礼仪——耳朵健康

第一，最好用干净的棉棒，轻轻在外耳道转动，然后耳朵朝下，则耵聍可自行出来；尽量做到不用指甲、铁签等尖锐物掏耳。

第二，不要形成挖耳习惯而频繁挖耳，一般应一周左右一次；但在灰尘较多的地方或有“油耳”的人可适当多一点，可根据自己情况决定。

第三，出现异常症状应及时到医院治疗，坚持用滴耳剂滴耳以预防感染。

（3）眼部修饰。

在商务沟通与交流中，时刻离不开目光的交流，眼睛是心灵的窗户，更是形象的窗口。商务人员对眼睛的修饰主要应注意以下两个方面：

其一，注意眼部的卫生保洁与健康保护。眼睛卫生保洁主要是要求商务人员要注意随时清理容易滋生在眼角的眼睛分泌物，眼睛健康保护是要求商务人员要注意缓解眼睛疲劳，避免因眼部疾病而影响正常工作。

仪容礼仪——眼睛健康

现代商务人员的工作离不开电脑，使用电脑频率高、时间长，经常容易出现视疲劳。保护眼睛健康需要注意：

1. 不要长时间持续使用电脑。通常每进行电脑操作 1 小时，就需要休息 10 分钟。在休息时可进行望远或做眼保健操，观看绿色植被有利于放松眼部肌肉。点用眼药水也能在一定程度上防止眼干涩，保持眼睛湿润。

2. 眼睛与屏幕之间应保持 50 厘米以上的距离，最好采用下视 20 度的视角。对于需要进行文稿录入的人员来说，应尽量缩短文稿和电脑显示器屏幕的距离，从而降低眼睛不停转换目标引起的疲劳。

3. 在使用电脑时应多眨眼，以增加眼内润滑剂和酶的分泌，保持眼睛湿润。

4. 常洗脸，可以减少辐射对人体的伤害。

5. 每天饮用绿茶。平时多喝茶，茶中的脂多糖，可改善机体造血工能，能增强人体的免疫能力，减少辐射影响。

6. 多吃一些新鲜的蔬菜和水果，可以预防角膜干燥、眼干涩、视力下降、甚至夜盲症等眼病。

7. 保持乐观情绪，睡眠充足，切忌熬夜，勿养成眯、眨、挤眼睛的习惯，避免阳光直接照射眼睛。

8. 如果出现眼睛不适的状况，应及时治疗疾病，尤其是内分泌紊乱、经过长时间休息而不能解除症状者，则需及时到医院接受医生检查。

其二，商务场合中，女士应该注意眼部的修饰美，以自然大方为度，既不可丝毫不加修饰，也不可刻意标新立异。

（4）面部妆容。

我们强调容貌的自然美与通过化妆对自然的容貌进行美化与修饰并不矛盾。男性商务人员的化妆一般包括美发、清洁面部、剃须、修鼻毛、使用男士护肤品护理面部和手臂，同时可以根据实际需要使用无色润唇膏滋润嘴唇。女性商务人员在工作场合需要化妆上岗，不能素面朝天示人，妆容以端庄大方、清新淡雅的彩妆为宜，切忌浓妆艳抹、离奇古怪。商务职业妆秉持的是成功塑造一个典雅、干练、稳重、知性的女性职业形象的原则。如此，不仅可以带给你一份好心情，还可以增添你工作的信心，更可以博取上司、同事及客户的好感与信任。

①商务职业妆的化妆步骤。女性商务人员的职业妆重在色彩组合要协调，色彩不能过分眩目，应能给人一种和谐、悦目的美感。整体色彩应以暖色调为主，妆容的色彩亦应属同色系。其主要步骤如下：

第一步：底妆。

在一般商务场合，商务人员大部分时间都是身处空调环境，办公照明通常也以冷色调光源居多，为了映衬冷系环境和冷光照明，应选择具有保湿功能的且与肤色接近的暖色调粉底，接近肤色的小麦色是较适宜的暖色粉底色，象牙色粉底宜用来提升皮肤亮色。正所谓“略施粉黛”，粉底不可涂抹得厚如城墙，可用粉饼轻拍手法薄薄施上一层，注意照顾到发际与颈部，与面部要有自然的过渡，保持浑然一体。

第二步：眼妆。

在商务场合，女性商务人员可以根据自己的脸型和眉毛的形状依势修剪出适合个人的眉形。建议整体上选择稍粗而眉峰稍锐的一类眉形，显得干练而精明。如果你的眉毛比较杂乱或眉梢向下，可利用眉剪修出比较清晰的眉形，让你的眼睛炯炯有神；同时，选择刚劲有力的眼线可以提升眼神，可以强调妆容的职业风范；选择用黑色眼线笔描画出一条清晰眼线，再配以最容易展现出色泽感的珠光银色眼影，清晰而低调的色彩突显柔美和干练的职业动感。

第三步：上腮红。

腮红对面部妆容可以起到点缀作用，利用其柔和的色彩提升整个妆容的亮丽度，可以在一定程度上缓和相对严肃紧张的商务氛围。不过切记职业妆的腮红好似衬托红花的绿叶，与面部其他部分的彩妆相比不可过于抢眼、鲜亮。

第四步：涂唇彩。

许多职业女性都有这样的经验，因加班熬夜而憔悴暗黄的脸，只需抹上一层口红便显得精神许多。所以许多女士即使平时不怎么化妆，一般也会备有一支口红。淡粉色、橙色系口红在商务场合很适用，而各种哑光沉暗的红与紫色以及亮光口红就不太适合商务工作气氛。先使用唇笔细心勾画出圆润清晰的唇形，再选择接近或比自己唇色略深的色泽，轻而薄地涂于唇上。如使用有透明感的唇彩，可以不用勾勒唇线。

第五步：睫毛修饰。

睫毛膏不仅能使女性的睫毛显得浓密而富有光泽，更能让你的眼睛深邃有神，彰显自信的职业风采。考虑到职业女性工作节奏快，化妆时间有限，可以选择即卷型的睫毛膏，简单匀称地涂抹，就可以让你即可拥有一双炯炯有神的睛睛。

②商务职业妆的注意事项。第一，商务人员尤其是女性在正式的商务场合不宜素面朝天、不修边幅，不化妆参与正式的商务活动会被认为是失礼的行为。第二，商务人员在参加商务活动时，应适时检查妆容，如因饮食、运动、休息等原因导致出现妆容瑕疵时应及时补妆。第三，商务人员进行妆容修饰要避人，应该注意不当众化妆，尤其注意化妆要回避异性，否则容易给人留下轻浮、有失庄重的印象。

二、头发修饰

头发是仪容形象的“制高点”，是个人气质的外在表现，也是引人注目的重点“面子工程”之一。对于商务人员头发修饰的基本礼仪规范有：整洁适时，长短适中，发型适宜，美发适度。

1. 整洁适时

我们知道，正常人的头上，每平方厘米分布着数百个皮脂腺，比脸部皮肤高得多。它们分泌的皮脂可滋润头发，保持发丝的光泽和柔软。但是同时皮脂也成为细菌生长的培养基地，当运动时或情绪紧张时，它们会分泌大量汗液以降低大脑的温度，汗液中含有大量的盐、乳酸和尿素，皮脂氧化会让头发散发出酸败味、油脂臭。为了避免让你在商务场合以蓬头乱发示人，或者让头发散发异味，对头发要勤于梳洗与整理。整洁适时体现在以下三个方面：

（1）一般要做到每天使用洗发水清洗头发，以保持头发洁净清爽。

（2）男士约两周左右理发一次，留短发的女士约4周左右理发一次，留长发的女士可以根据实际情况灵活掌握，以保持头发整洁，长短适中为度。

（3）遇到正式重大的商务场合，还需要及时对头发进行精心、特殊的护理，切忌过量使用发胶或使用劣质发胶，否则发丝会呈现生硬、黏滞、悬挂粉屑等现象。发型应简洁干练，勿过于复杂、夸张，保证让头发以最好的状态示人。

2. 长短适中

在个人交际场合，头发长短并无统一的尺度与规范，可以依照个人喜好和流行时尚或长或短。但是在商务交际场合，头发的长短却要遵循一定的礼仪规范，商务人员需要从个人的性别、年龄、所处环境等诸多方面考虑头发的长短事宜。

（1）从性别出发：男士头发可适当蓄留长发，但长度不宜掩耳，亦不宜剃光头；女士长发短发均可，但不宜走极端，如头发过长及腰部以下或过短为板寸头甚至光头。不论男士或女士，前额处的发丝均不能长到遮住视线。

（2）从年龄出发：头发长短与年龄要相称和谐，如中年商务女性以简约的短直发或卷发为佳，更能体现干练的商务气质，而不宜留与其年龄不相称的披肩长发。

（3）从所处环境出发：商务场合种类繁多，待人接物的性质各有不同。就头发长短而言，同一商务人员出现在不同的商务场合亦须与环境相适应，可以有不同的选择。如一位年轻的商务女性，在商务谈判场合可以将头发整齐地收拢盘为发髻，有助于展示简约干练的商务风范；在商务晚宴场合就可以长发飘飘，有助于展示飘逸洒脱的青春气息。

3. 发型适宜

发型是对头发的造型进行修饰设计。商务人员的发型美观与否取决于发型与个人容貌、服饰、气质及其所处场合的协调程度。

对于男性商务人员来说，发型相对比较简单，做到不蓄长发，不设计新潮怪异的发型，发型简洁清爽，勿过于复杂、夸张即可。女性商务人员可以根据不同的脸型来进行大方得体的发型设计。

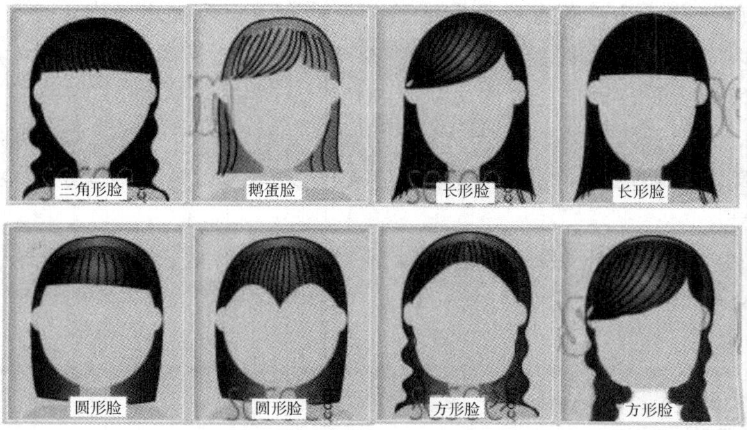

①四方脸形的发型：为了修饰颧骨过于突出，表情太生硬的四方脸型，发型注意不要有棱角，将头发留至下巴以下 2 ~4 厘米的位置，可以稍做卷烫处理，以头发的曲线拉伸人们的视线，也使整个头部更加平衡。

②椭圆脸形的发型：椭圆脸型一般可以使用任何一款发型。需要注意，为了避免让自己的脸看上去显得较宽，可以将刘海设计得稍微倾斜一点，让头顶的头发更加蓬松，可以掩饰脸型较宽的问题。

③长脸形的发型：长长的鹅蛋脸的女性就不要轻易将额头露出来，那样只会让你的脸看上去更长。可以选择将刘海加厚，头缝不要中分，遮盖到睫毛的位置。

④圆脸形的发型：圆脸发型注意不要让头顶的头发紧紧贴在头顶上，而两侧的头发要服帖不能过于蓬松，使脸看上去相对小巧。

4. 美发适度

（1）发质保养靠平时。注意运用护发素、焗油膏等美发产品对头发发质的日常保养，让头发更加滋润，更具光泽。

（2）染烫发要适度。男性商务人员忌烫卷发、染彩发；女性商务人员可以适度染烫头发，以端庄大方为度，不可一味追求新潮。

（3）假发处理要得当。如果因个人身体条件和工作环境所需，商务人员确需佩戴假发的，务必要保证假发的好品质与使用的安全性。

仪容礼仪——头发护理

1. 每日在放松时进行头部按摩，最简单的方法就是双手十指在头皮上向前或向后梳理，按摩头皮，以促进头皮的血液循环，帮助毛囊吸收养分。

2. 少吃刺激性食物，尽量改掉抽烟、喝酒、喝咖啡的生活习惯，同时也避免摄取过量的糖、盐、油等，以免阻碍机体正常循环，头皮产生过多油脂。

3. 保持头发的湿润。日晒、空调房都容易造成发丝缺水、干燥、断裂。我们的头发也如皮肤一样需要水的滋润，平日觉得空气干燥时，可以在发丝上喷一些补水喷雾，随时保持发丝的湿润和弹性。

4. 妥善舒解工作压力，尽可能多做运动，保持身体血液循环正常。

5. 减少烫发、染发的次数。如果要烫、染头发尽量选用高品质的美发产品，在烫染后做好头发的深层修复和护理，减少发丝受损情况。

6. 勤洗发，油性头发可以一天一洗，而中性和干性头发两天一洗就可以。使用具有舒缓作用的洗发水，既能保持头发的清洁，减少多余油脂，又能促进头皮健康，强韧发丝。

7. 多喝水，多吃新鲜的蔬菜和水果以及含不饱和脂肪酸、铁质的食物，为头发生长提供充足的水分和养分。

三、手臂修饰

在商务交往中，无论是握手、递接名片、传递文件，还是接听拨打电话、献花敬酒，都离不开我们的双手。手被认为是商务交往的“第二张名片”而处于醒目的位置。手在商务场合中的“曝光”频率之高决定了我们应该高度重视对手臂的修饰与保养。

1. 手臂的清洁与滋润

由于双手是人体与外界直接接触最频繁的地方，经常会接触很多的污物，有看得见的墨迹、油迹等，还有看不见的细菌、灰尘等，所以我们要养成勤洗手的习惯。洗手应尽量少用带刺激性的酒精和肥皂。通常用少许肥皂或洗手液和自来水就可以达到一般的清洁目的。净手后要及时涂上护手霜或乳液，不但可以改善手的净白程度，而且可以保持手部必要的湿度和供给手部皮肤必需的营养。

2. 指甲的修剪与修饰

无论是女性还是男性商务人员都应该养成不留长指甲、勤剪指甲的日常生活习惯，修剪指甲须避人行之。女性商务人员不宜涂抹彩甲，商务场合中展示满手的彩甲有失雅观与稳重。但可以适当通过修饰让指甲显得美观而有光泽。

3. 手臂的护理与修饰

在如商务谈判、签字仪式等正式的商务活动中，参与活动的商务人士的肩膀和手臂都不宜裸露在外；手臂上不得出现刺青或彩绘；尤其提醒女性商务人员在非正式商务场合中穿着无袖装时，一定不要忽略对腋毛的处理，切莫不慎将腋毛外露而有伤大雅。

第四节　商务人员服饰礼仪

●礼仪案例

曾经有个国内公司老总到国外宣传、推广自己的企业，听众都是国际著名的投资公司高层管理人员，推广现场安排得很正式。但听众们在聆听这位老总慷慨陈词的时候，偶然发现台上的老总裤脚下露出一道棉毛里裤的边，而且老总的黑皮鞋里衬着的是一双洁白的袜子。大家纷纷暗自摇头。一个在如此正式的商务场合不懂得着装礼仪的公司老总能管好他的企业吗？大家马上对这位老总的管理能力和其公司的品质产生了质疑。

上述案例中的老总因为缺乏商务服饰礼仪意识，让近在眼前的合作机会化作泡影。俗话说“人靠衣衫马靠鞍”，人生活在社会大环境中，离不开交往与交际，讲究穿着打扮是人的自我意识，服饰在交际礼仪活动中的作用是至关重要的。服饰一般包括服装、领带、手提包、戒指、项链、手表等。在商务场合中，仅仅限于彬彬有礼的举止言行是远远不够的，还要求我们讲究服饰礼节。服饰礼节是一种文化和艺术，它能够反映出人的内在涵养与风度气质。在不同的商务场合搭配以适宜的服饰，会给人留下高雅文明的良好印象；反之，穿着不当或者衣冠不整，就会使人产生敬而远之的反感情绪。

一、商务服饰的基本要求

在商务场合，商务人员要想达到服饰得体的境界，既能维护自身形象，又能向交往对象表达敬意，就必须在服饰选择上兼顾整洁化、文明化、技巧化三项基本要求。

1. 整洁化

在任何商务场合，商务人员着装都要力求整洁，避免邋遢。其一，着装应当整齐，避免又褶又皱；其二，着装应当完好，不应有残破补丁或褪色、染色；其三，着装应当干净，不应当黏带污渍或散发体臭。在商务场合，忽略以上三点中的任何一点，都是不可原谅的失礼行为。

2. 文明化

服饰的文明化，主要是要求服饰文明大方，符合社会的道德规范和常规做法。一是要忌穿“露”装。在正式商务场合，切忌袒胸露背，穿着暴露大腿、脚部和腋窝的服装。二是要忌穿“透”装。倘若使内衣、内裤“透视”在外，令人一目了然，无疑有失检点。三是要忌穿“短”装。不可在正式场合穿短裤、露脐装、超短裙、低腰裤等过短的服装。它们不仅会使自己行动不便、频频“走光”，而且也失敬于人。四是要忌穿“紧”装。不要为了展示自己的线条而有意选择过于紧身的服装，把自己打扮得像“性感女郎”。

3. 技巧化

服饰是一种文化和艺术，不同商务场合的服饰和不同类型的服饰，都会有不同的搭配和约定俗成的穿法。例如，穿单排扣西装上衣时，两粒纽扣的要系上面一粒，三粒纽扣的要系中间一粒或是上面两粒。女士穿裙子时，所穿丝袜的袜口不能外露，最好选择穿连裤袜等。服饰的技巧化，主要是要求在进行服饰搭配时学会实践方法，不掌握相关服饰技巧，也同样会闹出笑话。

服饰 TPO 原则

就商务人员而言，在服饰礼仪上要严格遵行国际通行的 TOP 原则。TOP 原则即着装与时间、地点、仪式内容相配的原则（Time 时间、Place 地点、Occasion 仪式，这三点称之为 TPO）。

1. 时间原则。一般包含三个含义：一是指一天中时间的变化；二是指一年中四季的不同；三是指时代间的差异。

2. 地点原则。即环境原则。不同的环境需要与之相协调的服饰，以获得视觉与心理上的和谐感。

3. 场合原则。着装的场合原则是指服装要与穿着场合的气氛相和谐，更要与欲达到的目的相一致。

二、商务着装礼仪与规范

礼仪视野拓展

某公司员工着装规范：

男性员工的着装要求为：西装或西服马甲、衬衫、深色袜子、皮鞋（皮凉鞋），夏天可穿短袖衬衫或T恤。

女性员工的着装要求为：西装套裙（裤）、职业套装、连衣裙等，穿套裙时须配肤色丝袜、皮鞋（皮凉鞋）。

正常工作时间内严禁穿戴以下服装、饰品：

1. 不得穿着短裤、背心等；
2. 不得穿着吊带衫、超短裙（裤）、露脐（背）装；
3. 不得穿着牛仔服、牛仔裤、运动服；
4. 不得穿旅游鞋、运动鞋、拖鞋和布鞋等，穿皮鞋时必须穿袜子；
5. 不抹味道怪异的香水，不浓妆艳抹。

通过阅读以上的资料，我们对商务人员的具体着装规范可窥一斑。正所谓“没有规矩，不成方圆”，如果想在不同的商务场合穿出风采、穿出形象、穿出品位，就需要遵循一定的着装礼仪与规范，在着装方面男女有别，下面分别介绍男士和女士的着装礼仪与规范。

1. 男士着装礼仪与规范

在大多数商务活动中，西装是男士的正装，西装可分工作西装、礼服西装、休闲西装等。男士穿西装的讲究颇多，从款式选择、穿着要领到服饰搭配都需要处处留心。

（1）西装款式与场合。

现在男子常穿的西装有两大类，一类是平驳领、圆角下摆的单排扣西装；另一类是枪驳领、方角下摆的双排扣西装。另外西装还有套装（正装）和单件上装（简装）的区别。套装要求上下装面料、色彩一致。套装如作正式交际场合的礼服用，色调应比较深，最好用毛料制作。在半正式交际场合，如在办公室参加一般性的商务会见，可穿色调稍浅一些的西装。在非正式场合，可以穿着单件的休闲西装，配以其他色调和面料的裤子。

（2）西装穿着要领。

穿双排扣的西装一般应将纽扣都扣上。穿单排扣的西装，如是两粒扣的只扣上面的一粒，三粒扣的则扣中间的一粒。在一些非正式场合，可以不扣纽扣。穿西装时衬衫袖口一定要扣上。西装的驳领上通常有一只扣眼，这叫插花眼，是参加婚礼、葬礼或出席盛大宴会、典礼时用来插鲜花用的。西装的衣袋和裤袋里，不宜放太多东西，最好将东西放在西装左右两侧的内袋里。

（3）西装与衬衫。

穿西装时，衬衫袖应比西装袖长出1~2厘米，衬衫领应高出西装领1厘米左右。衬衫下摆必须扎进裤内。若不系领带，衬衫的领口应敞开。在正式商务场合，衬衫的颜色最好是白色。

服饰礼仪——男式衬衫穿着常识

1. 衬衫款型要分清。正式场合配穿西装或礼服时，应选穿内穿型衬衫；衬衫穿在夹克衫或中山装里面时，以内穿型最好，内外兼穿型次之。当衬衫仅作外衣穿着时，外穿型或内外兼穿型是比较适当的选择。

2. 正规场合应穿白衬衫或浅色衬衫，配之以深色西装和领带，以显庄重。

3. 衬衫袖子应比西装袖子长出1厘米左右，这既能体现出着装的层次，又能保持西装袖口的清洁。

4. 当衬衫搭配领带穿着时（不论配穿西装与否），必须将领口纽、袖口纽和袖叉纽全部扣上，以显男士的刚性和力度。

5. 衬衫领子的大小，以塞进一个手指的松量为宜。脖子细长者尤忌领口太大，否则会给人羸弱之感。

6. 不系领带配穿西装时，衬衫领口处的一粒纽扣绝对不能扣上，而门襟上的纽扣则必须全部扣上，否则就会显得过于随便和缺乏修养。

7. 配穿西装时，衬衫的下摆忌穿在裤腰之外，这样会给人不伦不类、不够品位的感觉；反之，则会使人显得精神抖擞、充满自信。

（4）西装与领带。

领带是西装的灵魂，被称为西装的画龙点睛之处。凡是参加正式的商务活动，穿西装就应系领带。领带长度以到皮带扣处为宜。如穿马甲或毛衣时，领带应放在它们后面。领带夹一般置于衬衫的第三个纽扣处。

①领带的款式。一般来说，领带有宽窄之分，这主要受到时尚流行的左右。进行选择时，应注意最好使领带的宽度与自己身体的宽度成正比，而不要反差过大。它还有箭头与平头之别。前者下端为倒三角形，适用于各种场合，比较传统。后者下端平头，比较时髦，多适用于非正式场合。

②领带的打法。领带的常见打法有温莎结、半温莎结、四手结、亚伯特王子结、浪漫结、简式结等六种（如下图所示）。成人日常所用的领带，一般长约 135 ~ 150 厘米。领带打好之后，外侧应略长于内侧，其标准的长度，应当是下端正好触及腰带扣的上端。

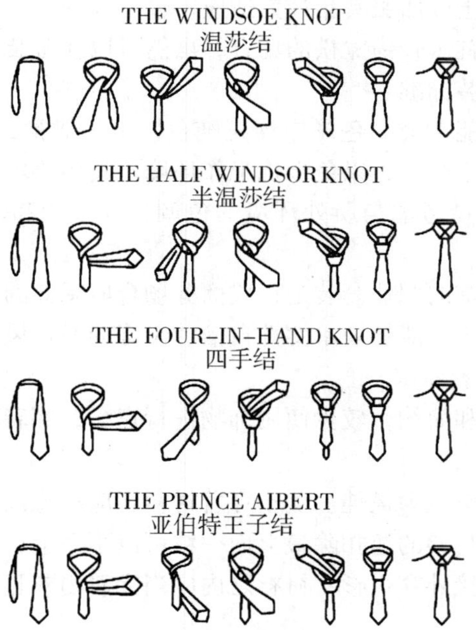

（5）西装与鞋袜。

穿西装时不宜穿布鞋、凉鞋或旅游鞋。庄重的西装要配深褐色或黑色的正装皮鞋。袜子的颜色应比西装深一些，最好选择纯色袜子，如选穿花色，要尽可能朴素大方。

2. 女士着装礼仪与规范

在正式的商务场合，女士以西服套裙最为适应，较正式的场合也可选用简约、品质好的上装和裤装，并配以女式高跟鞋。较为宽松的场合，虽然可以在服装和鞋的款式上稍作调整，但切不可忘记职业特性第一着装标准。

职业套装的质地应尽可能考究，色彩应纯正纯色，不易皱褶，服装应以舒适、方便为主。商务职业套装的色彩不宜过于夺目，以免干扰工作环境。具体要求如下：

（1）在颜色选择上应尽量考虑与所处环境的色调、气氛相和谐，并与具体的职业岗位相吻合。

袒露、花哨、亮光的服饰的职业套装是正式商务场合所忌穿的，套装的款式基本特点应以端庄、简洁、持重和亲切为主，能够展示女性自信、干练的职业风采。

（2）职业套装上衣的着装要求。

女士正装上衣讲究平整和简约，较少使用饰物进行点缀，穿着时腰部纽扣都应系上。

（3）衬衫的着装要求。

女士正装衬衫的选择以单色为最佳。女士穿着衬衫还应注意以下事项：衬衫的下摆应掖入裙腰之内而不要悬垂于外；衬衫的纽扣除最上面一粒可以不系上，其他纽扣均应系好；穿着西装套裙时不要脱下上衣而直接外穿衬衫；衬衫之内应当穿着内衣且内衣切忌显露出来。

（4）裙子的着装要求。

女士正装裙子以窄裙为主，年轻女性的裙子可选择下摆可在膝盖以上 3 ~ 6 厘米，但不可太短；中老年女性的裙子则应选择下摆在膝盖以下 3 厘米左右。裙子里应穿着衬裙。真皮或仿皮的西装套裙切忌在正式商务场合上穿着。

（5）鞋袜的穿着要求。

女士正式场合的鞋子应选择高跟皮鞋或是中跟皮鞋，袜子应选择高筒袜或连裤袜。鞋袜款式应选择以简单款式为主，颜色应与西装套裙相搭配。

根据服饰的 TPO 原则，要时刻注意着装的时间、地点和场合。这里需要提醒的是，职业套装要注意穿着场合，当遇到商务庆典、晚宴、商务舞会等场合时，正统的职业套装就显得不合时宜了，而晚礼服则是此时女士的最佳选择。

晚装服饰的特色、款式和变化较多，需根据不同的商务场合和需求的风格来选择。闪亮的服饰是晚礼服永恒的风采，但全身除首饰之外的亮点不得超过两个。晚装多以高贵优雅、雍容华贵为基本着装原则，西式的晚装多为开放型，强调性感、光彩夺目；中式传统晚装以中式旗袍为主，着重表现女性端庄、文雅、含蓄、秀美的姿态。晚装既讲究面料的品质，也讲究饰品的品质，好的品质可以烘托和映衬出个人的社会形象和内涵。

三、配饰礼仪与规范

1. 配饰的基本原则

在商务场合，无论对于男士还是女士，恰到好处的配饰能够为个人的仪表形象修饰起到锦上添花的妙用；反之，过度或品质低劣的配饰会让商务人员自毁形象。就配饰礼仪与规范而言，需要遵循以下三点基本原则：

（1）协调原则。

配饰要与妆容、服装、体形、性别、年龄、职业、场合相协调。

（2）宁缺毋滥原则。

配饰的款式要高雅，质地要上乘，做工要考究，否则宁可不佩戴饰品，也不能退而求其次。

（3）少而精原则。

饰品贵在精美，而不在于多少。商务人员佩戴饰品宜少不宜多，切忌将饰品“从头武装到脚”。

2. 常用配饰的礼仪与规范

（1）首饰。

①戒指：戒指是身份和婚姻状况的象征。戒指一般戴在男士或女士的左手。戒指戴在不同的手指上会有不同的含义，国际上比较流行的戒指戴法是，食指——想结婚，表示未婚；中指——已在恋爱中；无名指——表示已经订婚或结婚；小指——表示独身。对于商务人员来说，一般切忌戴两枚以上的戒指，以免炫耀之嫌；更不要戴错手指，避免产生不必要的误会。

②项链：男女商务人员均可佩戴项链，但是男性商务人员所佩戴的项链宜内藏不宜外露，女性商务人员的项链可以外露，得体的项链能对颈部的修饰起到锦上添花之效。一般所戴项链的数量不宜多于一条。

③耳环：在商务场合，耳环一般仅限于女士佩戴，耳环可为商务活动中的女士在干练之外平添一份柔美。耳环要成对佩戴，既不能单耳佩戴耳环，亦不能一只耳朵上佩戴多个耳环；男士忌戴装饰性耳环，但是在西方国家，部分男士习惯左耳佩戴耳环。

④手镯和手链：手镯和手链是手臂的修饰物品，宜简忌繁。一般来说，男士不宜戴手镯，但可以选择佩戴手链。女士可以选择佩戴手镯或手链，但是需要注意，不宜在一只手上佩戴多个手镯或多条手链。单手佩戴宜选左手，双手佩戴宜左右两手各戴一个。

⑤胸针：胸针是女士一年四季都可以佩戴的装饰品。小小的胸针可以引人注目，给人以美感。胸针的质地、颜色、位置，需要考虑与服装的配套与和谐。一般来说，穿西装时，可以选择大一些的胸针，质地要上乘，色彩要纯正。穿衬衫或薄羊毛衫时，可以佩戴款式新颖别致、小巧玲珑的胸针。穿带领的衣服，胸针佩戴在左侧；穿不带领的衣服，则佩戴在右侧；胸针的上下位置应在第一及第二粒纽扣之间的平行位置上。

(2) 手表。

手表本身就分为男款和女款，是男女商务人员都可以佩戴的常见饰品，对于男性商务人员来说，意义更为重大，更能体现其商务风范与职业气质。在正式商务场合，商务人员不宜佩戴怀古链表、广告表、时装表、潜水表、卡通表；手表并非一味追求高档，但需要做工精良，不宜选择劣质表佩戴。

(3) 领带夹。

领带夹是一般男士佩戴领带时的配套装饰品。佩戴领夹可起到固定领带的作用，特别是在不穿西服上衣时，免得领带随风飘动而不雅。领夹的质料，有镀金的、仿金的、K 金的和白银的。领夹的位置，一般是置于衬衣的第三粒扣子处，过高或过低都不适宜。

(4) 眼镜。

商务人士佩戴近视镜要注意保持眼镜的洁净，不要当众擦拭眼镜；墨镜在室外阳光强烈的场合使用，参加室内商务活动应及时将墨镜收放好，不宜挂扣在胸前或推至头顶悬放，以免不慎失落。

(5) 丝巾。

丝巾在女性商务人员的服饰搭配中起着举足轻重的作用。如果能注意丝巾的材质、尺寸、色彩、系法的正确搭配，就能对单调的服装产生画龙点睛之妙。丝绸制成的丝巾富有光泽且多带有自然的褶皱，且富有垂感，适合在正式场合佩戴；棉制丝巾透气、吸汗，最适合在春夏季节佩戴，特点是适合作休闲打扮；毛料用于制披肩和围巾，特点是保暖性非常好，多用于秋冬季节的服饰。

第五节　商务人员仪态举止礼仪

●礼仪案例

优质的产品，失败的推销

某机械厂的业务员李先生带着厂里新设计的机械轮轴样品在市内跑了一天，快到下午5点钟了，他终于找到一家对口的贸易公司。他兴冲冲地一口气上到该贸易公司所在的18楼，脸上的汗珠未及擦一下，便直接走进了公司营销部王经理的办公室，正在处理业务的王经理被吓了一跳。“对不起，这是我们企业设计的新产品，请您过目。”李先生说。王经理停下手中的工作，接过李先生递过的轮轴，随口赞道：“做工不错啊！”并请李先生坐下，倒上一杯茶递给他，然后拿起轮轴仔细研究起来。李先生看到王经理对新产品如此感兴趣，如释重负，便往沙发上一靠，跷起二郎腿，一边吸烟一边悠闲地环顾着王经理的办公室。当王经理问他相关的产品问题时，李先生习惯性地用手搔了搔头皮，又拍拍挠出来的头屑。好多年了，别人一问他问题，他就会不自觉地用手去搔头皮。虽然李先生作了较详尽的解释，王经理还是有点半信半疑。谈到价格时，王经理强调：“这个价格比我们预算的高出很多，能否再降低一些。”李先生微露出一点不屑，不假思索地说：“我们经理说了，这是最低价格，一分也不能再降了。”王经理沉默了半天没有开口。李先生却有点沉不住气，不由自主地拉松领带，眼睛盯着王经理。王经理皱了皱眉问：“这种轮轴的性能先进在什么地方？”李先生又搔了搔头皮，反反复复地说：“造型新，寿命长。”王经理借口离开了办公室，只剩下李先生一个人。李先生等了一会儿，感到无聊，便非常随便地抄起办公桌上的电话，同一个朋友闲谈起来。这时，门被推开，进来的却不是王经理，而是办公室秘书，准备送客了。

商务仪态是指在商务场合，商务人员的举手投足和一言一行所表现出来的姿势与神态。我们常常用仪态端庄一词来概括对商务人员的仪态礼仪要求，个人外表姿态端正庄重与否，在用一种无声的语言述说着商务人员道德修养的深浅、文化素质的高低和形象塑造的成败。上述案例中的李先生在拜见客户的商务活动中，其一言一行无不在向交往对象表明他浅薄的仪态礼仪意识与修养，最终导致产品推销业务以失败告终，原因不在于产品质量问题，而全在于推销人员个人的仪态礼仪问题。

一、商务人员仪态举止基本规范

1. 文明待人

正如列宁所说："礼貌是数百年来人们就知道的，数千年在一切处世格言上反复谈到的起码的公共生活原则。"人类失去文明，社会就会相互摩擦、产生混乱，甚至无法维持起码的公共秩序。自古以来，中国人民不仅以勤劳、勇敢著称于世，而且以文明、礼貌而备受称颂，所以我国被誉为"文明古国"、"礼仪之邦"。对于商务人员而言，要做到文明待人，就是在商务活动中不要对交往对象实施有失文明教养的举止行为。

2. 优雅示人

俗话说"坐有坐相，站有站相"，中国古代也存在"站如松，坐如钟，走如风，卧如弓"的礼仪古训。在多元化的现代商务活动中，要求商务人员要展示美观、协调、自然的言行举止，做到站有精神，坐得优雅，走出风采，表情自然，不僵化呆板，不矫揉造作，时时处处以优雅的姿态示人。

3. 大方敬人

"礼者，敬人也。"在商务交往中，尊敬他人是商务礼仪的重要原则之一。在商务场合，大方敬人要求我们切记三点：其一，给他人充分表现的机会；其二，对他人表现出最大的热情；其三，永远给对方留有余地。比如，对方的服饰打扮你不喜欢，大可不必针锋相对地批评对方，更不能冷言冷语相对，可以委婉地提出问题或干脆避开此类尴尬的话题，这是敬人的一种表现。再如在商务谈判桌上，尽管对方是你的竞争对手，也应彬彬有礼、敬人有度，显示自己敬重他人的大将风度。

二、商务人员仪态举止礼仪

1. 站有精神

站姿是指人的双腿在直立静止状态下所呈现出的姿势。所谓"站如松"，是指人的站立姿势要像松树一样直立挺拔，双腿均匀用力。站姿是走姿和坐姿的基础，一个人想要表现出得体雅致的姿态，首先要从规范站姿开始。得体的站姿的基本要点是：双腿基本并拢，双脚呈45度到60度夹角，身体直立，挺胸，抬头，收腹，平视。商务场合中，商务人员得体的站姿给人以健康向上的感觉；不好的站姿，如低头含胸、双肩歪斜、腿脚抖动等会给人以精神不振的感觉。

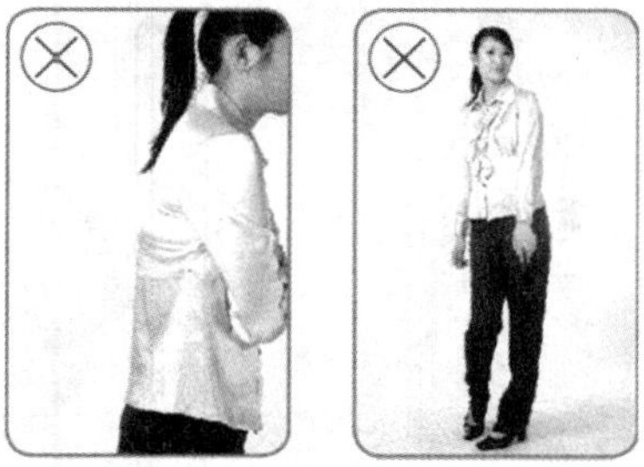

图 1　错误站姿

图 2　正确站姿

站姿可以随着时间地点身份的不同而变化，但一定要自然大方，并且适合自己的外在和内在特点。在各种商务场合，商务人员可以根据自身条件选择以下站姿：

（1）外交官式站姿：双腿微微分开，挺胸抬头，收腹立腰，双臂自然下垂，下颌微收，双目平视。

（2）服务员式站姿：挺胸直立，平视前方，双腿适度并拢，双手在腹前交叉，男性右手握住左手腕部，女性右手握住左手的手指部分。双腿均匀用力。

（3）双手背后式：挺胸收腹，两手在身后交叉，右手搭在左手腕部，两手心向上收。

（4）体前单屈臂式：挺胸收腹，左手臂自然下垂，右臂肘关节屈，右前臂至脐区，右手手心向里，手指自然弯曲。

2. 坐得优雅

坐姿是指人在就座以后身体所保持的一种姿势。所谓“坐如钟”，是指坐姿要像钟一样端庄沉稳、镇定安详。得体的坐姿的基本要点是：上身挺直，两肘或自然弯曲或靠在椅背上，双脚接触地面（跷脚时单脚接触地面），双腿适度并紧。

一般情况下，要求女性的双腿并拢，而男性双腿之间可适度留有间隙。双腿自然弯曲，两脚平落地面，不宜前伸。在日常交往场合，男性可以跷腿，但不可跷得过高或抖动。女性大腿并拢，小腿交叉，但不宜向前伸直。坐的位置一般在坐椅的 2/3 处。

图 1　男士正确坐姿

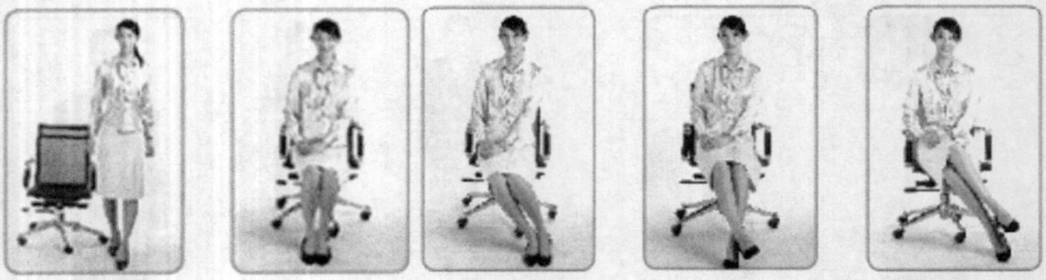

图2　女士正确坐姿

3. 走出风采

走姿是指一个人在行走过程中的姿势。所谓“行如风”，是指行走动作连贯、从容稳健。它以人的站姿为基础，始终处于运动中，站姿体现的是一种动态的美。得体的步态的最基本要点是：抬头挺胸，上身直立，双肩端平，两臂与双腿成反相位自然交替甩动，手臂自然弯曲，身体中心略微前倾。步幅、步速要与周围同行的人士和环境协调。

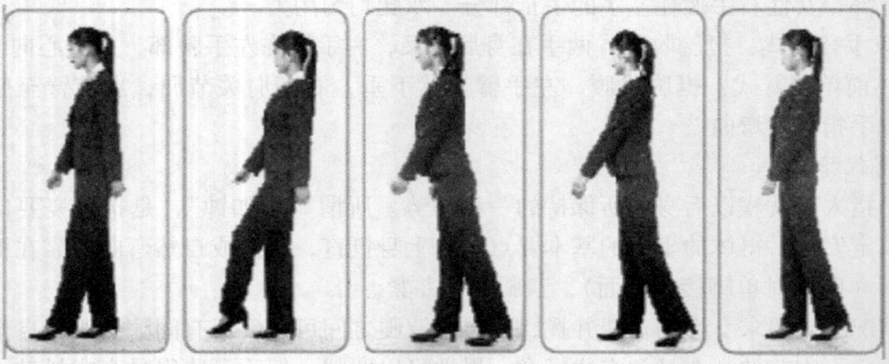

女士在较正式的场合中的行路轨迹应该是一条线，即行走时两脚内侧在一条直线上，两膝内侧相碰，收腰提臀挺胸收腹，肩外展，头正颈直收下颌。男士在较正式的场合中的行路轨迹应该是两条线，即行走时两脚的内侧应在两条直线上。不雅的步态会给人留下很不好的印象，如左右摇晃、弯腰驼背、左顾右盼、鞋底蹭地、八字脚、碎步等。

4. 表情自然

人的面部表情包括眼睛、嘴巴等部位的肌肉变化，一个眼神、一个微笑都可以传递出不同的情感信息。在商务场合中，商务人员的表情能够起到交流感情和表达语意的作用，即使在严肃的商务工作场合，商务人员的表情也应该显得自然、轻松、生动。

（1）眼睛。

眼睛作为心灵的窗口，使之成为商务交往中重要的无声信息交流媒介。在商务交往中，应当注意以下几点眼睛“礼仪”规范：

其一，不能对初次见面的客户，尤其是女士长时间凝视，否则将被视为一种无礼行为。

其二，与陌生人谈话时，眼睛要注视对方眼睛到嘴巴的“三角区”，不可上下扫描，不可左顾右盼，标准注视时间是交谈时间的30%～60%，称为“社交注视”。

其三，避免夸张的眼神，眼睛转动的幅度与快慢都必须遵循一个“度”，不宜太快或太慢。眼睛转动稍快表示机敏而有生气，但如果太快则会给人留下不诚实、不庄重的印象；眼睛转得太慢，则会呈现一副毫无生气的“死鱼眼睛”，也是对人失敬之举。

（2）微笑。

在商务场合，微笑是一种修养，微笑是一种令人愉悦、舒服、放松的表情，微笑发自内心，无法伪装。微笑是商务交往最好的名片，它能打破工作中产生的僵局，消除双方的戒备心理，给工作开辟新境界，带来新思路。难怪美国麦当劳快餐店老板也认为：“笑容是最有价值的商品之一。我们的饭店不仅提供高质量的食品饮料和优质服务，还免费提供微笑，才能招揽顾客。”

●礼仪案例

微笑的魅力

在内地一家饭店，一位住店的台湾客人外出时，有一位朋友来找他，要求进他房间去等候，由于客人事先没有留下话，总台服务员没有答应其要求。台湾客人回来后十分不悦，跑到总台与服务员争执起来。公关部年轻的王小姐闻讯赶来，刚要开口解释，怒气正盛的客人就指着她鼻子尖，言词激烈地指责起来。当时王小姐心里很清楚，在这种情况下，勉强作任何解释都是毫无意义的，反而会使得客人情绪更加冲动。于是她默默无言地看着他，让他尽情地发泄，脸上则始终保持一种友好的微笑。

客人平静下来，王小姐才心平气和地告诉他饭店的有关规定，并表示歉意。客人接受了王小姐的劝说。没想到后来这位台湾客人离店前还专门找到王小姐辞行，激动地说：“你的微笑征服了我，希望我有幸再来饭店时能再次见到你的微笑。”

●习题与实训

一、简答题

1. 你如何理解商务人员形象的内涵?
2. 商务人员形象设计的原则是什么?
3. 商务人员的仪容礼仪包括哪些方面?
4. 商务人员的服饰礼仪有什么基本要求?
5. 商务人员的仪态举止有哪些基本规范?
6. 商务人员的仪态礼仪包括哪些基本内容?

二、实训

大学商务文秘专业毕业的刘小姐刚入职一家外贸公司，该公司将和美方客户进行商务洽谈，刘小姐将作为公司的代表出席贸易洽谈会。

任务:

1. 请您为刘小姐进行面部的妆容、发型等外形设计。
2. 模拟洽谈场景，表演刘小姐和美方客户在此场景下恰当的举止与神态。
3. 请讨论并说出作为一名商务人员应注意哪些仪容仪态礼仪与规范。

要求:

把全班同学分组，分别扮演任务中的外贸公司和美方客户的代表，运用所学的仪容仪态礼仪规范知识完成上述任务。

第三章　商务语言交际礼仪

●技能目标

1. 能够运用语言工具与他人进行有效沟通
2. 能正确地运用电话礼仪
3. 能正确地运用演讲礼仪

●知识目标

1. 理解语言交际礼仪的重要性
2. 掌握有声语言和副语言的特点
3. 掌握语言交际的相关规则及技巧
4. 了解语言交际中的跨文化差异

假设你正在拜访一个客户，向他介绍你拜访他的目的。在模拟交谈情景的时候，用录音机录下你所说过的话。模拟结束后，回放你的录音，并认真记录存在的语病、用词不当和口头语使用情况，并分析是否存在改进的地方。如果口头语太多，出现词不达意的情况，就说明你还需要在语言精练以及准确表达方面进行改进。

语言的表达作用贯穿了人际交往活动中的整个过程。从某种意义上讲，交际过程实际上就是人们的心理活动过程。人们在交际过程中的心理活动，可以通过语言、动作、表情等方式进行展示和体现，但语言作为最直接、最常用的交际工具，往往能够反映人们绝大部分的心理活动过程，所以语言对于展现交际心理过程就显得至关重要了。“良言一句三冬暖，恶语伤人六月寒。”交际双方是神会还是神离、吸引还是排斥，在很大程度上决定于交际者运用语言艺术的能力。

第一节　语言交际的方式

●礼仪案例

景泰蓝食筷

在一家涉外宾馆的中餐厅里，正是中午时分，用餐的客人很多，服务小姐忙碌地在餐台间穿梭着。

有一桌的客人中有好几位外宾，其中一位外宾在用完餐后，顺手将自己用过的一双精美的景泰蓝食筷放入了随身带的皮包里。服务小姐在一旁将此景看在眼里，不动声色地转入后堂，不一会儿，捧着一只绣有精致花案的绸面小匣，走到这位外宾身边说："先生，您好，我们发现您在用餐时，对我国传统的工艺品——景泰蓝食筷表现出极大的兴趣，简直爱不释手。为了表达我们对您如此欣赏中国工艺品的感谢，餐厅经理决定将您用过的这双景泰蓝食筷赠送给您，这是与之配套的锦盒，请笑纳。"

这位外宾见此状，听此言，自然明白自己刚才的举动已被服务小姐尽收眼底，颇为惭愧。他只好解释说，自己多喝了一点，无意间误将食筷放入了包中，感激之余，更执意表示希望能出钱买下这双景泰蓝食筷，作为此行的纪念。餐厅经理亦顺水推舟，按最优惠的价格，记入了主人的账上。

聪明的服务小姐既没有让餐厅受损失，也没有令客人难堪，圆满地解决了事情，收到了良好的交际效果。

语言是双方信息沟通的桥梁，是双方思想感情交流的渠道，语言交流在人际交往中占据着最重要的位置。语言可分为有声语言和无声语言，前者指口头语言（包括副语言在内），后者指书面语言和势态语言；语言也可分为自然语言和非自然语言，前者指口头语言（包括副语言）和书面语言，后者则专指势态语言；而通常所说自然有声语言则单指口头语言，简称口语。

在运用语言进行交际时，自然有声的语言是最基本、最主要的手段，而伴随自然有声语言出现的副语言和势态语言只起辅助性的作用，然而它们又有着极其丰富和微妙的传意功能，是语言艺术的重要组成部分，千万不可忽视。

一、有声语言

（一）有声语言的基本特点

有声语言作为人们日常生活应用最多、最广泛的交流工具，具有很多其他语言形式所不具备的独特性质。具体来说，有声语言的主要特质表现如下：

1. 有声性

顾名思义，有声语言的第一个特质就是有声性，有声语言包括口头语言和副语言。有声语言是语音和语义的统一体。语义是口头语言的实质内容，语音则是语义赖以依附的表现形式。人类通过发声器官发出能够表示一定意义的声音，使口头语言物质化，并使口头语言成为一种可以感知的东西。口头语言的表达效果不但跟语义有关，而且跟语音也关系重大。口头语言发出的声音优美动听，不但能准确、恰当地表情达意，而且还能产生美感，使听话者心旷神怡、如醉如痴，得到一种美的享受；相反，如果声音欠佳、干涩音哑，不仅难以准确无误地表达出说话者的思想感情，反而会使听话者感到烦躁和厌恶，势必影响表达的效果。

2. 及时性

与书面语言交际方式不同，通过有声语言进行沟通交流的人，信息能够形成双向或多向交流。说话者直接将信息传递给听话者，听话者接收到信息后可马上反馈，又从听话者转化为说话者，从而有利于信息传递快捷及时、信息表达直接完整。

3. 灵活性

口头语言要比书面语言自由灵活得多，可根据周围环境的变化、沟通对象的喜好、事件发展进程等进行及时调整。同样的话语在不同的环境里可以表达出不同的效果，不同的话语在不同的环境里也可以表达出同样的效果。人们为了实现自身的沟通目的，可以根据自身特点，在多变的工作、社交场合灵活选择自己的语言手法表情达意，而不必像写文章那样字斟句酌、布局谋篇。虽然口头语言灵活多变，对于不当的言辞可以及时进行修正，但也要求说话者尽可能用词准确、通顺明白，合乎语法。否则会给对方留下思维不严谨、随便、历练不够等不好的印象。

4. 瞬间性

虽然口头语言表达及时快捷、灵活多变，但是它通过其物质载体——声音，也能够给交流对象足够的刺激，并使对方产生一定的反应。根据心理学实验，一般人听连续的语流，精确地留在记忆里的时间大约不超过 10 秒钟；超过 10 秒钟，听话者的记忆就模糊不清、残缺不全了。我们在各种重要的会议或者谈判过程中，要经常借助辅助工具，如录音笔、速写等对口头语言进行记录。特别是录音，有时候我们为了能够准确把握发言者的思想，往往需要反复听很多遍才能弄明白其中的道理。同书面语言比较，这是口头语言的一个弱点。为了弥补口头语言的这一缺陷，在人类的文明进程中产生了书面语言。所以，开展严肃的公务活动，传达、贯彻方针、政策，处理重大问题时，都应以书面语言写成的文件、文章为准，避免“空口无凭”。

5. 两面性

语言既可以帮助人们建立和谐的人际关系和工作氛围，也可能无意中树立起相互的敌对关系。“酒逢知己千杯少，话不投机半句多”就是语言两面性的最生动体现。只要掌握了高超的语言艺术，有时候便可以变被动为主动，化干戈为玉帛。然而，因为运用口头语言进行交际，从思维到表达的过程极为短暂，说话经常是脱口而出，稍有不慎，就可能出现失误。说者无意，听者有心，难免会产生误会，甚至还有可能得罪人。总之，正如事物都有它的两面性一样，说话本身也有它的两面性，我们只要客观分析、认真对待，都可以在表情达意的时候扬长避短，将沟通的效果最大化。

（二）有声语言的基本要求

古希腊哲学家亚里士多德说过：人类的声带是自身所有器官中最富有表现力的。人们对客观事物和现实生活的认识和反应，人与人之间的沟通和交流等，都需要借助于有声语言这个主要的媒介。人和动物的重要区别之一就是人类能够熟练地运用语言，特别是有声语言进行沟通和交流。没有有声语言这个工具，人类的文明就不能发展，社会就不能前进。为了能够使有声语言达到准确、及时传递信息的目的，人们对有声语言的使用有以下几项基本要求：

1. 发音准确

发音准确，这是对有声语言的最基本要求。如果不能够准确发音，那么有声语言的语义表达所需要的载体就难以为其他人所识别，根本达不到社会交际的基本要求，对有声语言的其他要求就更无从谈起。

语音同自然界的其他声音一样，具有物理属性及生理属性。但是，用什么样的语音形式来表达什么样的意义，并不是由个人决定的，而是由社会全体成员共同约定和认可的，所以语音属于社会现象，具有社会属性。正因为语音具有社会属性，因而在不同民族的语言里，相同的语音可以表达不同的意义；而相同的意义也可以用不同的语音来表达。即使是同一个民族，不同地区的人们也有各自运用语音的特殊规律。在运用有声语言时，应对语音的基本属性有所了解，并对自己所使用的语言的语音系统有所认识，才能由不自觉地转化到自觉地加以训练和实践，准确地把握发音，不致使人产生误解。

如果一个人说话发音不准，方言土语浓重，或是南腔北调，那么就可能在客观上存在跟其他人的沟通障碍。这种时候，通过有声语言就很难达到沟通的目的。要使人们在运用有声语言时发音准确，应大力提倡、推广使用普通话，逐渐减少方言和土语的使用。同时，人们还应学一点语音学的知识，这样不仅可以使自己能够准确发音，同时也更加容易克服交流对象发音不准而造成的沟通障碍。

2. 词汇量丰富

要想把话说好、说贴切，充分发挥有声语言的传情表意功能，不但要发音准确，而且还要在平时注意积累，形成丰富的词汇储备。只有掌握丰富的词汇以及成语、格言、惯用语、谚语、歇后语等，才可以在不同的环境下使用最为恰当的词汇表达自己的思想，并增强说话的艺术效果。

要保证我们在人际交往的过程中用词贴切，首先，对要表达的对象要有正确、明晰的认识，对它的外貌、性质以及与其他事物的关系了如指掌；其次，要确实弄懂每个词语的确切含义，否则不是用错词，就是用得不恰当，甚至会闹出笑话来；再次，要认真辨析词义，特别要仔细辨别近义词在使用范围、词义轻重、风格特点、搭配功能等方面的细微差别；最后，还要注意词语的感情色彩。

3. 语言流利

语言流利是人际交往成功的必要条件之一。要做到语言流利，就应做到以下几点：

（1）语流通畅。

人们在说话时，会发出一连串的音素、音节，形成语流。这种语流就是我们听到的有声语言。一要做到语流通畅，在说话时首先要注意在结构上要符合语法规则；二要注意在语义上要符合逻辑事理；三要在用语上要遵照约定俗成的语言习惯。

（2）语法规范。

所谓语法，指的是语言中词、词组、句子、句组的结构规律。说话一定要符合语法规范，这是做到语音流利的基本条件，这就要求人们做到：词序安排要合理，复句里的各个分句和句群里的各个分句的相互关系要明确，关联词语要扣紧；句子的结构要完整。

（3）用通俗易懂的口语说话。

尽可能少用书面语、古语和专业术语，要多用短句。尽量不用长句和复合句，使听话者能够容易听懂。为了使说话形象生动，可以绘声绘色，运用模拟和幽默的手法，有针对性地运用比喻、借代、对比、映衬、引用、排比等修辞方式，以增强语言的感染力、鼓动力、征服力和渗透力。

（4）清亮圆润。

清亮圆润，是指有声语言音色优美，如黄莺般清亮、朝露般晶莹圆润，善于变化、富有磁性，富有艺术的魅力，令人心情舒畅。这是针对口语运用而提出的进一步的要求。声音是否清亮圆润，这既取决于说话人发音器官的先天条件，又取决于后天有意识的训练。前者是难以改变的，而后者只要通过坚持不懈的努力，完全可以弥补先天的不足。古人云："喜怒哀乐，各有其音。"语音的起伏变化，不仅是听话者所希望的，也是说话人表达思想感情的需要。说话的内容有主有次，情感也有浓有淡，这就决定了声音也应富于变化。比如内容庄重，应用严肃的声音；内容平淡，应用舒缓的声音；情感悲痛，要用沉郁的声音；情感兴奋，要用高亢的声音；情感急骤时，应用短单音；而情感惬意时，则要用长音等。在每次谈话中，根据说话人思想感情的变化，在有声语言的运用上，也要相应地有所变化。

二、副语言

所谓副语言，就是通过语音的高低、强弱、快慢等物理性来传递信息的特殊交际手段。副语言又称"类语言"。这种特殊的语言现象表现为两种类型：一是伴随有声语言而出现的语音特征，如语调、语速、语音以及特殊的语音停歇；二是表意的功能性发声，如笑声、哭声、叹息声、呻吟声、咳嗽声以及因惊恐而发出的叫喊声等。在交谈中语速、语调和音量对意思的表达有比较大的影响。据说，意大利一位著名演员用凄凉的语调朗诵枯燥乏味的阿拉伯数字，从1数到100，听众竟然伤感至潸然泪下；而我国著名表演艺术家赵丹朗读菜谱却能像诗歌般优美动人，把全场的听众都吸引住了。可见，副语言绝不是可有可无的东西，它也是掌握语言艺术的关键所在。

在语言表达过程中，对语调、语速、语音、停顿、笑声等要素的控制、运用尤为重要，下面分别加以说明。

1. 语调

在副语言中，语调是最具有表现力的。所谓语调，指的是一句话里能够表达说话人的态度或感情的一种声音频率，俗称语气。语调虽然跟音量、音长、音高、停顿等都有关系，但主要是由声音的高低变化形成的，并通常表现在句尾上，所以语调又称句调。每个句子都有一定的语调，以体现说话人的意思、情感和态度，没有语调也就不称其为句子。

语调与声调不同，声调是单个字的调子，即音节的高低升降。汉语每个汉字的语音就是一个音节，所以声调又称字调；而语调是贯串整个句子的调子，其功能在于表达句子的感情色彩。有些句子所用的词语和词语的排列顺序完全一致，但句子的类型和所表达的思想感情却迥然不同，就是由于语调不同的缘故。因为语调是在声调的基础上进行的，故声调可影响语调，语调也可以影响声调。俗话说："锣鼓听声，听话听音。"有声语言表达出的思想感情往往是通过巧妙的语调表现出来的。人们的思想感情丰富、细腻，使说话的语调呈现出千变万化的特征。语调不仅强化了说话的内容，也披露了说话者的心境和态度，是说话时不可缺少的"佐料"。一般来说，可将语调归纳成以下四个类型：

（1）高升调。

语调由低到高，常用来表示反问、疑问、欢欣、惊异、紧张、警告、呼唤、号召、祝福等，也可表现激昂、愤慨的情绪。

（2）降抑调。

语调由平而降，多为感叹句和一般祈使句，常用来表示感叹、恳求、祈使、自信、肯定、赞扬等。

（3）平直调。

语调平稳正常，没有显著的变化，常用来表示庄重、严肃、虔诚、踌躇、压抑、冷淡等，也可表示悼念、悲痛的情绪。一般的陈述和说明用的都是平直调。

（4）曲折调。

语调为前降后升中间低或前升后降中间高，尾声拖长。大多是故作反语、讽刺、含蓄、夸张、幽默、惊奇、激动，或表示厌恶，犹疑不定、意在言外等。

掌握语调的技巧，可明显地增强语言的表现力和感染力。在处理说话的语调时，首先要力求准确、恰当、自然。日常交谈时，多用亲切、轻松的语调；演讲、辩论时，多用沉稳、自信的语调；欢乐的场合，多用喜悦、热情的语调；悲哀的场合，多用低沉、凄切的语调；会议的场合，多用严肃、郑重的语调等。对待上级领导，用谦恭、平和的语调；对待平级和同事，用坦诚、轻快的语调；对待下级或群众，用温和、亲密的语调等。其次，说话除依据语境确定基调外，还应视说话的内容和情感的发展而使语调有所变化，做到抑扬顿挫、起伏跌宕、丰富多彩、声情并茂，切不可自始至终只有一个调子，好像在钢琴上不停地弹奏着一个音调一样，语调乏味、催人入眠。最后，谈话免不了会遇到一些意外的情况，甚至可能遭人嘲笑、谩骂，这时，要从容自如，沉着应付，切不可让说话的语调突然露出不正常的变化而导致谈话的失败。

2. 语速

语速，就是语流的速度，即说话音节的长短和整个口语进展的快慢。语速快慢与人的年龄关系很大，一般青少年快于老年人。同时语速与个人的用语习惯，说话人的感情、语气、语态的节奏等有关，如人们在欢快、着急、激动时语速快，而失望、哀痛、悲伤时语速慢。语速还与不同民族语言的结构特点有关，如法语语速较快，平均每分钟 350 个音节，日语每分钟 310 个音节，英语每分钟 160 个音节，汉语每分钟 200 个音节。语速一般分为快速、中速和慢速，在现代汉语里，凡超过200个音节为快速，150个左右为中速，100个以下则为慢速。

语速的快慢是由说话内容和说话人思想感情的变化所决定的，直接影响到语言交际的效果。一般来说，应根据说话的场合、内容、对象而采用相应的语速，该快则快，该慢则慢，有快有慢、错落有致，如实地表达出说话人的心情。在正常情况下，处于平静的语境中时，一般应用中速说话；当处理紧急公务和突发事故时，则常用快速表达；而表示慰问、哀悼时，说话则适宜用慢速。

3. 重音

说话人根据思想表达的需要，特意把某句话、某个词组说得重一些，这就是重音。重音在说话中起强调重点、加重语气、突出情感的作用。重音一般可分为语法重音、逻辑（强调）重音和感情重音。在说话时，一句话重音的位置不同，语义也就有所不同。例如：

“请”你马上到我办公室一趟（是“请”而非“叫”）。

请你“马上”到我办公室一趟（是“马上”而非“等一会儿”）。

请“你”马上到我办公室一趟（是“你”而非“他人”）。

请你马上到“我”办公室一趟（是“我”而非“他人”）。

请你马上到我“办公室”一趟（是“办公室”而非“餐厅”）。

请你马上到我办公室“一趟”（是“一趟”而非“两趟”）。

把握重音，是汉语口语的基本使用技巧。在说话时，如果不注意准确地确定重音，要么无重音，要么错用重音，势必会影响一句话的准确表达。重音的确定，应从说话的全部内容来考虑，不能只从一个句子出发，同时，还要注意不同重音的位置，以及重音与非重音的衔接。唯有如此，才能使语言富于变化、和谐自然。在语言实践中，应根据具体语境，把握好重音的技巧，使自己的说话通过语音轻重强弱的变化，准确地表达出每句话的真正内涵，使听话者能由外部语言形式而领会、理解其语言的内在确切含义。同时，还应注意到，有时重音的意思表达与这句话的字面意思完全是相反的。例如，“行啊！我真谢谢你!”因为干的是不应干的事，这里的“谢谢”用的是它的反意“不谢”。这种通过重音正话反说、反话正说的特殊表达方式，也应根据具体语境而准确地加以理解和运用，但在使用时则应十分慎重。

4. 停顿

停顿，或称顿挫，是说话时在句子前后或中间作或大或小的语音间歇。美国著名作家马克·吐温说过：“恰如其分的停顿经常产生非凡的效果，这是语言本身难以达到的。”停顿是说话节奏的特殊处理。它并非思想感情的中断或空白，而是思想感情的延续和深化。停顿之所以需要，不仅是为了呼吸换气，更重要的是为了提示话题，更好地表达语句的意义和思想感情，同时给听者留下领略、思考、回味的余地。

停顿一般可分为语法停顿和强调停顿两种。前者是表示句子与句子、段落与段落、意群与意群之间的逻辑关系的停顿，所以又叫“逻辑停顿”。在书面上一般用标点符号来表示，目的在于使语言表达层次分明。后者是为了强调某个词语或突出某种情感所运用的停顿，主要是由说话人的意图和情绪所决定的，故又称“心理停顿”和“情感停顿”。其停顿的时间一般较语法停顿稍长，为的是给听众留下想象、思考、回味的余地。

常言道：“沉默是金。”说话一定要掌握好停顿的技巧，恰当自如地进行自我调节，该停则停，不该停则不停。否则，就可能会造成语句的混乱，有损于意义和情感的表达，甚至引起误解。此外，还应善于运用停顿来表达言外之意，传达出比有声语言更多的内容。就如我们常说的“此时无声胜有声”，有语言艺术修养的人，绝不会滔滔不绝地说个不停，而是在说话时善于利用瞬间的停顿，达到“出言不应无物，沉默不应无话”的境界。

5. 笑声

笑声、哭声、叹息声、呻吟声、叫喊声等都是人类的功能性发声。它是一种“人化”了的具有深邃社会性内容的表达情感的方式，是一种有意识、有理智的信号。当笑声伴随着有声语言而出现的时候，就能使有声语言所表达的意义更加明白，使说话人的情感表白得更加丰满、细腻。笑声和微笑是不同的。虽然它们都是人们面部肌肉模式化的反映，但笑声不仅要露出愉快的表情，而且还要发出欢喜的声音，它是能够承载语言交际信息、伴随着有声语言而出现的语音现象，属于副语言的范畴。而微笑是无声的，属于势态语言的范畴。

人们发出的笑声千姿百态，这些笑声不仅有程度上的差异，而且在表意功能上也有很大区别，既可表示满意和赞同，亦可表示诧异、傲视和轻蔑。各种笑声到底表示什么样的意思和情感，只有依据具体语境结合有声语言的内容，才能确切地辨析并加以理解。

笑声虽不是说话，有时胜似说话，有特殊的表意功能，但切不可滥用，一定要看场合和对象，运用得自然得体，不露痕迹。笑声是人们内心情感的自然流露，而不是无笑装笑、皮笑肉不笑的矫揉造作。运用笑声还应该注意不同笑声所蕴涵的固有感情色彩，对待领导、同事、下级和来访群众，冷笑、讥笑、耻笑和假笑等都是不适用的。

三、势态语言

手势语言

手是传情达意最有力的工具，正确适当地运用手势，可以增强感情的表达。手势是旅游接待工作中必不可少的一种体态语言，学习手势语是大有学问的。有的接待人员在服务过程中，表现出的手势运用不规范、不明确，动作不协调、寓意含混等现象，给宾客留下漫不经心、不认真、接待人员素质不高等印象。

不同手势的含义：

1. “O”形手势。即圆圈手势，19世纪流行于美国。“OK”的含义在所有讲英语的国家内是众所周知的，但在法国“O”形手势代表“零”或“没有”；在日本代表“钱”；在一些地中海国家用来暗示一个男人是同性恋者；在中国这个手势用来表示“零”。

2. 翘大拇指手势。在英国、澳大利亚、新西兰等国，翘大拇指代表搭车，但如果大拇指急剧上翘，则是侮辱人的信号，在表示数字时，他们用大拇指表示5；在中国，翘大拇指是积极的信号，通常是指高度的赞扬。

3. “V”形手势。第二次世界大战期间，英国首相温斯顿·丘吉尔推广了这个手势，表示胜利，非洲大多数国家也如此；但如果手心向内，在澳大利亚、新西兰、英国则是一种侮辱人的信号，代表“up yours”；在欧洲各地也可以表示数字“2”。

4. 塔尖式手势。这一手势具有独特的表现风格，自信者、高傲者往往使用它，主要用来传达“万事皆知”的心理状态，是一种消极的人体信号。

5. 背手。英国皇家的几位主要人物以走路时昂首挺胸、手背身后的习惯而著称于世。显然这是一种拥有至高无上的权威、自信或狂妄态度的人体信号；将手背在身后还可起到一定的“镇定”作用，使人感到坦然自若，还会赋予使用者一种胆量和权威。

你可能听到别人说过这样的话：“我的烦恼就在于我不会掩藏自己的感情——我的所感所想都明白地写在我的脸上。”没错，虽然有人自以为可以掩盖真实的感情，可事实上，我们每个人的表情都会或多或少地透露出我们的思想和感受。人们习惯于将目光、表情、手势、体姿这些辅助表意手段总称为势态语言。势态话言又称为“行为语言”、“人体语言”、“动作语言”，是一种伴随着自然有声语言而实现其交际功能的辅助性无声语言。当然，要完成交际任务，应以自然有声语言为主，势态语言只起强调、修饰、渲染的作用，但在某种特殊情况下，势态语言不但可以单独使用，甚至还可表达出有声语言难以表达的思想感情，直接替代自然有声语言。

可以说，有了人类，就有了势态语言，人类势态语言的出现比有声语言要早得多。在很长一段时间里，它曾是人类主要的交际工具。只是在人类产生了有声语言和文字之后，它才降到了辅助的地位。然而，人们对势态语言进行全面、系统的科学研究，还是20世纪70年代以后的事情。近二十余年来，西方一些人类学家、语言学家、心理学家、社会学家、行为学家对人类势态语言的潜心研究取得了丰硕的成果，从而使人们认识到势态语言也是表意的符号体系，它的广泛性，直观性、形象性确定了它在人类交际中不可取代的地位。作为一种信息载体，我们绝不可低估和忽视它的作用。

在语言交际活动中，势态语言与有声语言同样重要。人们一举手、一投足、一颦一笑、一蹙一展，甚至与谈话对象距离的远近，都会表达出特定的含义，体现着特定的情感。美国著名人类学家霍尔说过：“一个成功的交际者不但需要理解他人的有声语言，更重要的是能够理解他人发出的无声信号，并且能在不同场合正确使用这种信号。”成功的语言交际者就在于能将有声语言和势态语言有机地结合起来。反之，如果在日常交际中忽略了势态语言的选择和运用，不仅会直接影响有声语言的表达效果，而且还会给别人留下不良印象，有损本身和代表组织的形象。势态语言主要有以下几种：

1. 眼睛

眼睛是心灵之窗，它能如实地反映出人的喜怒哀乐。就是说人的一切情绪、情感和态度的变化都可以通过眼睛显示出来。眼睛具有反映人们深层心理的能力。当人们兴奋时，眼睛往往炯炯有神；而消极或愤怒时，往往愁眉紧锁，目光无神、眼睛闪烁可能是一种反常的举动；瞪大眼睛看对方则表示对对方有很大的兴趣。

其实，眼神传递的信息有许多，人类眼睛所表达的思想，有些确实是只能意会而难以言传，这就是眼睛动作语言能传递信息的魅力所在。

2. 眉毛

客观现实中眉毛的瞬间活动可以表达情绪的变化，眉毛与人的心理活动有着非常密切的联系。眉毛虽然需要配合眼的动作来表达含义，但单凭眉毛也能反映人的许多情绪。如人们处于惊喜或惊恐状态时，眉毛上耸；皱眉头，表示人们处于困惑、不快、不赞同的状态；眉毛高挑，表示询问或疑问。语言中用眉毛作为构词成分的词也不少，而且都与心理活动有关。例如扬眉、皱眉、眉飞色舞、扬眉吐气、横眉竖目、愁眉苦脸、喜上眉梢、双眉紧锁、双眉紧蹙、挤眉弄眼、眉开眼笑、眉头一动计上心来等。

3. 嘴巴

人的嘴巴除了说话、吃喝和呼吸以外，还可以有许多动作，借以反映人的心理状态。如嘴巴紧紧地抿住，往往表示意志坚决；撅起嘴是不满意和准备攻击对方的表示；遭到失败时，咬嘴唇是一种自我惩罚的运用等。还有就是与嘴的动作紧密联系的是吸烟的姿势，特别是在谈判中其表现可以用来作为判断一个人态度的依据。

4. 腿部

腿部往往是最先表露潜意识情感的部位。如“二郎腿”既可表示合作，又可意味着拒绝、傲慢或有较强的优越感；并腿表示谦恭、尊敬或对方有求于你；摇动足部，可能是焦躁不安、无可奈何；双腿轻轻晃动隐藏着当事人逃离当前困境的企图。

5. 上肢

手势或握手，可以帮助我们判断形势，同时也可帮助我们将某种信息传递给对方。如握拳是表示向对方挑战或自我紧张的情绪；用手指或铅笔敲打桌面，或在纸上乱涂画，表示对对方的话题不感兴趣等。上肢所表现的肢体语言非常丰富。

上肢语言所表现的丰富含义

1. 伸出并敞开双掌，给人以言行一致、诚恳的感觉。

2. 谈话时掌心向上的手势，表示谦虚、诚实、屈从、不带有任何威胁性。

3. 掌心向下的手势，表示控制、压制、压抑、带有强制性，这会使人产生抵触情绪。

4. 食指伸出，其余手指紧握，呈指点状，这种手势表示教训、压制、带有很大的威胁性。这种举动最令人反感，在谈判中应尽量避免。

5. 双手相握或不断玩弄手指，会令人感到缺乏信心或拘谨。

6. 把拇指指向另一个人，表示蔑视和嘲弄。

7. 十指交叉表示控制沮丧心情。但十指交叉垂在脤前，这种手势也表示敌对和紧张情绪。

8. 十指尖相触，呈尖塔状，表示自信；若再伴之以身体后仰，则显得高傲，这种动作多见于西方人。

9. 背手常显示一种权威，但在一个人极度紧张不安时，常常背手，以缓和这种紧张情绪。

10. 搓手常表示人们对某种事情结局的急切期待心理。

11. 双臂紧紧交叉于前胸，这种姿势暗示一种防御或保守的态度，如果双臂交叉于前胸并握拳，则表示怀有敌意。

12. 握手表示问候、保证、信赖和契约。标准的握手姿势应该用手指稍稍用力握住对方的手掌，用力握的时间约在1～3秒，如果发生标准姿势有异的情况，便有了除问候与礼貌以外的附加意义：

握手时对方手掌出汗，表示对方处于兴奋、紧张或情绪不稳定的心理状态。若某人用力回握对方的手，表明此人具有好动、热情的性格，凡事比较主动；反之用力握，则表明此人不是个性懦弱、缺乏气魄，便是傲慢矜持、摆架子。

先凝视对方再握手，有审视对方是否有资格与其握手，从心理上将对方置于劣势地位的意思。伸手的瞬间，如果是掌心向上伸出，往往表现其性格软弱，处于被动、劣势或受人支配的状态，有向对方投靠的含义。如果是掌心向下伸出，则表示想取得主动、优势或支配地位，因为手掌向下有控制的含义。

从以上具体介绍的几种势态语言的表现，可以说明势态语言在人际中所起的作用，因此不可忽视它的重要性。

如前所述，语言是人类社会所独有的特殊社会现象，是人类最重要的交际工具和思维工具的符号。系统语言可分为有声语言和无声语言。在实践活动中要讲好话，掌握语言艺术，就得具体了解自然有声语言（包括副语言）和非自然有声语言——势态语言的表情、交际功能及其审美特质，并在各种场合自觉地加以应用，以获得理想的沟通效果。

第二节　语言交际的技巧和禁忌

一、语言交际技巧

●礼仪案例

某人早晨路过一个报摊，想买一份报纸却找不到零钱。他在报摊上拿起一份报纸，随手扔下一张10元钞票，漫不经心地对卖报的老人说：“找钱吧！”卖报的老人很生气地说：“我可没有工夫给你找钱。”并从他手中拿走了报纸。这时，另一位顾客也遇到这种情况，但是他却聪明多了。他和颜悦色地走到卖报的老人跟前，笑着对老人说：“大爷，我想买您的报纸，但是我只有10元的钞票，您看怎么办呢？”老人笑了笑，拿起刚才收回的报纸塞到他的手里：“拿去吧，什么时候有零钱了再给我。”

第二位客人之所以能够成功，是因为他注意到由于自己没有带零钱会给售报的老人带来不便，所以他特别因为这一点向老人表示歉意，而且态度和善、诚恳。因为他向老人表现出了尊重，所以打动了老人的心，不但气氛非常好，而且协商也非常顺利地完成了。

交谈是一种有来有往、相互交流感情和思想的双边或多边活动。每一个正常的人都会交谈，但交谈的结果却有雅俗之别、优劣之分。在交谈的过程中，那些掌握了交谈的基本礼节和规则的人的谈话，往往受到人们的欢迎，能“化干戈为玉帛”，使疑团和不良情绪顿消，达到相互交心、增进友谊的目的，而那些不懂得交谈的基本礼节和规则的人的谈话，则往往不仅不受人们的欢迎，反而让人感到不愉快，甚至厌恶，而且还会埋下怨恨的种子，导致交往中断。每一个人要想在社会交往这个大舞台上演出有声有色、受人欢迎的话剧来，就必须懂得交谈的规则和基本礼节。

（一）语言交际的规则与礼节

1. 语言交际的礼仪规范

为了时时处处体现“礼”的内涵，应以谦虚和谨慎自律，语言条理清楚，目的简洁明确，所用语言要适合不同理解程度的听者，且要三思而后言，避免“祸从口出”，有意识地控制谈话的力度、情绪和节奏。因此掌握参与交谈的礼节尤为重要。

一般来说，在公共场所和社交场合以及某些非正式的商务、公务场合，交谈是在自由的气氛下进行的，没有严格的谈话程序，几乎每一个在场的人，都可以参与交谈，但交谈时应注意一些基本的规则和礼节。

（1）言谈举止得当。

交谈时神态要专注。可用眼睛轻轻地注视着对方的眼睛，但不要将眼睛瞪得很大，或直愣愣地盯住别人不放，必要时可改变视线。交谈时，交谈者的目光应平视、表情自然亲切，举止、体态合乎基本的礼仪规范。

交谈时用词要委婉。应当力求使语言含蓄、婉转、动听。如采用旁敲侧击法，不直接切入专题，而是通过“提醒”语言让对方“主动”提出自己的想法；还可以采用比喻暗示、间接提示、多用设问句等方式。

交谈时应控制交谈的时间。与其他商务活动一样，交谈也受制于时间。因此，交谈要见好就收，适可而止。普通场合的谈话，最好在 30 分钟内结束，最长不能超过 1 个小时。交谈中每人的每次发言以 3 ~5 分钟为宜。

（2）交谈内容应符合交际对象特点。

在运用语言进行交流时，应尽量交谈合乎交流双方特点的内容，如性格、心理、年龄、身份、知识面、习惯等。有这样一个笑话足以说明这一点：在一架飞机上，来自各国的游客相聚聊天。飞机突然遇到异常故障，将在 30 分钟后坠毁。机长命令空姐：“赶快通知那些先生们，穿上救生衣，马上跳伞逃生。”几分钟后，空姐报告：“真急人，谁都不肯往下跳。”于是，机长亲自出马。说来也怪，没多久，这些游客都顺从地跳伞逃生。“您是怎样说服他们的呀?”

空姐请教机长。机长说："我告诉英国人，跳伞是一项运动；对法国人，我就说跳伞是一种非常浪漫的游戏；而在俄国人面前我就认真地表示：跳伞是革命的壮举。""你又怎样说服那个美国人呢？""那还不容易，"机长得意地说，"我说已经为他办了巨额保险。"这纯粹是个笑话，然而笑话里包含了一个浅显的道理：说话的内容和方式应尽可能地合乎对方心理需要，才会取得令人愉快和满意的效果。

同样，语言的心理调节作用也是很显而易见的。在我们的日常生活中，把汤面称作阳春面，把劳教所中的劳教人员称作"触犯了法律的朋友们"等，都收到了意想不到的效果，显示了说话人高雅、诚挚、宽容的生活情趣和教养。在产品推销时，"您是否需要鸡蛋？"和"您要几个鸡蛋，一个还是两个？"两种不同方式中，后者把心理引导术结合在推销艺术中，其结果可想而知。

（3）要充分了解别人谈话的主题。

要充分了解别人谈话的主题，在不影响别人交谈的情况下，请求加入交谈。如果事先并不知道别人交谈的话题，而自己又想了解他们谈话的内容，并参与别人的交谈。那么，加入交谈时，应和在场的所有交谈者先打个招呼，如点头示意或者直接询问："我可以旁听吗？"或者"我能参与交谈吗？"等，在得到肯定的回答和许可后方可参与。不能贸然加入别人的交谈，更不能以奇袭的方式突然出现在交谈者之中，或者悄悄地、一声不响地站在一旁偷听。要参与别人的交谈，就要自然大方，而不能鬼鬼祟祟。

（4）交谈时应充分考虑对方的感受。

若肯定并想补充别人的谈话，应有礼貌地示意和请求。交谈过程中，如果后来参与者想在肯定别人谈话的前提下，作自己特有的补充，应向交谈者示意和请求，"对不起，我补充一句。"或者"某先生，请允许我补充一点。"在得到别人的许可后，方可说出自己的观点。那种打断别人谈话的插入式交谈，应尽量少用，而且交谈的时间应很短，应保证别人交谈过程的连续性，以免扰乱原先交谈者的思路。

如果你不同意谈话者的看法或观点，应等其谈完之后，并应该在首先肯定别人交谈内容的部分合理性的前提下，再谈自己的思想和观点。中国有句古话："让别人把话说完，天不会塌下来。"即使不同意谈话者的思想和观点，也应该让人将话讲完，而不可以中途打断别人的谈话或全面否定别人谈话内容的合理性。不管和某一交谈主题的看法有多大分歧，后来参与交谈者都不可有不礼貌的言行，决不能恶语伤人或出言不逊。

（5）注重谈话的开始与结束。

一位善于引导谈话的人总是能根据适当的场合将谈话引导开来，不管所见的人是一位刚结识的人，还是一位亲密的同事。当你与某人初次见面时，你的开头语可以是"您好，我叫……"谈话中应使用自己的姓名，仅用姓来称呼在交谈中缺乏正式的气氛，而且也显得对他人不敬。在结束与别人的交谈时，应有礼貌地对别人的交谈表示赞美并握手道别。在结束与别人的交谈时，可以这样说，"在和您的谈话中，我学到了不少知识"或者"与您交谈，我感到十分愉快，期望近期内能再听到您的教诲"等。这样就会给交谈者留下美好的印象，此时再友善地握手道别，便给参与别人交谈的过程画上了圆满的句号。

2. 选择喜闻乐道的话题

所谓话题，就是交谈的中心。选择一个好的话题，使交谈的双方找到了共同的语言往往就预示着交谈成功了一大半。应注意在以下几种情况下可选择的话题：

（1）在社交场合或日常生活中的话题。

不管是哪一个国家和民族的人，都会对体育比赛、文艺演出、电影电视、旅游度假、风景名胜、烹饪小吃等话题感兴趣。在正式的社交场合或者非正式的社交场合，谈谈这方面的情况，都是轻松愉快和普遍能够接受的。

若在社交场合或日常生活中，需要与一个比自己的身份和地位高得多的人进行交谈，那么，在交谈之前最好能通过各个方面的渠道，了解到他的阅历、文化修养及兴趣所在。然后对症下药，选择他所感兴趣的话题进行交谈，并倾听他的谈话，不时地表示赞赏或同意。那么，这样的谈话必然会给他留下较深刻的印象，并有可能预约进行第二次交谈。

（2）与不同职业、不同地位的人进行交谈时的话题。

与农民进行交谈，可以谈农业生产状况、农业收入及种子、化肥、农药等有关问题；与城市居民进行交谈，可以谈城市物价、交通、住房等有关问题；与高校的教师等知识分子交谈，应根据其学校的性质和专业特点，选择其专业问题进行交谈。总之，应本着这样一个原则：与不同身份的人谈话，应选择不同的人们感兴趣的话题。如果不遵循这一原则，与农民交谈城市物价、交通、城市住房等问题，与城市居民交谈农业生产、收成、种子、化肥等问题，就必然使这种谈话无法进行下去。

（3）在随意交谈的过程中的话题。

在随意交谈的过程中应思维敏捷，随时判断和捕捉对方感兴趣的话题，然后与之交谈，也会取得良好的谈话效果。一个人对于自己感兴趣的话题总是乐于交谈，如果能准确了解对方的兴趣所在，是最有话可谈的。这种方法对于有一技之长或一专多能的人最为适用。例如，对方喜爱摄影，便可以此为主题，谈摄影的取景、胶卷的选择、相机的优劣、摄影作品的评比……如果自己对摄影也有相当的造诣，那必定会谈得很投机。如果这方面经验不足，便可向对方虚心请教，对方一定会滔滔不绝地解释各种问题。这样的谈话不仅会使双方十分愉快，而且可以使自己从中学到不少的东西。

（4）与陌生人进行交谈的话题。

如果在公共场合或社交场合与陌生人进行交谈，由于对陌生人整个的背景不了解，应有效地选择话题。你若想让别人觉得自己有吸引力，最好的办法是说话真诚明了，话题可从询问对方的姓名、工作单位（或干什么工作的）、籍贯入手，然后互相介绍。从交谈中发现其感兴趣的话题或者不时地提问，等略微了解后，再进行深入的、有目的的交谈。如果在宴会上或者在舞会上，遇到陌生的邻座，便可请教对方的姓名、工作单位，并进行自我介绍，然后询问："您和主人是同学，还是同事？"无论是前一半对，还是后一半对，都可以沿着对的一面的话题交谈下去。如果问得都不对，如对方回答是"老乡"，那么同样可以谈下去。如果回答是"青岛老乡"，那么可以与他谈谈青岛的红瓦绿树，青岛美丽的海滨和繁华的中山路、正在兴建的高科技园区等，这样的谈话必定会让人十分愉快。你可以用提出一些问题的方法进行"试探"。一个话题谈下去，就换到另一个话题，你也可以接过话头，谈谈你最近读过的一篇有趣的文章，或说说你刚刚看过的一部精彩的电影，也可以描述一件你正在做的事情或者正在思考的问题。如果谈话出现了短暂停顿，不要着急，不必无话找话谈，沉默片刻也无妨。谈话是交流，可以涓涓细流，不必像赛跑那样拼命地冲到终点。

所以，交谈时不能大谈自己和自己感兴趣的话题，而应充分考虑到对方的兴趣所在，并给对方谈吐的机会。人们最愿意谈自己感兴趣的事情，而对于与自己毫无关系或不感兴趣的事情则会觉得索然无味。对于只有自己才感兴趣的事情，有时不仅不会引起别人的关注，而且会让对方觉得好笑。如年轻的母亲会热情地对别人说“我的儿子会叫妈妈了”，她说时是很高兴的，而且是很感兴趣的，但别人听了不一定会像她那样高兴，也不一定产生同感。在交谈时，可以谈自己感兴趣的事情，但必须考虑到对方对这些事感兴趣的程度，并且给对方一个谈其感兴趣的事情的机会，当一个人聚精会神、以热情真诚的心去倾听对方的叙说时，一定会给对方留下深刻印象。每一个人应少谈自我，不要目中无人，总是喜欢大谈自己的人，必然使人感到浅薄、缺乏修养。

3. 交谈时应回避的话题

有一些话题不宜作为交谈的话题，是禁忌话题，如果不避讳这些禁忌话题而执意交谈，必然会给彼此间的交谈带来不必要的麻烦。

（1）个人的私生活问题不宜交谈。

按照国际惯例，人们的年龄、婚姻状况、履历、收入、家庭住址以及其他方面的家庭情况，都属于个人隐私的范围之内，交谈时，一般不宜主动触及这些话题，与西方国家的外宾进行交谈时，更应尽量避免。因为在西方国家非常强调个人的独立、个人至上和个人隐私的权利，如果不了解这一常识而大谈此类话题，必然会引起外宾的不快，从而使交谈无法继续。在与外宾交谈时，对其服饰、家具、住宅、汽车及其价格最好也不要触及，因为这些与个人的喜好和收入有关，亦属个人隐私的范围。

（2）令人不快的事物不宜交谈。

讨厌的寄生虫、惨案与丑闻、色情之类的话题格调庸俗、低下，不宜触及。平时与人交谈，一般不宜涉及疾病、死亡等话题；在喜庆场合，更应避免不吉利的词语。虽然人们知道生老病死是人们不可抗拒的自然规律，但从感情上说，仍然忌讳说“死”。探视病人时，当看到病人面容憔悴，切不可吃惊地问“脸色怎么这样苍白”之类的话，也不可与病人一起讨论、分析疾病的严重性。否则，交谈不仅不会愉快，而且一定也会加重病人的思想负担，进而加重病人的病情。

（3）他人短长的话题不宜交谈。

有关他人的小道消息、家庭成员的矛盾冲突、单位的人际关系、女士的美丑与胖瘦、他人的服饰与发型等涉及他人短长的话题，一般不宜交谈。如果交谈此类话题，会被看做是缺乏教养的表现。与西方发达国家或其他国家的外宾进行交谈时，对其生产习惯、宗教信仰、政治主张都不要谈论。当着一个英国人的面抨击其君主立宪制度和女王陛下，或者问一位瑞典旅游者属于哪一党派，或者与德国人和犹太人谈论集中营、第二次世界大战，都是不礼貌的。在交谈中，如果无意触及了人们回避的话题，不应当视而不见、寻根究底，而应当立即转移话题，必要时应向他人表示歉意。

（4）自己不熟悉的话题不宜交谈。

在交谈时我们应当回避自己不熟悉的话题。最要不得的就是一知半解、故弄玄虚、不懂装懂，这样做不但不会给彼此的交谈带来益处，反而会给别人留下不谦虚的印象。如果有人主动谈起弗洛伊德的精神分析学，而自己却对此一无所知，那么此时应当洗耳恭听。如果交谈者要求自己对此发表意见的话，那么自己就必须坚持“人不可自欺”的基本原则，以实相告，并虚心请教。“闻道有先后，术业有专攻”，人不可能掌握全部的科学知识，而只能了解某一专业领域的情况、某一专业领域内的某一方面的情况或者几个专业领域的大概情况。如果遇到自己不明白、不了解的问题，着实相告并虚心请教，不但不会贬低自己，而且会赢得他人的尊重。

（二）言谈技巧

在商务活动中，双方的接触、沟通与合作都是通过语言表达来实现的。一次成功的谈话，并不一定要表现出机智的语句或者雄辩的口才，关键在于进行感情交流和思想火花的碰撞。大多数的人们并不具备语惊四座的特殊才能，但是可以通过掌握一定的谈话技巧和规矩，来清晰、准确地表达自己的观点和感情，成为一个善于谈话的人，成为一个受人欢迎的交谈对象。具体来说，在言谈之中需要把握以下技巧：

1. 正确表达自己语言的含义

如果你想提高自己在语言交际方面的能力，必须审视自己是否善用语言，是否注重表述中的语法结构和习惯用法。人们往往会因为一个字、一个词的错用或因为违反某一语法规则而使自己犯错，进而影响交谈的结果，如果你经常犯语法错误，应该就此挑选一个好的方法去学习一下，以提高驾驭语言的能力。在交谈中遇到一些不宜回答的问题，如果正面直接回答，一方面可能无法回答；另一方面会显得语气生硬，以至于影响交谈的效果。如果运用委婉的方式，不仅会显得思维敏捷，给他人留下较好的印象，而且能够创造轻松的谈话气氛。要达到此目的，拥有丰富的词汇量至关重要，增加词汇量的最有效方法是增加阅读量，看到有用的词汇不妨摘记汇集，并时常翻阅，必要时可以查看字典，从而加深印象。平时多留意听取别人谈话中的精辟言辞，注意电视、广播及戏剧中精彩的对话和演讲，并加以吸收和运用，以便能够正确表达自己的含义。

要掌握语言技巧，尤其是提高口语的表达能力，语言必须以“礼”吸引人，以语言的“美”说服人。成功、有效的语言，能使交流双方心理都认同，会给对方一种满足或愉悦，从而达到心理相悦、心灵相近的目的。如在交通广告用语中，一改往日“宁停三分，不抢一秒”、“禁止在此区域高速行驶”、“当心车祸”的生硬口吻，变成“母亲、妻子、儿女盼着您平安回来”等充满温馨的广告语，既能实现广告的目的，又使人易于接受。

2. 使用机智、幽默的语言

（1）创造良好的交谈氛围。

幽默诙谐的语言，是人们的思想学识、智慧和灵感在语言运用中的结晶。善于使用幽默和含蓄的表达方式，创造轻松愉快、生动活泼的气氛，能使谈话者的心情轻松愉快。运用幽默和含蓄的表达方式，容易创造令人兴奋的交谈气氛。

社交场合离不开幽默的谈吐，幽默是社会语言中的高级艺术，也是一个人的文化、修养、道德、机智、心理、气质和语言驾驭能力等多方面素养的综合反映。在一些令人局促不安、尴尬的场合，运用幽默的谈吐，可以使交谈双方兴致盎然，从而消除误会、化解矛盾。美国前总统尼克松在当选总统后，英国一位曾经猛烈批评过尼克松的杂志主编正巧被任命为驻美大使，两人相见时，英国这位驻美大使感到有些尴尬，而尼克松的一句幽默的话使尴尬气氛烟消云散。他说：“大家现在都可以放松心情了，因为你是新大使，我是新政治家。”幽默的作用和力量就像这样，有时是超乎寻常的。

（2）学会和使用幽默语言。

要提高运用语言的技巧，还必须学会和正确使用机智幽默的语言。幽默诙谐、生动，具有强烈的感染力和振奋作用，能够引起听众强烈的共鸣。在言谈中，幽默具有妙不可言的功能，因此，在日常生活中，具有幽默感的人几乎毫无例外地受到欢迎。

幽默的语言可以打破僵局，使批评变得委婉而有效果，幽默也往往是紧张气氛的缓冲剂，既能使对方摆脱窘境，又能自我解嘲。在公共汽车上，一位姑娘不小心踩了小伙子一脚，姑娘神色紧张，慌忙道歉："对不起，我踩了你?"那小伙子风趣地回答："不，是我的脚放错了地方。"这时，姑娘如释重负地笑了。具有这种幽默感的人，有一种宽容的、豁达大度的风度。

据说大文豪歌德有一天在公园散步，碰到了一位曾经恶意攻击过他的批评家，批评家傲慢地说："我是从来不给傻瓜让路的。"歌德立即回答："而我却完全相反。"说完就转到一边了。这种幽默的回答充分显示了歌德机智敏捷的语言应变能力。语言的幽默和机智绝不单单是言谈技巧的问题，也是一个人智慧、胸怀、性格诸因素的综合体现。因此，要使自己的语言充满幽默感，关键在于丰富、充实、完善自身，幽默的语言是建立在一个人自信、自尊基础上的机智和聪慧的产物。

3. 委婉拒绝

拒绝是日常工作中会经常碰到的问题。在工作和与公众的交往中，难免会发生一些矛盾，会碰到一些不合理的要求，需要我们说"不"。为此，我们要讲究一些拒绝的技巧，做到婉拒他人而又不失礼貌。

（1）利用灵活委婉的语言。

在交往中有时会碰到一些较复杂的情况：想拒绝对方，又不想伤害他的自尊心；想吐露内心的真情，又不好意思表达得太直接；既不想说违心之言，又不想直接顶撞对方……要应付类似上述各种不同的情况，就要重视培养自己在语言表达上机智应变的能力。同样，要熟练地掌握拒绝语言的使用技巧，从而学会说"不"字。从礼仪的角度来讲，不提倡用身体姿势、道具等非语言的行为拒绝对方，而应该用语言的技巧和艺术实施拒绝。在用语言交流时，心中要有足够的勇气和自信，不要顾忌太多。心里是怎么想的就尽可能地表达出来，重要的是要讲究表达的方式和方法，即把拒绝融于情理之中，一方面表达了自己的原则和态度；另一方面又保护了对方的自尊心和面子，切忌断然拒绝和颠三倒四、言不尽意。为了达到既不直接说"不"又能达到拒绝的目的，生活中有许多巧妙的做法，如位置换法、先肯定再否定、迂回寓意，抓对方的语病等。例如，在一次记者招待会上，有位外国记者问陈毅："陈毅市长，中国已成功地发射了第一、第二颗人造卫星，请问第三颗何时发射?"陈毅微微一笑，很真诚地说："我不知道这是不是秘密。"记者说："不是。""那么，既然不是秘密，你肯定知道了。"陈毅镇定自若地回答了记者有意刁难的问题。

（2）态度诚恳，措辞委婉。

交谈时要恰当使用"我不知道"，因为良好的语言形象决不会建立在"我不知道"这种态度之上。在很多情况下，承认自己不知道或疏忽，这并不表明你多么愚蠢无能。因为人不可能是万能的，谁都有不知道的东西，谁都会犯错。如果他人问你一个问题，你确实不知道，应首先予以确认，但不要就此放过。在某些情况下如果你进一步回答下去，将给人留下一个更深刻的印象，如"我不知道，但我会找到答案的"、"我将尽力弄清这个问题"、"我将仔细找出问题的解决办法”、“我将获得这方面的信息”、“给我一个机会，让我给您找到这个答案”等。这类表达将使对方更好地认识你、谅解你，而一个简单干脆的“我不知道”极有损于你在他人心目中的形象。

为了使被拒绝者能够理解自己的心情，在拒绝时必须态度诚恳，使对方知道你确实尽了力，但又实在无法满足其要求，这样拒绝起来就很容易被对方接受。在拒绝对方的时候，措辞一定要委婉，不能用教训、嘲弄、挖苦的言辞拒绝对方。言谈中可采用客套的敬语，拉开与对方的情感距离，让对方知难而退，见机行事。必要的时候，可以转移对方的注意力，并补偿对方的心理损失。美国前总统罗斯福任海军军官时，一位好友向他问及有关美国新建潜艇基地的情况。罗斯福不好正面拒绝回答，就问他：“你能保守秘密吗?”“能。”那人答。罗斯福笑着说：“我也能。”对方一听也就不再问了，他机智而含蓄地拒绝了对方的要求。

只有运用恰当的拒绝方式，灵活掌握语言技巧，才能达到与人有效沟通的目的。

4. 巧妙发问，创造良好的沟通氛围

老板的答案

问：“老板，这家店在这儿也算是老店了，当初你开店时这附近的情况怎样?”

答：“当时行人很冷清。”（如果前一问句加上“很热闹，是不是?”的话，这句回答就可能是“不”了。）

再问：“有几家店?”

答：“每排19家而已。”

分析提示：

这样问下去，不让对方有机会回答是或不是，也不要替他回答，对方就不得不多说话了。在商务活动中，应当带着关心与赞美去深入每一个话题，不应该仅仅为了搜集资料而提问，否则，会让对方感到厌烦。

在一定的社交场合，商务从业人员总是为了解决某个问题才与他人交谈的，而解决问题的前提就是提出问题。提问是引导话题、转换话题的好方法。它可以通过发问来了解自己人不熟悉的情况；可以把对方的思路引到某个要点上；可以打破冷场避免僵局。当然，发问应首先注意内容，不要问对方难以应付的问题。

1998年底，美、英两国对伊拉克进行空中袭击，导致伊拉克政府拒绝与联合国合作，伊拉克问题一时陷入僵局。为了打破“坚冰”，1999年9月，中方协调员在伦敦召集五个常任理事国的外交部国际司司长进行磋商。当时任协调员的外交部国际司司长李保东道了一段开场白：“记得我小的时候，遇到晚上翻来覆去睡不着觉的时候，我奶奶就叫我将枕头换个方向试试，结果还真灵。今天，我们磋商的目的，就是换个角度来讨论一下如何解开伊拉克问题这个‘死扣’。”这种“以小见大、语重心长”的开场白，一下子就将其他常任理事国同行的“心扉”打开了。大家“促膝”交谈，最终达成了共识，从而为推动伊拉克问题的解决进程做出了努力。

运用语言技巧，巧妙地用提出问题的方式，既打破了僵局，又为人们之间的沟通创造了良好的氛围，便于达到预定的目标。

5. 有效的倾听

所谓倾听，是认真地、积极地听，并能“听懂”别人所说的话的能力，它需要利用逻辑思维和原有知识对信息进行分析加工，只有通过学习才能掌握。倾听是一个主动参与的过程，听的人必须及时思考、接收、理解，并作出必要的反馈。

作为一名忠实的听众，真诚地倾听对方的谈话，就是对对方最好的赞美。谈话本身包括说和听，不要口若悬河地垄断整个谈话，要多给对方发表意见的机会。要全神贯注地聆听对方的讲话，不要轻易打断对方的谈话，以示尊重对方。任何人都渴望倾诉，都希望有真诚聆听的人，即使伟人也是如此。在美国南北战争最困难的时候，总统林肯给一位老朋友写信，请他到华盛顿来，说有一些问题想与他讨论。这位老朋友来到白宫后，才发现自己不过是做一名忠实的听众而已。林肯总统花了几个小时的时间问他解放黑奴的宣言是否妥当，又说起报纸上的批评和从全国各地寄来的反对或赞成的信件。从头到尾，都是林肯一个人讲述自己的看法，直到他觉得“会谈”可以结束，才与朋友握手道别。实际上林肯并不需要别人发表意见，或许只是需要有人来听听他诉说心中的郁闷。

日本松下电器株式会社总裁松下幸之助曾用一句话概括他的经营诀窍：首先要细心倾听他人意见。要懂得倾听的艺术，就应在交谈中，神情专注、态度诚恳、认真听讲、自然应答。使对方感受到友善和诚意，从而创造一种心理交融的气氛。高尔基曾说过：“作为一种感人的力量，语言真正的美，产生于言辞的正确、明晰和动听。”

6. 积极自信地面对交谈对象

交谈的过程中要有信心，不要惊慌害怕。许多人害怕交谈，唯恐无言以对，总是绞尽脑汁地琢磨自己接下去该怎么说，而对别人说的话一点也听不进去，反而更加使话题难以继续。千万不要担心无话可说而害怕与陌生人接触，大多数谈话的失误不是因为说话太少，而往往是因为说得过多造成的。

综上所述，语言是一门应用的艺术，因而在学习、生活及工作中，要根据不同的对象、场合等选择不同的话题、语气，注意时时练习和仿效，只有掌握了高超的语言技巧，才能不断提高自己的语言水平。

二、语言交际禁忌

刘心武在《交叉立体桥》一文中，写到一位“颇有名气却不懂人情世故”的剧作家看见一位多年未见的朋友的女儿时，对她的父母发出这样的感叹：“小芸看上去像有三十多岁了，真快呀，记得我头一回来你们家的时候，她这么高，像朵花似的……”这句话刚一脱口，就让小芸的父母感到不高兴。问题出在哪里？是语句不通，还是用词不当？都不是。就这句话本身来说，是符合现代汉语结构的，表达的内容也是符合现代汉语规范的，阐述的情况也是符合实际的。但是，不懂得环境的限制（当着一家人说），不了解听者的心理（是“大龄女”），结果发出的信息却违背了自己要向小芸的父母表示善意、友好的愿望。这位剧作家，不理解一位未出嫁的姑娘，长相不如过去，做父母的是不喜欢别人当面点破的，尤其是当着女孩子的面。难怪小芸的父母听后不高兴了。如果这话不是当着小芸父母的面说，而是对小芸的邻居说，或者谈论的对象不是一位尚未出嫁的姑娘，而是一位当锻工的小伙子（说他小时候像姑娘，像朵花，长大了像一座铁塔），其效果就不会这样糟了。可见，语言交际的效果，会因语言表达的恰当与否大不一样。

语言是一种社会交际工具，人们利用它交流思想、传递信息，达到彼此之间的了解。人们通常相信语言具有某种魔力，在某种事物需要避忌时，也就包括了从语言上的不提及。“不说”是语言禁忌的一种形式，另外一种语言禁忌的形式就是“避讳”，它是很富有方言特色的语言风俗现象。禁忌的原则，大体上不外乎是出于礼教、吉凶、功利、荣辱的诸种考虑。语言禁忌几乎是无所不在、无时不有的，是一种特殊的文化现象。

（一）回避禁忌言语的方法

然而，在人际交往中，经常要表达不祥的内容，这便需改用另一些褒义或中性词语代替。这样做的意义是，不仅避开了不吉的词语，而且改凶为吉，力求通过语言上的变通、调整，满足人们追求幸福美好的心理需求。这种变通的表述方法有以下几种：

1. 用反义语来替换不吉的词语

此法在变通禁忌语时普遍使用。例如，戏院里的太平门，原意为万一发生了火灾好让观众逃走，说“太平”乃失火事故之反义。

2. 用有关或相近的事物名称来代替

浙江一带，对小孩肥胖，忌说“壮”，因本地猪肥叫壮，要以“个头好”、“补胚好”代胖之意；人有病，最忌说“生病”，要以“不新鲜”、“懒意”、“着力过了”等言之；人死了，其家人忌说“死”，要说“老了”、“好了”、“过辈了”等。

3. 用比喻来代替不吉的词语

“崩”、“驾崩”及“山陵崩”等词语以前是用来指帝王之死。“崩”之本义为山陵倒塌，把这个词转用到帝王之死上来，显然是在向人们喻示帝王是江山的顶梁巨柱，他们一经死去，便如同山崩地裂，仿佛整个世界都要随之毁灭，意在向当时的人们强调帝王之死绝不可等闲视之。

4. 用假托文辞来代替

古代汉语称帝王之死为“晏驾”，意即他不出朝，只因他的车驾出来晚了。佛教僧尼之死为“圆寂”，意即他们完全沉浸在念经中了。

（二）语言交际的禁忌

1. 谈话时忌缺乏礼貌

交谈应该是令双方愉快轻松的过程，同时也应该体现礼貌和友好。对长者说话，忌直呼

"你"而不用敬称。谈话时不要手舞足蹈，过分夸张的手势会显得不文雅，缺乏修养，更不要唾沫横飞。在待人热情的同时，要把握好具体的分寸，否则只会事与愿违，过犹不及。

另外还要注意好个人卫生。谈话前忌吃洋葱、大蒜等有气味的食品，若已食之，也应漱口、嚼口香糖或饮茶以冲淡异味，以保持良好的个人形象。

2. 切忌不当的称谓

称谓是指人们在日常交往应酬中所采用的彼此之间的称呼语。有人把它称为公关、交际活动中的"先行官"，它在人际交往活动中的作用举足轻重，绝对不可掉以轻心。在某些特定的场合中，称谓得当与否甚至可以决定一次交际活动的成败。因而，对称谓的使用不能疏忽大意，无论在什么场合，无论使用何种称谓，都应以礼貌、尊重、得体、亲切、热情为原则。

3. 切忌态度傲慢

切忌在社交场合态度傲慢、自以为是、目空一切、夸夸其谈。谈话要自然，态度要和蔼。若喋喋不休地谈论对方一无所知且毫不感兴趣的事情，不仅遭人厌烦，而且将浅薄的思想暴露无遗。喜欢饶舌的人，只有牢记一条简单的规矩：住口沉思，才不会成为讨厌的人；也不要批评任何长辈、有身份或有地位的人和谈话人的亲友。

4. 忌只说不听

交谈的双方都要认真听取对方的谈话。听是交谈持续的重要环节，听是理解、尊重对方的礼貌行为，听是从交谈中获得信息的主要渠道。所以交谈双方都要重视倾听对方所说的话。有些人说起来滔滔不绝，容不得对方插嘴，对对方的话置若罔闻，结果使交谈并无法继续下去。例如，有一个年轻人，向大演说家苏格拉底请教讲演术。他为了表现自己，滔滔不绝地先讲了许多话，苏格拉底表示，可以考虑收他为学生，但要缴纳双倍的学费。那年轻人很惊诧："为什么要加倍呢?"苏格拉底说："我除了要教你怎么演讲外，还要再给你上一门课：怎么闭嘴。"这里，苏格拉底用嘲讽的语言告诫这位年轻人，不要滔滔不绝只顾自己讲，而要学会如何倾听别人说话。

5. 忌谈话重复

即使再有趣的事也经不住重复。许多事情之所以有趣，就在于人们是第一次听到，而且叙述得简练，对于爱重复叙述的人，应该有礼貌地阻止他旧话重提，这不仅有益于自己，而且免得讲话者自讨没趣。不过，应该用感兴趣的语气打断他的重复："哦，是呀，你已经向我讲过那件事，听起来它挺有意思的。"

6. 忌涉及对方弱点与短处

在人际交往中，应以对方为中心，交谈的话题宜选其擅长或有兴趣的话题。任何一个有自尊心的人，都不会希望自身的弱点与短处被当众曝光。即使你无恶意，也会给对方带来不快，在交谈时，对对方不愿意回答的问题不要继续追问，若提出了令对方反感的问题要立即道歉。

7. 忌涉及个人隐私

一些国家的人们讲究个人至上，个人隐私不容干预。因此，切忌询问对方工资收入、财产状况、个人履历、服饰价格等私人生活方面的问题。欧美人很忌讳这类提问，认为提到这些是对对方的不尊重，侵害了对方的隐私权，是一种极为失礼的行为，同时对方还会认为提问者缺乏教养。同女性谈话时，绝对不要称赞她营养充分、身体壮实、长得富态，那意味着她长得很胖，没有线条、不美。尤其切忌询问妇女年龄、是否结婚。女性对年龄和婚姻十分敏感，认为这些是个人的隐私，他人不得涉及。

小红的心事

小红是一位非常聪明的姑娘，性格开朗、大方，对人坦诚，喜欢帮助别人，心中装不下事情，特别是自己的一些事情总喜欢说给同事听，刚开始同事都很喜欢她，但时间长了，都开始躲着她，她很不理解，索性调到了另一个单位，可过了一段时间，又出现了相同的情况。小红非常苦恼：为什么我对别人那么真诚，别人却不喜欢我呢？

8. 忌社交场合高声喧哗

在公共场合我行我素地高声谈笑，应顾及周围人的谈话和思考。两人交谈时，应轻声细语，音量以对方听清为宜。不可相距很远就大声打招呼。在社交场合应言语得体，不得恶语伤人。古人说得好，“不能美言则免开尊口”，不要当面对言谈对象冷嘲热讽，语气要委婉，要各抒己见。

9. 忌涉及凶杀惨案的内容

外国人通常对凶杀、惨案、灾祸、疾病等令人不安的内容，在交谈时均会避免涉及。他们认为，谈论这方面的内容，可能说明对方心理不健康，而且也是对受灾受难者的不尊敬。应避开有关疾病、死亡、灾祸以及其他令人不愉快的话题，以免影响情绪和气氛，应该谈论那些使听者感兴趣和高兴的内容。

另外，还应避免谈论稀奇古怪、荒诞离奇的事，只有没有教养、愚昧无知或素质低的人才会对这类话题津津乐道。此外，不要怨天尤人，因为人人都有一本难念的经，听话者不会从你的抱怨中得到宽慰。

10. 忌随便训人

劝解别人也是一种交谈。事实上很多思想说服、疏导工作都是通过交谈解决的。但有一点必须注意，既然采取交谈方式，你即使是教育者，是上级领导，是学术权威，也不能采取耳提面命的生硬教训方式，更不应该挖苦嘲讽，使对方难以接受。礼貌是人们之间在交往中彼此表示尊重与友好的行为规范，礼貌用语则是尊重他人的具体表现，是建立友好关系的敲门砖。在日常生活中，尤其在社交场合中，礼貌用语十分重要。多说客气话不仅表示尊重别人，而且也表明自己有修养。“请”、“谢谢”、“对不起”、“你好”是人们在日常生活中最常用的礼貌用语。

11. 忌谈话漫无边际

在语言交际的过程中，我们要充分尊重对方，不要浪费对方的时间和精力，如果谈话漫无边际、没有目标，势必导致听者不知所云，不但达不到交谈的目的，还让对方对自己的能力产生怀疑。所以我们在进行语言交流之前，应首先明确谈话的目的，然后再围绕谈话的目的组织素材，做到有的放矢。

因此，要使自己的语言优美并取得语言交际的成功，就应克服交流中的障碍。只有加强自己语言能力的锻炼，与人进行广泛的接触和交流，并多了解有关言语方面的禁忌，才能实现完美的语言交际。

第三节　语言交际中的文化差异

●礼仪案例

被拒绝的生日蛋糕

有一位先生为一位外国朋友订做生日蛋糕。他来到一家酒店的餐厅，对服务小姐说："小姐，您好，我要为我的一位外国朋友订一份生日蛋糕，同时打一份贺卡，你看可以吗?"小姐接过订单一看，忙说："对不起，请问先生，您的朋友是小姐还是太太?"这位先生也不清楚这位外国朋友结婚没有，从来没有打听过，他为难地抓了抓后脑勺想想说："小姐?太太?一大把岁数了，太太。"生日蛋糕做好后，服务员小姐按地址到酒店客房送生日蛋糕，一女子开门，服务员小姐有礼貌地说："请问，您是怀特太太吗?"女子愣了愣，不高兴地说："错了!"服务员小姐丈二和尚摸不着头脑，抬头看看门牌号，再回去打个电话问那位先生，房间号码没错。再敲一遍，开门，"没错，怀特太太，这是您的蛋糕。"那女子大声说："告诉你错了，这里只有怀特小姐，没有怀特太太。"啪一声，门被大力关上，蛋糕掉地。

这个故事，就是因为错误的称呼所造成的。在西方，特别是女子，很重视正确的称呼；如果搞错了，引起对方的不快，好事往往会变成坏事。

语言不仅是沟通的工具，而且是不同的文化、自然环境、历史、人性和血统的特有表现。语言维持着传统的活力，激励我们了解和尊重历史以及我们所居住的这个世界，并使各种不同的社会超越国界和时间建立相互联系。

许多人都知道，语言和生物一样具有多样性，然而，许多人还没有认识到这一点：对人类来说，语言的多样性和生物的多样性一样重要。因为每一种语言都代表一种民族文化，语言是文化的外壳、文明的载体，一种民族语的消亡意味着讲这种语言的民族的文化和传统在消亡，它所代表的民族也会逐渐消失，一种语言的消亡绝不亚于一个物种的灭绝。人类多样性文化的生存、延续、发展依赖语言的多样性，世界文明的多样性也取决于人类语言文化的多样性。在地域分布上，语言和生物有着不可思议的相似之处，生物种类丰富的地区，语言也往往多姿多彩。生物的多样性，文明的多样性，是我们这个星球的基本特征，也是推动人类社会不断进步的动力。所以，我们要像保护生物的多样性来维持地球生态平衡一样来保护语言的多样性，从而保护丰富多彩的人类大家庭的文化和遗产。"保护语言多样性必然涉及如何驾驭一门外语的问题，学习者一定得经历从语言能力（linguistic competence）的成熟到社交语言能力（sociolinguistic competence）的成熟，最终到文化能力（cultural competence）的成熟这一必经的过程，缺一不可。”（张柏然，1992）语言是人际交流的工具，只有在交际（即语言应用）的过程中才能充分体现它的功能，它的最本质的功能就是交际功能（the communicative function）。语用学告诉我们，语言行为（即言语）受制于发话人与受话人的关系、交际的环境和语境、交际的功能和结果等。一句完全合乎语法的话，如果用于不恰当的场合，说得不合说话人的身份，或者违反当时当地的社会风俗习惯，就达不到交际的目的，有时甚至会造成意想不到的后果。

一、文化背景对语言交际的影响

当今世界是一个开放的现代化的社会，不同文化背景的人们相互交往日益增多。由于人们生活的年代、地区、情境、地理环境和其他许多因素的不同，形成了各自所特有的文化背景，这种文化背景又深深地影响着人们交际的方式、方法。在跨文化交际中，缺乏对对方文化背景了解的人，常常无意识地用自己文化的种种标准去衡量和评判对方的行为。这就增加了跨文化交际误解的可能性，发生误解和冲突就不可避免了。

语言是文化的组成部分，也是文化的重要载体，又是文化的一种表现形式。由于语言是直接反映文化的一种形式，所以在一个地域或民族内使用的语言与其所拥有的文化之间存在着千丝万缕的联系，因而文化对语言交际的影响是极为明显的。

1. 宴请客户

中国的饮食文化博大精深，所以中国人特别讲究饮食，请客吃饭也是重在饭菜本身：满桌丰盛，山珍海味。在中国，主人的盛情与否体现在菜的数量、价格、营养度和烹饪的技艺上。数量多、价格贵、营养价值高、烹饪精致，表明主人非常好客，反之则不然。席间，主人频频劝酒，为客人夹菜以示礼貌客气。而客人为了表示礼貌，怕麻烦主人，不断谦让。另外，当朋友在餐馆吃饭，最后买单时，如果没有特别的邀请方，那么为了表示礼貌、客气和有面子，大家都会争先恐后地抢着付账。

而在西方国家里，请客吃饭重在交际本身，宴请形式虽然相对来说较为简单，但形式却多样化、自由化。这种简单的宴请方式可能跟分餐制有关。而且他们崇尚节约，讨厌饭桌上的浪费，所以点菜也以量够为原则。主人大多以平等待人、尊重客人的意愿为原则，对待客人不像中国人那样尊卑鲜明。在宴请时，主人不会为客人夹菜，而是让客人自行选择，建议他们“Help yourself”、“Have a try”或“Make yourself at home”。在接受劝酒或劝菜时，礼貌的做法是直接表示愿意或不愿意，而不会再三推辞，主人也不会勉强。朋友一起外出吃饭时，最后大家要么各自付账，要么平摊。

2. 送礼和馈赠

在什么场合下送什么礼物，如何送法，如何接受法，中西方都有一定的差异。有关礼物的话题有很多，我们只是择要而讲。中国人的礼节比较复杂，亲戚或朋友婚、丧、嫁、娶，生日聚会，走亲访友，都要赠送礼物。虽然中国有句话“礼轻情义重”，但实际上，人们也非常注重礼物的数量和其本身的价格。一般来说，礼物越贵越好，而且都是双数，而不是单数，因为双数吉利。单一的礼物容易给人造成小气的感觉。为了表示礼貌，接受方往往会再三推让后才接受，并放在不被注意的角落，以表示重情不重礼。

跟中国一样，在很多类似的场合下，西方国家的人之间也送礼，但他们奉行的原则是实实在在的“礼轻情义重”，避免赠送昂贵的物品，否则会使受礼者感到心情不安，或容易造成另有企图的感觉。礼物不在贵重和数量，尤其是亲手制作，通过花费自己的努力和时间准备的礼物永远是最珍贵的。受礼者会非常惊喜地接受礼物，并当场打开，表示赞赏和感谢。如果没有打开礼物而把它随意搁放，这样做是很不礼貌的。

3. 称赞或恭维

西方国家的人更重称赞，乐意听到别人的恭维话，同时也乐意赞扬别人。但中国人不太习惯经常称赞别人，即使做起来也较委婉含蓄。当别人称赞自己时，也总是感到非常不好意思接受，虽然心里很爱听。这种做法是一种谦逊的表现，是一种美德的体现。相反，如果很高兴地接受别人的赞扬而不加以否认，那么就会被认为骄傲自大、自以为是。

4. 交际时的话题

一般来说，中国人的隐私保护概念不如西方人强。这跟传统上中国人的集体观念强有关。一个人的事就是大家的事，大家必须互相开诚布公，人人都要互相帮助。所以，中国人聊天的话题几乎无所不包，甚至包括西方人不愿涉及的隐私方面的话题，如房产、财产、工资、价格、年龄等。见面聊天时，问及年龄是为了能够适当称呼彼此，以示尊重。年长者或长辈在中国很受敬重，因为他们被认为是知识渊博、阅历丰富、为社会作出许多贡献的人。

5. 禁忌方面

不了解一个国家的禁忌很容易误撞禁区、冒犯别人，而自己却对此一无所知。东西方语言中都存在着大量的禁忌语和委婉语。这些语言是人们在长期生活中遵循礼貌原则基础上约定俗成的产物，因此进行语言交际时不能忽略它们。

在东西方的文化中，一个“老”字可引起人们截然不同的反应。在中国，“老”代表着智慧和经验，去医院看病要找老医生，去学校要上老教师的课。对“老”有许多赞美之词，如“老马识途”、“姜还是老的辣”、“老当益壮”等。在社会上，赡养老人的子女受到表扬，虐待老人的子女受到谴责。在公共场所，老人处处受到照顾和优待：在公共汽车上，年轻人为老人让座；老人去公园游玩可免费；医院有专为老人开设的服务窗口等。而在西方，“老”常常是“无用”的代名词。老人退休后，或独自生活、或住在养老院里，晚年堪称不幸。因此西方老人都忌讳“老”、怕“老”。

数字本来是一种计数符号，但在长期的使用过程中，人们给它们赋予了特殊的意义。中国人特别喜欢双数，认为双数意味着“好事成双”、“双喜临门”，形容处世有方是“四平八稳”，形容交通便利为“四通八达”，万事顺心为“六六大顺”、“十全十美”。在中国人眼里表示吉利的这些数字，在西方人头脑里却无法引起类似的丰富想象，他们仅对 13 和星期五有晦气的联想。

在人类交际活动中，语言是最重要的交际工具，是沟通人与人之间关系的一座桥梁。在跨文化交际中，语言的作用尤为重要。跨文化的语言交际是语言表达者与接受者分别属于不同的文化背景的一种交际活动。这种交际总是在特定的社会环境、文化背景中进行的，只有凭借这些特定的语言环境，才能确定所指，理解语言的含义。而语言理解主要表现为“懂”，说话人的目的是要受话人接受他所发出的信息，并作出反应，从而达到交际的目的。对说话人所发出的信息，如果受话人没有弄懂其中含义，那么交际的目的也就无法实现了，假若受话人错误地理解了，还会造成不应有的误会与损失。所以，了解和掌握一些谈话对象的文化背景知识是非常必要的。

二、有效的跨文化交际原则

1. 尊重的原则

尊重是有效的跨文化交际的基础。正如上文所述，不同文化背景的人有各自不同的风俗习惯、礼貌系统，你若想与之进行有效的跨文化交际，首先要尊重其文化。比如，中国人送客人喜欢送出大门口，有时甚至送出好几条街，以此来表明对客人的尊重；而在美国，人们一般不会把客人送出门口，他们只是站在门里跟客人讲再见然后随手把门关上。他们认为这才是对客人尊重，因为在他们看来客人在家里与自己相处多时，耽搁了人家许多宝贵时间，此时也许会有些不愿被人看到的私事需要处理，比如剔牙、打嗝等不雅观的行为举止等。因此当有美国人到你家做客时，你如果以中国人的方式来对待客人，客人不但不会觉得被尊重，反而会觉得很尴尬。因此我们该尊重别人的习惯，不要把自己的习惯强加给别人，只有先尊重别人，才有可能被人尊重。

2. 保持自己的个性

这里所说的个性主要指“自我”，包括自己的个人形象、道德品质、身体素质、文化知识等。在对外交往中，我们有的人只看到一些外国留学生和不拘礼仪的某些游客身上的某些表现，错误地认为外国人的举止都很随便，就盲目效仿，结果犯了既不了解别人又忘了自己行为规范的大错。中国作为四大文明古国之一，有着自己引以为荣的悠久历史和文化，这种自豪感使中国人富有浓烈的民族情感、豪放的气魄和极强的爱国之心，这对于民族的进步和发展有着积极的作用。所以在交际中不能单纯地信奉“外国的月亮是圆的”。上文所提到的“尊重”的原则是有前提的，如“保持自己的个性”。

3. 文化适应

所谓“文化适应”是指狭义上的社会化。当今有一种说法，就是认为今后世界局势的发展主要取决于世界上七八种文化之间的相互关系。从根本上说，今后世界的冲突就是文化冲撞，而西方文化与非西方文化的冲撞则成为焦点，“文化适应”简单来讲就是人们常说的“入乡随俗”。例如，一个雇员到一家公司工作，第一天上班他发现他的着装方式与公司其他同事不同，那么很有可能他会考虑这件事儿并在第二天上班时作出改变。这种观察其他人行事并使自己与之协调、适应的行为过程就是“文化适应”。要实现有效跨文化交际需要学习共享文化，并对对方的文化背景有很好的了解。中国正在走向世界，世界也正关注着中国，中西方文化交流达到了前所未有的水平。了解中西方文化差异，有助于我们找到建设性的交流渠道，发现导致彼此误解的真正原因，从而达到有效的跨文化交际。

4. 要对非语言交际行为有所了解

人与人之间的交流除了言语行为外，还有非语言（势态语言）行为。非语言交际行为是一种非文字的语言交际手段，也是一种传递信息、表达思想的方法。它包括使用语言和文字以外的一切传递信息的方式，如身体动作、面部表情、衣饰、对时间和空间的不同观念等。但是在不同的文化习俗中，这些非言词的语意动作的含义在表达方式上也不同。如中国人见面问好时身体微微前倾为礼，特别是与领导或陌生人见面握手时，要恭敬地微欠上身表示尊敬；西方人则认为这个动作显得过于卑贱。我们通常用摇头或摇手表示否定，而西方人则用耸肩表示否定。在空间距离上，西方人喜欢与人保持一定的距离，如果有局外人走进0.5米的范围，即使是在公共场所也一定被看成是一种侵犯。当某人在看报时，别人也不能凑过去与他分享。而中国人为了表示亲近往往有身体的接触或紧靠在一起的动作。

因此，我们在进行语言沟通时，不仅要掌握语言交际的相关原则和技巧，还要了解交际对象的文化背景。只有学会遵守特定文化背景中的规范和约定俗成的习惯，才能减缓文化冲突，提高交际能力。

第四节　电话礼仪

电话交际是通过通信设备进行的双人或多人交谈（电话会议）。使用电话交流，不仅简便快捷，而且还能节约时间和金钱，所以，电话已经成为很多工作岗位不可缺少的办公手段。目前，越来越多的商贸公司的信息搜集、产品销售、售后服务都是通过工作人员拨打电话来完成的。电话礼仪是正确使用电话的重要指南。电话礼仪的的内容主要包括以下几个方面：

一、电话交谈的特点和要求

（一）传媒特点

电话交谈中，声音是唯一的传递信息的媒介。面对面的交谈，除了语言、声音，还有表情、手势、体势、现场的环境等可以作为传媒。通过声音可以传达通话双方的内心、感情、形象，以至于教养、修养、年龄、健康状况。总之，在电话中声音就是一切。电话交际的成功与否，与通话人的声音有密切的关系。日本的铃木健二先生说：“我凭着对电话里的讲话方式就能判断其修养如何，凭对方在电话里的第一句话就可以基本决定我是去还是不去。”因此在电话中要特别注意调整自己的声音。具体要求如下：

1. 声音清晰

电话交谈不是面对面的交谈，会因距离远或线路干扰引起传声失真。因此要特别注意声音的清晰度，做到声音洪亮，咬字清楚，语速适中，语调略有起伏，不要过于平板。

2. 精神饱满

声音中应饱含精神，充满热情，避免有气无力、生冷僵硬。

3. 排除外界干扰

尽量选择适合通话的环境，若环境不佳，可以想办法排除干扰。如将电视机暂时关闭、示意旁边的人小声说话等。

（二）时空特点

电话交谈是通过电信手段而进行的同时异地交谈。这种交谈既给人们带来极大的方便，同时又带来某种不便：省时间，但需要花钱。因此要注意以下几点：

1. 控制时间

电话是按时间收费的。很多人打私人长途都懂得控制时间，唯独用公家电话不懂得控制时间。电话常是不速之客，对受话人来说，不管是忙是闲，总得拿起电话，因此打电话的人要考虑对方是否方便，尽量控制通话时间。至于打公用电话，马季的相声《打电话》讽刺了那些用电话侃大山全然不顾别人排队等候的现象，是应当避免的。

2. 适时适地

电话对受话人来说常是不速之客（除非事先约定），因此要考虑到对方的情况，在对方吃晚饭、午休时尽量不打电话；晚上 10 点半以后、早上 7 点半以前尽量不打电话；公事尽量不要打到对方家里，私事不要打到对方办公室里。如果不注意这些问题，往往会极大地影响通话效果。

3. 不时应答

打电话时因看不到对方是否在听，为了使通话有效持续下去，听者应认真听，并不时发出“嗯、嗯”、“对”、“好的”、“知道”等简短的词语，这样既不会打断对方的话，又表示了自己在听，电话没有中断。有时听者一声不吭，讲话的人不知对方是否在听或电话是否出了故障，如果是好朋友还可问一声“你听见了吗”，不是朋友又不好问，几乎不知该不该讲下去。

（三）语体特点

从言语的角度看，电话语言是一种特殊的语体。其特点是：

1. “三三式”

以参与交谈者来说，一般分为发话人、中介人、受话人。中介人包括总机接线员和代接电话者。这是一个“三”；从话语结构来说，一般分为招呼语、正题、结束语三部分，这是第二个“三”。合起来是两个“三”，所以称“三三式”。

2. 直白式

电话语言因受时间和空间的限制，不宜采用描写、铺叙、比喻、夸张等手段，必须直截了当地陈述、询问，把意思表达清楚即可；不宜采用烦琐的论证，只需把结论告诉对方即可。

电话是人们在社会交往中使用最频繁、最重要的沟通渠道，是人们工作、生活中不可缺少的交际工具。但是很多人并不知道如何使用电话才能最有利于自己。每一个人都可以很容易地学会用电话，但正确地使用电话却不是每个人都能做到的。正确地使用电话，不仅要熟练地掌握使用电话的技巧，更重要的是要掌握打电话及接听电话的礼仪，注意维护自己的“电话形象”。

二、电话交际礼仪

打电话不仅仅是信息沟通的过程，在很大程度上也反映了打电话者自身的修养和工作态度，并在一定程度上影响到他所代表的组织或团体，因此，在进行电话交际的时候，应当掌握和遵守一定的行为礼仪规范。总之，要注意维护自身的电话形象。

电话形象是指人们在接打电话的过程中，通过自己的态度、表情、语言，以及谈话内容和时间等各种因素，留给通话对象以及其他在场者的总体印象。电话形象不仅体现出个人的修养和办事风格，而且还代表着本单位的形象。良好的电话形象无疑是对通话对象的尊重和对本人及本单位美誉度的维护，并有助于自身工作的顺利开展。以下是两种情况下的电话礼仪要求：

（一）打电话礼仪

作为电话交际活动的发起方，发起人在打电话的过程中占有主动的地位。如果打电话者想给对方留下良好的印象，同时取得满意的通话效果，那么就要在打电话的时间、通话的内容和礼貌态度方面有所用心，多加注意。以下是打电话应注意的几点问题：

1. 了解时间限制

把握通话的时机。如果拨打电话的时间不合适，接听电话的一方不高兴，那么打电话的目的就可能无法实现。一般情况下，不要选择过早、过晚或对方休息的时间打电话。比如，工作电话应该选择在8点以后，如在国外应选择在9点以后。往办公室打电话，最好避开临下班的时间。中午休息的时间，也不要给对方打电话。非特殊情况，不要在节假日、用餐时间和休息时间给对方打电话。半夜或清晨打电话也很容易引起对方的反感。打国际电话，还要考虑对方所在的时区时差以及各国工作时间的差异。

把握通话的时间。按照惯例，如果主叫方不主动停止通话，被叫方是不方便终止通话的，所以通话时间一般由主叫方控制。在正常的情况下，尽量遵守“通话三分钟原则”。要求打电话的一方要有很强的时间观念，抓住主题，在尽可能短的时间内表达自己的意思。因为时间过长，致使电话长时间占线，会影响正常的通信。要讲究效率，既节约自己的时间，也不要浪费他人的时间。

2. 通话内容

通话的内容在很大程度上能够显示发起人对通话的重视程度，并影响通话的质量和效果。打电话之前，尤其是打重要电话或国际电话，要提前做好准备，把要找的人名、要谈的内容归纳成几条，写在纸上。这样电话一通，就可以层次分明、有条有理地把要说的说清楚，不会出现丢三落四的情况。

通信内容要简明扼要、干脆利索，不要吞吞吐吐，东拉西扯。否则，既浪费了时间，又给对方留下了糟糕的印象。

3. 礼貌态度

通话过程中，打电话者要讲究文明礼貌。打电话能够体现出本人修养，应力争通过话筒在对方心目中树立良好的商务形象，以达到与其有效沟通的目的。

（二）接电话礼仪

在日常工作中，接电话人的语言很关键，它直接影响着该部门给对方的第一印象如何。以下是接听电话时必须注意的几点：

1. 及时接听

电话铃响时，无论你正在干什么，都应暂时放下，及时接听。一般应在铃响两至三次的时候接听。如果铃声一响就马上接听，显得过于仓促，双方精神上准备不够，影响话音质量。如果铃响四遍后接听，应向对方说：“对不起，让您久等了。”如果铃响五六遍之后接听，除了致歉还应向对方说明迟接的原因。

2. 认真处理

对于任何来电提到的问题，都应该认真答复。有些问题如果不能马上解决，应该做好记录，以备日后查询。不要因为对方看不见自己，就随意敷衍、轻易许诺。

3. 做好记录

我们大多数人都有这样的经历：当我们需要做通话记录时，常常不得不暂时中断通话，慌手慌脚地寻找笔纸，而此时，对方正拿着听筒在另一端焦急万分。尤其是接长途电话的时候，既浪费时间，又浪费金钱。避免这种情况的办法，就是养成一个好习惯，平时在电话附近就备好一支笔和一叠活页纸，以便通话时作记录。必要时，可事先印制好统一的“电话记录表”。

电话记录的内容一般包括：来电时间（年、月、日、时、分）、来电单位、来电人姓名及电话号码、来电内容、受话人姓名和记录人姓名。其中，来电内容记录要点即可。但整个电话记录中的数字，如电话号码、地址、来电时间等必须准确无误。电话记录的书写，也应尽量端正。

三、电话形象

电话形象是指人们在接打电话的过程中通过自己的态度、表情、语言，以及谈话内容和时间等各种因素，留给通话对象以及其他在场者的总体印象。电话形象不仅体现出个人的修养和办事风格，而且代表着本单位的形象。良好的电话形象，无疑是对通话对象的尊重和对本人及本单位美誉度的维护，并有助于自身工作的顺利开展。

（一）礼貌待人

1. 通话时的要求

首先，通话时要吐字清楚，语速、音量适中，语句简短，语气亲切，做到语言文明。在先向对方恭敬地道一声“您好”后，要主动地介绍单位的名称和自己的姓名，不要让对方去猜。其次，要把本方意见分为若干个部分，每部分之间稍作停顿，使对方能及时作出反应。不要长篇大论，到头来却发现原来对方已经另有想法，白费工夫，既不能有效沟通又不能让对方产生好感。

2. 结束通话时的要求

结束通话前，应说几句客气话：“很高兴和你交谈”、“谢谢您打来电话”，以显得热情些。最后要说“谢谢”、“再见”等礼貌用语。放话筒的动作要轻，否则对方会以为你在摔电话。话筒没放稳前，千万不可发牢骚、说怪话，也不要对刚才的交谈妄加评论，以免被对方听到。

（二）通话禁忌

1. 忌精力分散

在电话中交谈时常有听不清的时候，所以要特别注意集中注意力。通话时要精力集中，嘴里千万不要嚼东西，也不要一边打电话，一边同旁人聊天；或一边打电话，一边兼做其他事，给对方心不在焉的感觉。这种习惯很不好，容易影响通话的效果。最好边谈边做笔记。

2. 忌语盲

语盲是指通话时的措辞和语法与身份极不相符、词不达意，甚至无言以对。通话时措辞和语法都要切合身份，不可太随便，也不可太生硬。

3. 忌随意中止通话

通话过程中，如有人无意闯入，此人应自觉退出。否则，你可向话筒说声“对不起”后，有礼貌而坚决地请那人退出，可以说：“等我打完这个电话后再和你谈。”

4. 忌打错电话一言不发

打错电话时，要向对方道歉：“对不起”、“打扰您了”等。不可一言不发，挂断电话了事。道歉的态度要诚恳，话不必多，只说“对不起，我可能拨错号了”就行，切记不可盘问对方为什么不是自己要找的人。放下话筒前，最好问一下对方的号码，看是不是与自己所拨的号码相同，以免再次拨错；同时，别忘了要道声“再见”。

5. 忌通话忽然中断时挂机

通话过程中忽然中断，按礼仪要求应由打电话方立即再拨，并向对方说明，不应等接电话一方把电话打过来。

（三）要注意举止、形象

1. 亲切自然的表情

打或接电话时要微笑，因为微笑是可以听出来的，在电话旁放个镜子，这样你讲话时就会有意识地训练自己的通话表情，这个办法很奏效。

2. 端正优雅的姿势

接打电话时，对方不但能“听”到表情，还能“听”到姿态。打或接听电话时，要精神饱满，应站好或坐端正，举止得体。不可坐在桌角上或椅背上，也不可趴着、仰着、斜靠着或者双腿高架着，用电话要轻拿轻放。使用电话时的姿势虽然对方看不见，但不良姿势可以影响一个人的情绪和声音，使对方有所察觉。另外，在同事面前，也会有损自己的风度和形象。

总之，电话交际已成为我们日常生活和商务交流中最普遍的方式之一。但商务电话与家用电话有很大差别。若作为一名商界从业者，你每天都要接听很多电话，也要打出无数个电话。与你在电话中进行交流的可能是你的熟人，也可能是一些陌生的顾客。短短的一根电话线，有时可能决定着你人生和事业中的某件重大事情，决定着你事业的成败。当你打电话或接听电话的时候，掌握好电话交际礼仪，能自如地运用自己的语言既可让对方觉得你诚实可信，又能在互不见面的情况下主动驾驭对方，让现代生活中普遍而又非常重要的交往方式成为你与他人沟通的有效工具。

第五节　演讲礼仪

演讲是一门与人交流、表达想法、感染他人的艺术。演讲是指一个人针对某件事物，以听众为对象发表谈话的沟通行为，是在较短的时间内向听众灌输大量信息的一种有效方式。

在商务活动中，商务人士大多发表礼仪性的演讲，如欢迎辞、欢送辞、祝贺词、答谢辞、解说词等。掌握演讲中的礼仪，有助于提高商务人士在商务活动中的感染力和影响力。

一、演讲语言概述

（一）演讲语言的含义

演讲语言是指演讲者面对听众进行宣传鼓动时所使用的语言。演讲语言是人们交流思想、表达情感、传递信息的工具，是以大众化的口头语言为基础，也可以适当地融入文言词句和书面语言，并经过演讲者的加工提炼，将口头语言规范化、精炼化，用于为实现一定的目的而宣传、解释、论说、鼓动等，具有极强的社会作用。演讲语言可以预先进行设计并试讲演练，因此它与书面语言有密切的联系，发挥了书面语言的基本作用，但演讲的关键在于讲，所以要求符合口语表达的特点与需要，演讲口语的效果主要取决于演讲者的现场发挥，即演讲者的语言表达能力。极个别的商务人员平日胡吹乱侃，需要他上台演讲时，却总是“卡壳”，不是结结巴巴、语无伦次，就是颠三倒四、絮叨烦人，再不然就是来一番大话、空话。这种表现对个人和公司形象都会造成很大损害。即席的演讲实际上也有一定的礼仪规范可循，在声音上，它应该抑扬顿挫、富于变化，借以突出重点，调动听众情绪；在语言上，应当尽量使之生动、形象、幽默、风趣。可以多打比方，多举例子，恰当地使用名言警句。演讲过程中应不可使用下流话和脏话。在内容上，它应当言之有物，避免陈词滥调、无痛呻吟。在结构上，它应当包含开场白、正题和结束语三部分。演讲的重点应该放在正题部分。在表情和动作上，它应当张弛有度，当喜则喜，当悲则悲，表情不应太过夸张或呆板；演讲者应当站着演讲，不应坐着或随便走动，应辅以恰当的肢体语言表达感情，但不可张牙舞爪、摇头晃脑，做出夸张的动作。在时间的把握上，要做到阐述充分、干净利落，避免重复和唠叨。一般的即席演讲，时间应该以5分钟为上限，如果进行辩论性演讲，应该尽可能在规定的时间内完成，宁可时间用不完，也不可时间不够用。

（二）演讲语言和其他口语形式的区别

演讲，是一种口语形式，它和交谈、辩论、谈判、应答不同，这主要表现在以下三点：

1. 事前准备

人多时演讲，可以事先准备好完整的书面稿子，也可以列出详细的演讲提纲，当正式演讲时，可以在围绕稿子核心内容的前提下进行观点的阐述。对于即兴演讲，也要在发言之前简单梳理思路，围绕主题进行陈述。

2. 按准备内容演讲

演讲基本上是单向交流，观众在绝大多数的情况下只是信息的接收者，这可以保证演讲者按照事先预定的方向和内容进行阐述。

3. 势态语言和副语言的作用

势态演讲语言配合有声语言时效果更为突出，副语言的辅助作用也相对增强。整体的配合可使演讲更加吸引观众，达到预期效果。

（三）演讲的语言特点

1. 通俗易懂

如果演讲的语言不够通俗，听众听不懂，就会影响演讲的效果。口语和书面语的不同之处在于，一是诉之视觉，可以仔细察看，辨认、思索；二是诉之听觉，只能在听清听懂之后再理解。通俗易懂是演讲最基本的一个特点，即用听众熟悉、能马上理解的语言把要讲述的内容，用浅显明白的话语表达出来。避免采用生涩、深奥、生僻的词语，避免引用不好理解的古文和诗词，避免过多使用专业术语和学术名词。总之，语言要明朗化、浅显化、大众化。著名的演讲学家都是非常注意这个特点的。以下是1972年周恩来总理欢迎尼克松的演讲词：

尼克松总统应中国政府的邀请，前来我国访问，使两国领导人有机会直接会晤，谋求两国关系正常化，并就共同关心的问题交换意见，这是符合中美两国人民愿望的积极行动，这在中美两国关系史上是一个创举。美国人民是伟大的人民，中国人民是伟大的人民，我们两国人民一向是友好的，由于大家都知道的原因，两国人民之间的来往中断了20多年。现在，经过中美双方的共同努力，友好来往的大门终于打开了。目前，促使两国关系正常化，争取和缓紧张局势，已成为中美两国人民强烈的愿望。人民，只有人民，才是创造世界历史的动力。我们相信，我们两国人民这种共同愿望，总有一天是要实现的。

周总理的演讲是一次重大的政治演讲，但他的演说却非常口语化，而且很通俗。听起来很直白，但并不浅显，因为它蕴涵了深刻的内容。

2. 简短有力

以最少的语言表达出最多的内容。要做到语言的简洁，必须对自己要讲的思想内容进行认真地思考，弄清道理，抓住要点，明确中心。如果事前把这些搞清楚了，在演讲时至少不至于拖泥带水、紊乱芜杂。还要注意文字的锤炼和推敲，并做到精益求精，一字不多，一字不易。

3. 情真意切

演讲要能说服人、启发人，更要能感染人、打动人。要使听众听了你的演讲而激动、兴奋、产生共鸣，不仅心服，而且心动，不仅认识有所提高，还愿意付出行动。这就不是客观、冷静、慢条斯理地分析、论说所能奏效的了。只有演讲的语言情真意切，才能达到这种效果。情真是演讲的内容表达了真挚的感情；意切是表达的旨意切合内容、切合时代、切合听众的接受要求。比如，在《当代演讲辞精选》的《生命之树常青》演讲稿里有这么一段：

她那充满坚毅和智慧的眼睛，她那宁静的面庞，她那轮椅里病残的躯体，以一种特殊的形象印入我的眼帘，她那伴随着滚滚热泪的话语，如饱含生活之清纯的甘泉，滋润着我们的心灵，如清脆的携带着春风的吹过，打动着我的心扉。以她的思想，她的认识，她的毅力，她的精神塑起的她的形象，为我们的时代树立起一面鲜红的旗帜。

这段演讲以描写的语句，赞美了张海迪的形象和事迹产生的巨大鼓舞力量。但演讲者不但诉之理性，还诉之感情，从自己的切身体会讲来，用抒情式的手法讲来，情真意切，很有感染力。

二、演讲语言的要求

（一）读音准确，吐词清楚

演讲的语言必须做到发音准确，吐词清楚。准确清楚是对演讲者的最基本的口语表达要求。早就有一条公认的原则：一个演讲者无论他讲什么内容（政治、军事、教育、艺术、学术等）都要使听众听得懂他的意思，做不到这一点，其他的准备、努力、心血都是毫无意义的。

读音正确，是指不念错别字；吐词清楚，是指将词语准确地念出来，让听众听得清清楚楚。演讲时不能过快或过慢，不能结结巴巴、丢三落四，不能破坏语句的内在结构，破坏话语的本来联系。要使听众感到很流畅、很通顺，有的人演讲起来口齿不清晰，嘴里像含着东西，这些都是毛病，应该在交谈或演讲时努力改正。

（二）语速得当，语气合适

演讲本来就不同于一般交谈，也不是朗读，它既有讲，又有“演”。当然，讲是主要的，是第一位的。要使准备好的内容得到生动有力的表达，要有艺术魅力，吸引听众，就需要语速合适，恰当地运用语调的技巧，增强口语的美感。

1. 语速得当

语速即说话速度。语速要处理好需要注意两点：一是就整体而言，语速不可过快，也不可过慢。过快，像打机关枪似的，只管自己噼里啪啦地射出一连串的词语，不管听众是否能听清，这样是谈不上好效果的。听众捕捉词语都来不及，哪里还有思考的余地，听一阵子，他们就反感了、倦怠了。过慢，像老奶奶讲故事似的，词和词之间、句和句之间，拉得格外长，使听众等得不耐烦，听一会儿他们也会无精打采了，或者就干脆不听了。所以，就演讲整体来说，语速要适中，以听得清为原则。二是语速要以内容为转移，要根据思想情感表达的需要，作出恰当的处理。当快则快，当慢则慢，有所变化，讲究节奏适宜。这样做本身就是语言艺术性的体现。

就演讲内容来说，表现深深思索、非常失望、过于哀痛的内容要用慢速；交代情况、插叙故事、引证词等处，要用中速；抒发激情、鼓舞士气、号召行动，抨击、责问等处，要用快速。就句式来说，陈述句、被动句、松弛句，要用慢速；反问句、感叹句、紧张句语速要快。全篇的语速基调到底如何确定，哪里当快速，哪里当慢速，要在演讲前处理好。语速的变化还不能太突然，要有过渡，只能逐渐加快或减慢，否则，会给读者造成突兀的感觉，使他们理解和感受起来发生困难。

2. 语气合适

（1）重读。

重读是指将句子中的某些词语读得比较重的现象。从句子语法结构分析，有的成分需要读得重一些，有的需要读得轻一些。重读可以起到强调重点、加重语气、突出感情的作用。同一句话，由于重音的位置不同，表达的感情和含义也会不同。比如：“我去演讲。”如果重音放在“我”上，意思是排除其他人，强调是“我”；如果重音放在“去”上，强调不拒绝，务必去；如果重音放在“演讲”上，强调我去不是干别的事，是参加演讲。重音一般分为语法重音和强调重音。

当然，在实际口语交际中，为了表现某种特殊感情，可以对语句的重读作临时的处理，目的是为了强调、突出。这种现象就是强调重音或逻辑重音。它是根据思想内容表达的需要和演讲者的感情与心理变化而设置的。

（2）停顿。

停顿是影响语速的要素之一。恰当的停顿，可以使演讲的内容得到清楚的表达，语言呈现鲜明的节奏感。停顿的作用有三：一是为了呼吸换气；二是为了提示话题；三是为了加强语言表达效果。停顿的时间有长有短，在大多数情况下，段与段之间停顿时间较长，句与句之间稍短，词组与词组、词与词组、词与词之间停顿时间更短。

（三）词语朴实，句式灵活

演讲语言是一种独白式的、有一定话题的交际口语，语言应该力求自然、朴实、通俗、句式灵活。在演讲里，对自己的评价要中肯，不要自吹自擂，表现得“当今之世，舍我其谁也”，不可一世；也不要妄自菲薄、引喻失义，显得不够诚实。特别是在致答谢辞时，叙事要清楚，对他人的感激要不厌其烦地一一说清楚、道明白。最后，别忘了找出一些自己的不足，以及今后努力的方向，借以请示各位继续关照自己。即使自己有再大的喜事，的确十分开心，也要在致辞时沉住气，不要气喘吁吁、口齿错乱，或语气神态表现出得意忘形。

综上所述，要做到语言交际符合规范，首先应努力提高自己的道德修养，塑造美好的心灵，加强自身文化素养和表达能力的锻炼培养。其次要力求做到语言简洁、明快、准确，并尽可能做到鲜明、生动、流利、词汇丰富、幽默风趣、有感染力；语音、语气和语调要讲究清晰、优美、有节奏，做到文雅、和气、谦逊。要坚决杜绝粗话、脏话等不文明语言和说空话、假话的毛病，多了解有关言语方面的禁忌，掌握交谈对象的文化背景。只有这样，才能熟练地运用语言交际的相关方式及技巧，与其进行语言交往。因此，学习语言交际的规范知识，加强自己语言能力的锻炼，并与人进行广泛的接触和交流，力求达到心灵美与语言美的统一，是十分重要的。

语气语调

爱的感情：“气徐声柔”，柔和感
憎的感情：“气促声硬”，挤压感
悲的感情：“气沉声缓”，迟滞感
喜的感情：“气满声高”，跳跃感
惧的感情：“气提声凝”，紧缩感
急的感情：“气短声促”，紧迫感
怒的感情：“气粗声重”，震动感
疑的感情：“气细声粘”，踌躇感

●习题与实训

一、简答题

1. 语言交谈的方式有哪些？
2. 简述语言交谈有哪些禁忌。
3. 简述电话交谈的特点和要求。
4. 跨文化交际应遵循哪些原则？

二、技能应用题

临下班前5分钟，客户服务部的张经理正在收拾办公桌上的文件，准备下班。这时电话铃响了。他皱了皱眉，仍然继续收拾文件。当电话铃响过七八声之后，他拿起电话，微笑地说：“我是客户服务部的张经理，我能帮您做点什么？”

你认为张经理接电话时有什么不妥之处？你认为打电话的人有没有做得不妥的地方？

三、实训题

1. 根据公司商务计划，8月下旬将有一批来自中东的客人到访，因为这批外国客人可能给公司带来数百万元的合同，所以公司非常重视他们的到访。公司领导把本次客户接待的任务委托你全权办理，你该如何安排和他们的商务交流呢？交流期间应注意哪些问题？

2. 6个人一个小组，其中3个人就大学生就业目标展开讨论，另外3人在旁边观察。讨论时间为5分钟，然后由观察者独立写出他们谈论的具体内容。比较3个观察员记录的异同之处，并借此分析口头语言的优劣，加强对口头语言的认识。

第四章　商务会面礼仪

●技能目标

1. 学会商务会面时的各种称呼和使用名片
2. 学会商务会面时介绍自己和他人
3. 学会商务会面时的握手和致意

●知识目标

1. 熟悉接受介绍时的礼仪
2. 明确称呼时应注意的问题
3. 理解名片的功能和作用

●导入案例

下列情境中交往双方在称呼上犯了哪些错误？

1. 一西装革履的男士进入一家公司的办公大厅，问一站在咨询台内的女士："喂！这是金龙公司吗？"该女士没有理会他的问话，仍继续与身边的一女交谈道："李姐，我跟你说啊……"

2. 刘健是五洲广告公司的总经理，张鹏是公司策划部部长。两人是高中、大学的同学，也是非常要好的朋友，工作上配合得很不错。一次，两人一同前往一个隆重的广告招商大会，刘健先到了，并且与几位熟悉的贵宾聊得很投机。过了一会张鹏来了，他走到刘健旁边一边拍刘健的肩膀一边说："哥们，够快的啊！都先来了，你不是说还要办点事吗？害得我来迟了一步。"周围的来宾一脸疑惑地看着张鹏，刘健忙笑着介绍说："这是我的策划部部长，我的大学同学、好兄弟。"刘健的笑容显得很尴尬。

在商务交往中，与外人接触、与别人正式会面时，尤其是初次会面时，是否知礼、守礼，关系到交往对象对自己第一印象的好坏。初次见面对他人形成的印象最为深刻，往往对今后的人际交往起着决定性的作用。因此在商务交往中与他人会面时，每一个商务人员都要充分地注意自己的会面礼仪以及个人的教养和品位，恰到好处地表现自己。在正式的商务交往中，会面礼仪大致包括称呼、介绍、名片使用与握手等，通称为“商务会面四要素”。

第一节 称谓礼仪

中华民族素有礼仪之邦的美称，这决定了对称呼的要求也相当严格。不称呼或乱称呼对方，都会给对方带来不快，给会面带来障碍。在人际交往中，明确如何称呼对方，是非常有必要的。

称呼也称称谓，是人们交谈中所使用的用以表示彼此身份与关系的名称。商务交往中，选择正确、恰当的称呼，既体现了自身良好的教养，又表示了对对方的尊敬，同时还反映出双方关系发展的程度及一定的社会风尚。

一、称呼的方式

依照惯例，在商务会面时，称呼交往对象的最正式的称呼有三种：行政职务、技术职称、泛尊称。泛尊称指的是先生、小姐、夫人一类可广泛使用的尊称。在商务会面中，不适当的称呼主要有：无称呼、不适当的俗称、不适当的简称、地方性称呼。具体归纳如表 4－1 所示。

表 4－1 商务会面中的正确称呼与不适当称呼

<table>
<tr><th colspan="2">商务会面中的正确称呼</th><th colspan="2">商务会面中的不适当称呼</th></tr>
<tr><td rowspan="3">行政职务</td><td>只称呼职务，如“总经理”</td><td>无称呼</td><td>在商务活动中不称呼对方，直接开始谈话最为失礼</td></tr>
<tr><td>职务前加姓氏，如“王总经理”</td><td rowspan="2">不适当俗称</td><td rowspan="2">不适合正式商务场合的称呼，如“哥们儿”、“兄弟”等</td></tr>
<tr><td>职务前加姓名，如“王林总经理”</td></tr>
<tr><td>泛尊称</td><td>先生、女士、小姐</td><td>地方性称呼</td><td>如北京人称“师傅”，在南方指“出家人”；山东人爱称人为“伙计”，广东人指“打工仔”</td></tr>
</table>

二、称呼时应注意的问题

1. 称呼要看对象

与多人见面打招呼时，称呼对方应遵循先上级后下级、先长辈后晚辈、先女士后男士、先疏后亲的礼遇顺序进行。

同事之间的称谓是有一定讲究的。一般来说，在开会、工作等场合，直接称呼职务、职业是为了处理工作关系，也显得比较客气和有礼貌，如厂长、主任、校长、处长、大夫等。还可以采用“姓+职务、职业称谓”，如“李校长”；可以采用“名+职务、职业称谓”，如“安琪老师”；可以采用“姓名+职务、职业、职称称谓”相称，如“陆敏教授”等，这样可以区别同职务、同职业、同职称的人。

一般年纪较大、职务较高、辈分较高的人常对年纪较轻、职务较低、辈分较小的人称呼姓名。相反，年纪较小、职务较低、辈分较小的人对年纪较大、职务较高、辈分较高的人直呼姓名是没礼貌的。

在所有称呼中，最亲切、最随便的一种称呼是不称姓而直呼其名，但只限于长者对年轻人、老师对学生，或关系亲密的人之间。如果与交往对象仅有一面之交，则不宜直呼其名。

对不同性别的人应使用不同的称呼。如对姑娘可称“小姐”、“小姑娘”，对男士可称呼“先生”、“师傅”等。

对不同亲密关系的人使用不同的称呼。如对亲密度很高的人可以称呼小名、绰号等，对亲密度低的人则不适宜。

2. 称呼要看场合

一般情况下，人们对对方的称呼都是与其环境相对应的正式称谓。例如，一位在某企业工作的姓张的先生，下级向他汇报工作时称他“张主任”（他的官衔）；同事和他交往时称“老张”；年轻的工人在车间里称呼他“张师傅”；他的亲密朋友在与他交往时称呼“张大哥”；妻子在家里称呼他“当家的”；有人对他不满时会称他“姓张的”。

3. 称呼和身份、修养有关

例如，一个农民对一位风度翩翩的男士不会称呼“先生”，而可能会按照自己家乡习俗亲热地称呼“大哥”，在这里没有考虑到称呼的时宜性。知识分子和大多数城市人由于社交活动范围广、见识多，一般不会犯类似错误，他们称呼时会考虑对方的地位、国籍等，并考虑称呼的场合。

三、国际交往中的称谓礼仪

涉外商务交往中，合理地运用对他人的敬称，既是对外国友人的尊重，又能体现涉外商务人员的礼仪修养。因此，我们有必要了解和掌握国际交往中的称呼礼仪，而要掌握国际称谓礼仪，必须了解不同国家和民族的姓名知识。

1. 外国人的姓名及称谓

（1）姓在前，名在后。

东亚及东南亚国家（泰国除外）、匈牙利等国的人，大多姓在前、名在后。只有日本人的姓以两个字为多，且与地名有关，如岗村、田中等，对日本人一般可以只称姓，熟人间可称名，对男士表示尊敬，可在姓后加上“君”，如山本太郎，称“山本君”。在正式隆重的场合应该用全称，正式场合书写时，在名和姓之间应有一个字的空格，如“岗村　一郎”。

（2）名在前，姓在后。

在讲英语的欧美国家、澳大利亚、新西兰、阿拉伯国家及泰国，都是名在前，姓在后。例如，乔治·华盛顿，乔治是名，华盛顿是姓。有的欧美人的姓名是由三节构成，中间一节是母亲或与家庭关系密切者的名字，如乔治·威廉姆·华盛顿。对于这些国家的人士，掌握称谓关键要记住第一节本人名和最后一节的姓。特殊的是西班牙人、讲俄语的人、阿拉伯人，西班牙人的姓名有三至四节，第一、第二节是本人名，倒数第二节是父姓，最后一节是母姓，简称时多用第一节和倒数第二节的父姓；俄罗斯人的人名系统由三部分组成：一般俄罗斯人叫人以名字（имя），这是第一个名；第二个名字：父称（отчество）；第三个名字：姓氏（фамилия）。俄罗斯民族历史和文化的发展决定了其人名系统首先出现名字，然后是父称，最后是姓氏。在正式公文和隆重的场合中，用姓名全称，一般场合应称其本名和父名。书写时，本名和父名都可以缩写，分别大写其中的第一个字母，但姓不能缩写；阿拉伯人的姓名较长，依次为：本名、父名、祖父名、姓，平时最重要的是记住第一节本名和最后一节的姓，其余从略。称呼欧美人，在一般场合只称姓，正式场合要称呼其姓名的全称，关系十分密切时，可以称其名字，只有家人与至亲好友，方可使用其爱称。书写欧美人姓名时，可以把名字缩写，但姓不能缩写，如 William Shakespeare 可以缩写为 W. Shakespeare。

（3）未婚与已婚妇女的姓名。

西方女性婚前用父姓，婚后改为夫姓，例如，一名叫海伦·凯勒的姑娘与鲁尼·亨利先生结婚了，那么，就应该称她为海伦·亨利太太。但在中国、韩国，女性婚后是保留本姓的。

（4）英美人父子、祖孙的姓名。

英美人常有父子、祖孙同名，人们为了加以区别，常常在称呼他们的后辈时冠一个"小"字。

在了解了有关世界各国的姓名知识后，还应该遵从各国、各地区的习俗，对不同的对象使用不同的敬称才算合乎礼节。

2. 常用的敬称的用法

（1）对地位高的官方人士的称谓。

部长以上的高级官员按国家情况称"阁下"、职衔或先生，如"大使阁下"，也可以简称"阁下"。但在德国、美国、墨西哥等，习惯称"先生"，如称美国总统应该为"总统先生"，对卸任的总统，在前面冠"尊敬的"敬称，如对克林顿，称"尊敬的克林顿先生"。

（2）对君主制国家王室和贵族的称谓。

按习惯称国王和王后为"陛下"；王子、公主、亲王为"殿下"；在英国，对有爵位者，均可称"某某勋爵"；对他们的夫人及公、侯、伯爵的女儿以及新封的女伯爵、子爵、男爵，则可以称"某某贵夫人"；也可称"小姐"、"勋爵"。

（3）对有学位、军衔、技术职称的人士的称谓。

可以称呼他们的头衔；对于参议员、医生、律师、神职人员，一般在姓名后加职衔，如程明教授、张华博士、刘勇律师、贝利医生；我国可以将以上人士通称为"先生"。应注意的是，外国人一般不用行政职务称呼别人，如"某某经理"、"某某校长"等，只是在介绍时说明被介绍人的职务，如"这位是哥伦比亚大学校长克洛斯·福特先生"。

掌握了敬称，商务人员还要在以下交际场合学会正确运用敬称，如在与外商日常交流与对话中对交流对象的称呼；向别人介绍时的称呼；与他们交谈时涉及不在场人士的称呼；对收信人姓名的简略敬称；对收信人姓名的正规敬称；在席卡上的标识方法；在电子邮件中的敬称等。

鉴于外国人的姓名与我国有较大区别，涉外商务人员在交际场合注意力要集中，建议运用谐音记忆法、形象记忆法、通信记录法等，准确地记住对方的姓名，以便更好地与国外商务人员沟通和交流。

第二节　介绍礼仪

在商务交往时，人们往往首先需要向交往对象具体说明自己的情况，即介绍。介绍是见面礼仪中的重要环节，是人与人相识的最基本形式。日常介绍一般可分为三种，即介绍自己、介绍他人、介绍集体。无论是介绍自己、介绍他人还是介绍集体，均须遵守相应的礼仪规范。

一、介绍自己

介绍自己即自我介绍，就是在商务交际场合，把自己介绍给其他人，使对方认识自己。在商务交际场合，如果主人无法抽身介绍，或者忘了介绍，你就应先做一下自我介绍，表明自己的身份。这样，沉默就被打破，彼此便可做进一步的交谈了。有时为了结识某人，在没有介绍人的情况下，也可直接进行自我介绍。在自我介绍的过程中，还可以先请问别人的姓名。如能找出自己与对方的某种联系，将会使彼此更容易沟通。恰当的自我介绍，不但能增进他人对自己的了解，而且还能创造出意料之外的商机。

1. 在进行自我介绍时，应注意三点

一是先递名片；二是时间简短；三是内容完整。

2. 介绍自我的三要素

一般而论，正式的自我介绍中，单位、部门、职务、姓名缺一不可。

（1）姓名。

姓名应当一口报出，不可有姓无名，或有名无姓。通报自己姓名时不可加“先生”、“夫人”等敬称，如“本人叫李明”。对长辈宜用谦称，如“晚辈叫李明”。

（2）单位与部门。

供职的单位及部门，如可能，最好全部报出，具体工作部门有时可以暂不报出。

（3）职务。

报出担任的职务或从事的具体工作，有职务最好报出职务，如果无职务，则可报出目前所从事的具体工作。例如：“您好，很高兴认识您，我叫李梅，是香格里拉大酒店营销部的经理。”

3. 自我介绍时的礼仪规范

（1）必须镇定而充满信心。

一般人对于自信的人，都会另眼相看。如果你有自信心，对方会对你产生好感。相反，如果你畏怯和紧张，可能会使对方产生同样的反应，对你有所保留，使彼此之间的沟通产生阻碍。

（2）根据场合与时机，把握介绍的深度（详细程度）。

注意不要中止别人的谈话而介绍自己，要等待适当的时机，不失分寸。

（3）在自我介绍时，应该善于运用自己的眼神表达自己的友善、关怀及渴望沟通的心情。

（4）表情庄重，尊重对方。

无论男女，都希望别人尊重自己，特别是希望别人重视自己的优点和成就，因此在自我介绍时，态度不要轻浮，表情一定要庄重。

（5）如果希望认识某一个人，要采取主动，不能等待对方注意自己。

二、介绍他人

介绍他人是指作为第三者的介绍人为彼此不相识的双方（被介绍人）引见的一种介绍方式。介绍他人具有很强的目的性，被介绍的双方都要通过介绍人帮助他们建立交流和沟通的渠道，这种介绍方式对参与介绍活动的各方均有较高的礼仪素养要求。介绍人在介绍前要考虑介绍的先后顺序、被介绍双方是否有结识的愿望，否则不要贸然行事；要考虑是否需要说明被介绍人与自己的关系，以便新结识的人相互了解与信任。介绍人在介绍时注意手势动作要文雅，仪态要端庄，表情要自然。在介绍到具体的人时，应平举右手掌示意，眼神与被介绍人交流，向双方点头微笑等。

1. 介绍他人应遵循的原则

根据现代礼仪规范，介绍顺序的确定应遵循三项基本原则：女士优先原则、尊者优先原则（先确定双方地位的尊卑）、后来居上原则（后被介绍者较之先被介绍者地位为上）。

2. 人的礼仪顺序

具体而言，为他人作介绍时的商务礼仪顺序大致有以下几种：介绍长辈与晚辈认识时，应先介绍晚辈，后介绍长辈；介绍上级与下级认识时，先介绍下级，后介绍上级；介绍女士与男士认识时，应先介绍男士，后介绍女士；介绍年长者与年幼者认识时，应先介绍年幼者，后介绍年长者；介绍已婚者与未婚者认识时，应先介绍未婚者，后介绍已婚者；介绍同事、朋友与家人认识时，应先介绍家人，后介绍同事、朋友；介绍来宾与主人认识时，应先介绍主人，后介绍来宾；介绍与会先到者与后来者认识时，应先介绍后来者，后介绍先到者。

从以上八种情形的介绍可以看出，都遵循了介绍他人应遵循的三项基本原则。

被介绍的双方一经介绍，都应起身站立，面带微笑，目视对方，举止端正得体。通常后被介绍者应趋前主动伸出手来，与对方握手。握手后，双方应寒暄几句，如随身带有名片，可以互换名片。互换时，要注意用双手递给对方，收取一方应双手接受，看过之后应尊敬地放入名片夹中或上衣口袋中，不可随便丢在桌上或折起、卷起。年长的老人或已在宴会桌前就座的女士，可以不起立。注意：先被介绍给他人的人，不可先伸手，以免对方不愿与你握手造成难堪的局面，可以先点头微笑向对方致意。

三、介绍集体

介绍集体，一般是指被介绍一方或双方不止一人。它实际上是一种特殊的介绍他人的情况。鉴于此，替别人做介绍时，介绍他人的基本规则是可以使用的，其基本规则是：介绍双方时，先卑后尊。而在介绍其中某一方内部人员时，则应当先尊后卑。

根据介绍的场合、对象，介绍集体可分为正式介绍集体、非正式介绍集体。

正式介绍集体是指正在较为正规、郑重的场合进行的介绍。正式介绍应注意以下几个问题：

（1）介绍时一般采用“请允许我向你介绍……”的模式。

（2）如果将女士介绍给男士，应有一个类似征求意见的表示。

（3）当给双方介绍后，介绍人不应马上离开，避免双方因初次接触而感到尴尬。

非正式介绍集体是指在一般的、非正规场合中进行的介绍。在这种场合，介绍者不必过分拘于礼节，完全可以依照自己与双方关系的密切程度和当时的情形，作较为随便的介绍。介绍时语言也比较简单、活泼，也不妨加上“这位是”、“这就是”之类的话，以加强语气。当向众人介绍自己的朋友时，可直接说：“诸位，这位是我的朋友某某。”

介绍时应注意：

（1）要先向对方打招呼，使双方有思想准备，不至于感到唐突。

（2）一定要注意先后顺序。

（3）语言要清楚明确，不能含糊其辞，使双方记不清或记错对方的姓名。

（4）避免过分赞扬某人，因为不合时宜的吹捧会使被介绍者尴尬，介绍者本人也会给人留下不良感觉，从而使被介绍的双方产生反感，造成难堪局面。

（5）介绍后的停留时间要适当，一般应稍停片刻，引导双方交谈，等他们能够交谈后，再借故离开。

对于商务人员，在介绍双方相识时，最好能将双方的所属机构或企业以及职务、如何称呼等介绍清楚。

四、接受介绍时的礼仪

介绍他人和介绍集体固然需要讲究礼仪，那么，接受介绍时应采取什么态度和行为来表现礼仪呢？

1. 起立

男士起立，女士同样也要起立，尤其是给你介绍长辈时，不起立会让人认为你的身份比对方高。

2. 目视对方，面带微笑

被介绍人的目光一定要注视着对方的脸部，无论是男是女。不要让其他事情分散你的注意力，不要东张西望，以免给对方留下心不在焉、不重视或不欢迎对方的印象。

3. 握手

如果双方均为男性，握手绝对必要，这象征着信任和尊敬。如果把男性介绍给女性认识，女性觉得有必要握手时，可以先伸出手来，表示出热忱。

4. 问候对方并复述对方姓名

你可以说：“能认识你很高兴，李明先生”、“你好，张高先生”。

5. 交谈后离开时要互相道别

在接受介绍时，你没有听清对方的名字，该怎么办呢？你可以请他再说一遍，千万不要觉得不好意思。你可以说："对不起，我没听清楚你的名字，可否请你再讲一次?"别人不仅不会生气，甚至会觉得很受用，因为这表示你很在乎他的名字。离开时说一声"再见"可以给对方留下很好的印象。

第三节　握手与致意礼仪

一、握手礼仪

握手是全世界最通用、最常见的见面礼，也是商务场合见面时最常见的礼节。因为不懂握手的规则而遭遇尴尬的场面，是谁也不愿意遇到的。行握手礼是一个并不复杂却十分微妙的问题。作为一个细节性的礼仪动作，做得好似乎并没有什么显著的积极效果；而做得不好，它却能突兀地显示出负面效果。商务场合握手礼的使用十分强调其规范性。

1. 握手礼使用场合

握手是社会交往中很常用的一种礼节。一般在相互见面、离别、祝贺、慰问、鼓励等情况下使用。

在某些特殊场合，如双方交谈时找到了令人满意的共同点，原先的矛盾出现转机或完全解决时习惯上以握手礼表达。

握手礼是世界各地通用的见面礼节，人们都把它作为表达敬意、联络、沟通的一种手段。

2. 握手方式

与有的人握手使你感到温暖，充满阳光；而与有的人握手却使你感到冷冰冰的，就像凛冽的北风一样。可见握手的形式不同，给人的感受有着很大的差异。

典型的握手方式是双方各自伸出右手，手掌基本呈垂直状态，掌心向自己的右侧，五指并拢，握手的时间以 3 秒为宜，用力不要过大。根据不同的社交场合，握手的方式主要有：

（1）支配式握手，即"控制式"握手。

用掌心向下或向左下的姿势握住对方的手。一般是在双方社会地位较悬殊时，地位高的一方采用，以显示自己的优势、主动和支配地位。

（2）友善式握手，即顺从型握手。

用掌心向上或向左上的手势与对方握手。采用这种握手方式有两种情况：一是自身性格软弱、处于地位劣势，愿意受对方支配，对对方畏惧；另一种是表示自己处世民主、谦和、平易近人，对对方表示尊敬、敬仰、愿意采纳对方意见。

（3）平等式握手，即标准式握手。

握手时双方伸出的手心都不约而同地朝着自己左方。一般双方社会地位相当，双方达成共识，单纯表示礼节性的问候采用这种方式。

（4）双握式握手。

用右手紧握对方右手时，同时用左手加握对方的手背、前臂、上臂或肩部，表示热情友好的态度，政要们经常采用这种方式。

（5）冷漠式握手。

握手时，手无任何力度、质感，不显示任何好恶信息，给人一种死鱼般的感觉。反映一个人冷漠无情、消极傲慢或天生懦弱的特性。

（6）捏手式握手。

握手时有意或无意地只捏住对方的几个手指或手指尖。当人们为了表达对女士或地位高的人的尊重时，常采用这种方式。但地位相仿或性别相同的人之间采用这种握手方式，体现的是冷淡和生疏。

（7）拉臂式握手。

将对方的手拉到自己的身边相握，且相握的时间较长。采用这种握手方式的情况一种是一人已经伸手，对方无回应，为避免尴尬，主动将对方的手拉过来问候；一种是非常喜欢对方的亲热举动。

（8）抠手心式握手。

两手相握后不是很快松开，而是双手掌相互缓缓滑离，在对方手心适当停留。这种方式适用于恋人、情人、好朋友之间，商务场合慎用。

不同的握手方式给人以不同的感觉，传递着不同的信息。如大多数人认为：双手紧紧相握、用力较重是热情诚恳，或有所期待的表示；握手时力度均匀适中，说明情绪稳定。握手既轻且时间短，被认为是冷淡不热情的表示；握手时拇指向下弯，又不把另外四指伸直，则说明不愿让对方完全握住自己的手，是对对方的一种藐视；用两只手握住对方的一只手，并左右轻轻摇动，是热情、欢迎、感激的表现；反之，握手时掌心朝下的人显得傲慢，控制欲强；掌心朝上的人则显得谦恭；刚触到对方的手旋即放开，是冷淡和不愿合作的反映；握手时手指微向内曲，掌心稍呈凹陷，是诚恳、亲切的表示；而伸出双手去捧接对方的手那更是谦恭备至了。在商务场合您与人握手的力量、姿势、时间的长短反映出你对对方的态度，显现出您的个性，展示了您的礼仪修养，会给对方留下深刻的印象。

3. 握手的顺序

在正式商务场合，握手次序要依据双方所处的社会地位、身份、职位而定，而在社交和休闲场合则主要依据年龄、性别、婚否等条件来确定。

（1）职位、身份高者与职位、身份低者握手，应由职位、身份高者先伸出手来。

（2）已婚者与未婚者握手，由已婚者先伸出手来。

（3）年长者与年幼者握手，年长者先伸出手来。

（4）长辈与晚辈握手，长辈先伸出手来。

（5）主人待客时，客人来访，主人先伸出手来。

（6）社交场合的先至者与后来者握手，先至者先伸出手来。

（7）客人告辞时，应先伸手与主人相握，以示请主人就此留步。

张强不明白这是为什么

张强刚走上工作岗位不久，就接触到了一份大订单，这份订单如果能够拿下，今年他就可以完成当年销售额度的60%，张强为此做了很多工作。今天是对方约张强到单位商谈所订货物清单的日子，张强做了精心准备，服装整洁，材料放在公文包中，一切准备妥当，他准时到达对方单位，拜见了对方供应科科长。张强与供应科李科长是首次见面，张强一见李科长马上上前握手，他热情有力地摇晃着李科长的手说："见到您太高兴了，请多关照。"入座后，张强马上拿出自己的名片，李科长与之交换了名片，张强接过李科长的名片，仔细看了看后，放在桌上。双方就订单的具体事宜又再次进行了沟通，兴奋不已的张强在商谈结束后，把材料放回公文包，与对方告别后，兴冲冲地赶回公司向总经理汇报，李科长的名片仍然在桌上。不料，张强回到公司向总经理汇报时，总经理很生气地告诉他，这份订单交给他们部门经理去做了，张强不明白这是为什么。

如果你是张强，你准备怎么做？

4. 行握手礼的基本原则

（1）先尊后卑的伸手顺序。

如果对方是长者、贵宾、领导，或是女士，那么最好先等对方伸出手来，再与之握手，切不可先伸手去求握。如女士不伸手，无握手之意，男士点头、鞠躬致意即可。

（2）快速接应的原则。

当长者、贵宾向你伸出手来时，你最好快步趋前，双手握住对方的手，身体可以微微向前倾，这表示对对方的尊敬。还应根据场合边握手边说"您好"、"欢迎您"、"见到您很荣幸"等问候话语。

（3）热情原则。

握手时要站立，面带微笑，两眼要注视对方双眼，神态应是热情、友好、专注而自然的。伴随必要的问候语。

（4）时间、用力适当的原则。

握手时间不要太长也不要过短，一般控制在3~5秒钟之内。男士与女士握手的时间要稍短一些，用力要轻一些，千万不可把女士的手捏疼，一般应握女士的手指，与异性握手忌用双手。有的女士不习惯握手礼，男士可用点头致意来代替。

5. 行握手礼的"度"要求

在商务场合需要采用握手礼的时候，需注意以下几点：

（1）握手的热情度。

与人握手应起身站立，身体要向前倾斜，或向对方点头，表示对对方的尊重，面含微笑，双目注视着对方双眼，热情友好地伸出右手，同时亲切地致问候语，如"欢迎"、"很高兴认识您"、"久仰久仰"、"您好"、"谢谢"等。握手的姿势得当，将使对方感到热情；反之，会让对方有冷落感。

（2）握手的距离度。

握手时双方脚的距离以0.75～1米左右为佳，距离过大，显得冷落对方；距离过近，手臂难以伸直，显得不雅观。

（3）握手的力度。

握手力度均匀适中，上下抖动，但不要左右摇晃。同时要双眼注视对方，含笑致意，上身要向前略倾，头要稍低一些。通常握一下就行了，用力过重或是过轻，都是不太礼貌的。握手时可以用力摇晃几下，以示热情，力度以紧而不捏疼对方为宜。握得太轻或不握住对方的手，只是几个手指和对方的手碰一下，这都是一种失礼行为。与女士握手，稍握即可，用力要轻一些。在美国、日本等国家，轻轻无力的握手常被人理解为无诚意，尤其是与政界人士打交道时要特别注意这一点。

（4）握手的时间度。

握手时间过长或过短均不适宜，一般控制在3秒内，初次见面的朋友，稍微一握，两三秒钟也就可以了。在某种情况下，如久别重逢时，与对方握手的时间可略微长些，还可以同时伸出左手握住对方右手的手背，两手保持紧握之状。双手紧握对方是一种亲切友好的表示。但与异性相握，时间应略短，否则有占便宜之嫌。在与数位初次相识者握手时，应注意握手时间大体上要等同，不要让人有厚此薄彼之感。

（5）握手的专心度。

握手时目光专注表示礼貌，要避免目光他顾，心不在焉，也不应该目光下垂，那样显得拘谨。握手时不要迟迟不握他人早已伸出的手，或是一边握手一边东张西望，或一边握手一边与他人打招呼。要含笑着与对方进行眼神交流，同时问候。

6. 了解握手禁忌

握手是一个细节性的礼仪动作，做得好不一定会产生显著的积极效果。但是做得不好，却能产生明显的负面效果。

（1）握手的时机把握。

如果现场有几个人，不能只与其中的一个人握手，而对其他人视而不见。与许多人相互握手时，要待别人握完再伸手，不要抢着伸手。如果遇到客人到家里来做客，主动向自己伸出手时，自己在洗东西、擦油污，切不可将脏手伸给对方，使对方为难，不知该不该握手，此时你可以一面点头微笑致意，一面摊开双手，让对方知道你手脏，取得对方谅解。然后迅速地洗净手，热情待客。

（2）握手前，男子应脱下手套，摘下帽子。女子的戒指如果戴在手套外边，可不脱，否则也应脱下手套与人握手。按国际惯例，身穿军服的军人可以戴手套与人握手，也不必脱军帽，最为标准的做法是，先行军礼再握手。如戴着墨镜，则要在握手前摘去墨镜，否则有防人之嫌。

（3）与许多人同时握手时，要顺其自然，不交叉握手，待别人握完再握。如果几个人同时在场时，切忌只同一个人握手，而对其他人视而不见。此外，与西方人士握手时，不能出现两人握手时与另外两人相握的手形成交叉状，类似十字架，在他们看来这是很不吉利的。最有礼貌的多人握手顺序是：先上级后下级，先长辈后晚辈，先主人后客人，先女士后男士。

（4）握手时一定要用右手（除非右手受伤），一般说来，用左手与人握手是不太适合的。

在特殊情况下用左手与人握手应当说明原因或者道歉。

（5）如果一方站着，一方坐着，握手时，坐着的一方要站起来，除非年事较高或身体不适（应说明情况）。在正常情况下，坐着与人握手是不礼貌的。

（6）在外交场合遇见国外贵宾，通常不要主动上前握手问候，只需有礼貌地点头致意表示欢迎即可。除非贵宾主动伸手，才可向前接握问候。

（7）与人握手时，伸出去的手最好不要是湿的或脏的，否则会给对方以不舒服、不愉快的感觉。与人握手之后，不能马上擦拭自己的手掌。拿着香烟握手也是不礼貌的。

（8）与客人在门口相遇时，一只脚门里、一只脚门外行握手礼是十分失礼的行为。

二、致意礼仪

致意就是用语言或行为向别人问好，表示自己的问候之意。致意是商务活动中最简单、最常用的礼仪，包括见面注目、问好、点头、微笑、举手、欠身、脱帽等。已经相识的友人在相距较远或不宜多谈的场合用无声的动作相互表示友好与尊重时，常采用致意礼仪。

1. 致意的方式

（1）举手致意。

举手致意是用右手臂向前上方伸出，手上举约至头的位置，掌心朝向对方，轻轻摆摆手或挥挥手。注意不必反复摇动，幅度不宜过大。用于公共场合远距离遇到相识的人，不必作声。

（2）点头致意。

点头致意是头向下轻轻一动。注意幅度不宜过大，也不必点个没完。适用于同一场合多次见面或仅有一面之交的人相遇时使用；在会谈或会场上遇到熟人，不便交谈可以点头致意；日常工作中同事见面、上下班见面通常采用点头致意。

（3）欠身致意。

欠身致意是致意者站着或坐着，上身前倾，含笑目视被致意者，向对方表示致敬。适用范围很广，常与点头致意相配合。如同不相识者的初次见面、主人向您献茶水、与老朋友见面等。

（4）起立致意。

起立致意是在商务活动进行中，领导、来宾到场时；坐着的晚辈、下级见到长辈、上级到来或离去时、坐着的男子看到站立的女子时，应站立致意。一般站立时间不长，只要对方示意坐下即可入座。

（5）微笑致意。

微笑致意是指与不相识者初次见面时用微笑致意，也用于向在同一场合反复见面的新老朋友“打招呼”。

（6）脱帽致意。

脱帽礼是男士所行之礼。脱帽致意是男士摘帽向对方点头致意，摘帽的同时要略为欠身。脱帽致意时，有帽檐的帽子，用右手拇指和食指捏住帽檐中间脱帽；礼帽用右手三个手指捏住帽顶中间部位，将其置于与肩平行的位置，同时与对方交换目光，对方离开脱帽者才能再带上帽子；如果是无檐帽，可以不脱帽。北方寒冷季节，在室外与熟人相遇，只要用手把帽子轻掀一下即可。男士向女士行脱帽礼，女士一定要以其他方式向对方答礼，但女士是不行脱帽礼的。

2. 致意的礼规

以上介绍的几种致意方式，在同一时间、对同一对象，可以只用一种，也可以几种并用，可以依据双方的关系和自己想向对方表达友善和恭敬的程度而定。致意的基本规则如下：

（1）男士先向女士致意。

（2）晚辈先向长辈致意。

（3）职位低者先向职位高者致意。

（4）未婚者先向已婚者致意。

（5）受到别人的致意，被致意者应该马上采用对方的致意方式回礼，否则会显得无礼和傲慢。

（6）致意时应该诚心诚意、和蔼可亲。

（7）施致意礼的同时，可以用简洁的问候语，使致意生动而有活力。

（8）施致意礼时举止要文雅，尤其是嘴里不能叼着香烟，手不能插在衣裤兜里。

第四节　名片使用礼仪

在商务往来中，名片犹如一个人的脸面。从某种意义上讲，一个没有名片的人，是没有实力的人；一个不随身携带名片的人，是不尊重交往对象的人。因此，每一名商界人士不仅必须备有名片，而且必须随时携带名片。名片直接承载着商务人士的个人信息，承担着保持联系的重任，它是商务人士必不可少的交际工具。名片的使用不仅可以免去初次见面时烦琐的自我介绍，尤其是不便于自我介绍的职务、职称等，还可以使交换双方留下深刻印象，便于保存和日后的联系。

一、名片的用途

在现代商务交往中，名片具有多种功能和用途：

1. 自我介绍

名片具有进行自我介绍和保持联络的作用。

2. 替代便函

在名片上写上简短的几句话，可用来对友人表示祝贺、感谢、介绍、辞行、慰问、馈赠以至吊唁等多种礼节。

3. 替代礼单

向友人寄送或托送礼物或鲜花时，可在礼品或花束中附上名片并写上祝贺短语。自己收到友人的礼品，可立即回复一张名片，左角下用铅笔写上 P. r，以表示感谢。

4. 介绍给别人

如一位总经理想把公司新来的营销部经理介绍给自己的朋友，可在自己名片的左下角用铅笔写上 P. P，然后把营销经理的名片附在后面一并送去。

5. 代替请柬

在非正式邀请（如朋友聚会、非正式家宴）中，可用名片代替请柬，并写明时间、地点和内容。

6. 用于通报和留言

拜访友人时，若被访人系尊长，可在名片的姓名下方写上“求见”、“拜谒”字样，转行顶格起写上对方姓名称谓。若被访者不在家，拜访者可留下一张名片，上面写一句“很遗憾，未能一见”或“很遗憾，来访未晤”等，既表示留言，也显得很友善。

7. 用于业务宣传

在进行商务往来时，名片是公司的招牌，具有类似广告宣传的作用，可使对方了解你所从事的业务。

8. 用于通知变更

一旦调任、迁居或更换电话号码，送给至亲好友一张注明上述变动的名片，相当于及时而又礼貌地打了招呼。

二、商务名片的制作

商务名片的制作要求和设计与社交名片及单位名片是不一样的。商务名片的规格一般长 9 厘米、宽 5.5 厘米，境外人士较多适用长 10 厘米、宽 6 厘米的规格。商务名片的纸质以耐磨、耐折的纸张为首选材料，不要过于花哨，色彩宜淡雅，以单色和浅色为佳。一般是白板纸、布纹纸等；选择商务名片的图案时最好有单位的徽标。商务名片的文字内容至少要有三项内容：名片主人的归属，单位的全称；名片主人的称谓，包括姓名、职务、职称等；名片主人的联络方式，包括地址、邮编、电话或手机号码、E-mail 等。名片内容的排版横排、竖排均可，如果自己没有条件，可请专业店制作。

张小姐的名片

张小姐的美容小店开张在即，让她苦恼的是店铺的位置不太醒目。张小姐是个细心的人，她想到利用名片来做文章。她要求自己的名片别具一格，能够体现出美的内涵，让客户循着名片就能找到店铺。一家广告公司满足了张小姐的要求，并把张小姐的店铺名称做了特殊字符的处理，让客户即使匆匆一瞥也能牢牢记住，而且整张名片都是四色印刷，精美大方。另外，名片的背面是一张小小的地图，中间醒目位置标出了张小姐店铺的位置，这下再也不用担心客户找不到店址了。小店也从当初只有几个人的门面发展到在全市拥有十几家分店的美容连锁店。后来，张小姐又给自己的连锁店设计了一套贵宾卡派送给客户。

三、名片的交换礼仪

交换名片实际上是商务交往中的一种介绍方式，对于商务人员而言，名片还是商务人员与所在组织形象的一个缩影。因此，名片的交换礼仪应引起商务工作者足够的重视。如果我们在适当的场合、时间、地点大方地递出一张名片，往往使人印象深刻。因此，我们应知道何时递出名片，何时采取主动；我们更应当知道，当某人采取主动时，我们应当优雅地交换名片。归纳起来，名片的交换应遵守以下几方面的礼节：

（1）当我们经介绍与他人相识之后，如果身上带有名片，应立即取出，恭敬地用双手捧交给对方。切不可随意放在桌上，让对方自取或采取别的方式发名片。收取名片的一方若有名片，要迅速递上自己的名片。若没有，则应说明并道歉。如果双方早已熟悉或是经常见面，那就不必交换名片了。

（2）名片应放在专用的名片盒或是名片夹中，随身携带的名片夹应放在左胸的口袋里。将名片放在其他口袋里是一种不雅的行为。最好将自己的名片与他人的名片分开放，否则，忙乱中误将别人的名片递出，是很失礼的。他人的名片也应放入专用的名片簿中，这既表示对他人的尊重，又方便查找。有些人喜欢把自己的名片放在其他衣袋里或钱包里，这种习惯是很不好的。

（3）在参加商务活动前，应事先估计所需名片的数量，预先把足量的名片放在名片夹里。如果准备不充分，没有名片与别人交换，那将使自己失去很多商务交流沟通的机会。

（4）递名片要掌握一定的时机。当自己和对方交谈得比较融洽，且对方表示愿意与自己建立联系时应不失时机地递上自己的名片。如果仅仅是礼节性的匆匆见面握手，则可免递名片。另外在双方握手告别时，也可以顺手取出名片表达再次相见的愿望，这样就给下次见面创造了机会。

（5）递送名片的先后次序。一般是地位低的人先向地位高的人递名片。当对方不止一人时，应先将名片递给职务较高或年龄较大的人，如分不清职务高低和年龄大小时，则可依照座次递名片，应给对方在场的人每人一张，不能厚此薄彼。如果自己这一方有比自己地位高者在场，则应让地位高者先向对方递送名片。当然相对而言，递送名片的先后次序没有太严格的讲究。

（6）递送名片时，应面带微笑，正视对方，将名片的正面朝着对方，恭敬地用双手的拇指和食指分别捏住名片上端的两角送到对方胸前。如果是坐着，应起身或欠身递送，递送时可以说一些“这是我的名片，请笑纳”或“请多关照”之类的客气话。因为欧美人、阿拉伯人和印度人惯于用一只手与人交换名片；日本人则喜欢用右手送自己的名片，左手接对方的名片，所以在同外宾交换名片时，可先留意对方是用单手还是双手递接名片，随后再跟着模仿。另外，要注意不要用名片盒发名片，这样给人以你不注重自己的内在价值，名片发不出去的感觉。

（7）接受他人名片时，应起身或欠身，面带微笑，恭敬地用双手的拇指和食指捏住名片的下方两角，并轻声说“谢谢”、“能得到您的名片十分荣幸”，如对方地位较高或有一定知名度，则可道一句“久仰大名”之类的赞美词。对接到的名片要十分珍惜，并当着对方的面，用大约30秒钟的时间，仔细把对方的名片看一遍，随后当着对方的面郑重其事地将他的名片放入自己携带的名片盒或名片夹之中，不要接过名片后看都不看一眼就随便放入口袋；也不要随意乱放，以防污损。倘若一次同许多人交换名片，而且双方又都是初交，那么最好依照座次来交换，并记好对方的姓名，不要张冠李戴。在公共场合如索取他人名片，可以婉转地说“以后怎样向您请教”或“以后怎样同您保持联系”。如果自己无意送人名片时，可婉转地说“对不起，名片未带”或“今天忘了带名片”。

（8）为了查找和使用方便，应分类收藏他人的名片。对个人名片可按姓氏笔画分类，也可依据不同的交际关系分类。要留心他人职务、职业、住址、电话等情况的变动，并及时记下有关的变化，以便通过名片掌握每位客户、每个朋友的真实情况。还可把自己对对方的了解，比如他的爱好、擅长等记在名片上。待下次与这个人见面时，不但能一下子说出他的名字，还能随口以他的爱好和擅长为话题，这样，对方必然会感到意外，自然会对你产生好感，为随后的商务交往活动打好基础。

不同习俗的称谓

在我国民间，有一个喜欢在朋友、同事、邻居的子女间“论资排辈”的传统礼节。孩子们一定要称与自己父母年岁相仿的人为“叔叔”、“阿姨”，再长一辈的要称“爷爷”、“奶奶”。西方一些国家的人没有严格的讲究，孩子们只对父母的亲兄弟姐妹才称呼“叔”、“舅”、“姑”、“姨”，他们对父母的同事、朋友统称先生、夫人或女士，并且在一些现代家庭为了表示亲密，孩子对父母直呼其名的情形也不少见。

不同民族、不同国家有着不同的称谓习惯，这些我们固然不必效仿，但到国外切不可照搬中国礼仪习惯。

●习题与实训

一、简答题

1. 商务会面中的正式称谓有哪几种？
2. 介绍的类型有哪些？在商务场合为他人作介绍的礼仪顺序是什么？
3. 商务人员应该掌握怎样的合乎礼仪的握手方法？行握手礼的基本规则和要求是什么？
4. 致意的形式有哪些？如何使用？
5. 名片的用途有哪些？

二、实训

1. 两个同学一组练习自我介绍，并在班级里进行现场演示。
2. 根据握手礼、致意礼和名片交换礼仪要求，分别扮演主人和宾客的角色进行训练。
3. 设计和制作一张用于商务场合的名片。

4. 案例题：

张剑和李菲在公司门口迎接前来公司洽谈业务的客户。一辆轿车驶到，客户下车。李菲上前道："陈总您好！"并呈上自己的名片。又道："陈总，我叫李菲，是正道集团公关部经理，专程前来迎接您。"对方道谢。张剑上前："陈总好！您认识我吧？"对方点头。张剑又道："那我是谁？"对方尴尬不堪。

分析：以上情景中，接待人员和介绍人的做法是否正确？并说明原因。

第五章　商务人员日常交往礼仪

●技能目标

1. 学会邀约和接受邀约的相关礼仪
2. 学会做客待客的礼仪
3. 能做好商务接待工作
4. 学会商务馈赠的方式，能够选择礼品

●知识目标

1. 熟悉邀约礼仪的方式和回复正式邀约的方式
2. 了解商务拜访的注意事项
3. 掌握商务接待的注意事项
4. 理解商务馈赠的原则

●导入案例

做一做

全班同学分为6个小组，每个小组代表一个公司，现在假设其中一个公司有个周年庆祝活动，打算邀请其他5个公司来参加，请各个小组草拟一份邀请函。邀请函要按照正式的商务邀请方式，符合正式的商务礼仪规则。邀请函在派发出去后，请受到邀请的小组给予评论。

在正式的邀请函发出后，请各个小组做好接待准备工作，同时了解其他小组来访的人员。

课堂演练：正式接待邀请对象登门拜访

由于是庆祝活动，在接待完后，每个小组要设计即将馈赠的礼品（纪念品），并选择时机赠送给来访的嘉宾。

其他来拜访的小组要注意拜访的相关礼仪工作。

玉帛成干戈

公元前592年，当时的齐国国君齐顷公在朝堂接见来自晋国、鲁国、卫国和曹国的使臣，各国使臣都带来了墨玉、币帛等贵重礼品献给齐顷公。献礼的时候，齐顷公向下一看，只见晋国的亚卿郤克是个独眼，鲁国的上卿是个秃头，卫国的上卿孙良夫是个跛脚，而曹国的大夫公子首则是个驼背，不禁暗自发笑：怎么四国的使臣都是有毛病的。

当晚，齐顷公见到自己的母亲萧夫人，便把白天看到的四个人当笑话说给萧夫人听。萧夫人一听便乐了，执意要亲眼见识一下。正好第二天是齐顷公设宴招待各国使臣的日子，于是便答应让萧夫人届时躲在帷帐的后面观看。第二天，当四国使臣的车子一起到达，众人依次入厅时，萧夫人掀开帷帐向外望去，一看到四个使臣便忍不住大笑起来，她的随从也个个笑得前仰后合。笑声惊动了众使者，当他们弄明白原来是齐顷公为了让母亲寻开心，特意作了这样的安排时，个个怒不可遏，不辞而别。四国使臣约定各自回国请兵伐齐，血洗在齐国所受的耻辱。四年后，四国联合起来讨伐齐国，齐国不敌大败，齐顷公只得讲和，这便是春秋时著名的"鞍之战"。

第一节　邀约礼仪

●礼仪案例

故事再现

周日的时候在网上，突然QQ有人问好，一看是自己的一个学生，自报家门是学生会副主席，说周二将组织一次演讲比赛的决赛，时间是下午六点半，希望我能作为嘉宾参加。

这个自然是没有问题，虽然周二下课已经六点了，赶过去有点远，要自己打车，还无法吃晚饭，但能帮助学生一把也是应该的。

答应学生后，学生很高兴，就先下了。然后就没了下文，一直到周二我去了学校，学生见到我很高兴，连忙迎进去。

演讲比赛结束后，我很不客气地把这位学生会副主席喊过来，我说："抽五分钟给你上上课。"我说："下学期要开个职场礼仪的课，看来很有必要，这次你邀请我来的过程就犯了不少错误。"

具体地说，主要有以下错误：

1. 你邀请我参加演讲比赛的决赛是正式活动，一般正式邀约的嘉宾你不应该用QQ这种非正式聊天手段作为邀请方式，应该登门邀请或者发请帖为妥。

学生解释说，去办公室找过我，我不在，因此在网上找我。我笑道，那你上网应该这样说：张老师，我今天去办公室找过您，实在没找着，正好在网上看到您，先和您说下。这样就是一个铺垫，感觉就好很多了。

说完要求得到承诺后，还应该主动表示："张老师，您看您什么时候在办公室方便，请帖我给您送过来。"一般这个时候应看嘉宾意见，如果确实是老师说不必了，可以不送，不必拘礼，但是如果是校外专家等嘉宾，就要送了。一是礼节，二是可以得到一个正式的确认。而且这样的邀约也让嘉宾觉得自己在这个活动中很受重视，参与意愿才强。

2. 这个学生介绍了自己的身份，但没有介绍自己的名字，没有介绍自己的联系电话，也没有介绍举办地点。他想当然地以为张老师知道他，就应该知道名字；其实不然，学生太多，我这个人不擅长记名字，所以其实不知道。

因为不知道名字所以事后想问点事情，例如演讲比赛在哪个位置，是否时间有变化都无从咨询。

这个属于交代事情没有层次，挂一漏万。所以邀约前最好把事情的开始时间、活动时长、活动地点、参加对象、需要准备的内容都交代清楚。

3. 周日过后，一直到6点20分我来到现场都没有再接到任何电话，这实在不像是一个嘉宾的待遇。

我告诉他，一般得到肯定承诺后，提前一天或半天和嘉宾再确认，一是礼貌地提醒；二是万一嘉宾行程有变，你也可以有个预案，而且到了6点15分了嘉宾还没有出现，更要打电话问一问，是堵车还是给忙忘了？很多时候人们答应容易遗忘也容易，没个秘书提醒就容易出错。

4. 到了会场，没有任何人告诉我演讲比赛程序，也没有告诉我要上台发言。但主持人第一句话就是邀请我发言，当然这个发言难不倒我，不过程序不对。

如果程序复杂，应该在邀约时就告诉嘉宾请他来做什么事情，嘉宾才有个判断，我答应得快完全是因为很清楚这一类事情的组织过程，实际上比学生还清楚，所以不怕他们有遗漏交代。但从做事角度看，这样去邀请人问题就很大，嘉宾来了不知道活动如何组织，自己要做什么，一般情况下根本就不会答应来的。来了也要再以恭敬的态度给嘉宾说明，有个准备适应的缓冲。

5. 我到的时候大概6点多，最好问下是否吃过饭，以示关怀。正好我没吃饭，一直空着肚子听完；如果知道此事，略作安排或道个歉，我肯定是不会在学生面前表演吃饭的，但问候和没问候感觉就很不同。

细节决定成败，邀约也讲究礼仪。也许无意的怠慢并不是故意的，但是礼节礼貌在职场中有举足轻重的地位。在商务交往中，因为各种各样的实际需要，商务人员必须对一定的交往对象发出邀请，邀请对方出席某项活动，或是前来我方做客。这类性质的活动，商务礼仪术语称之为邀约。

当一方邀请另一方或多方人士前来自己的所在地或者其他某处地方约会，以及出席某项活动时，他不能单凭主观意愿出发，而是必须取得被邀请方的同意与合作。作为邀请者，不能不自量力、无事生非、自寻烦恼，既麻烦别人，又自讨没趣。作为被邀请者，则需要及早地作出合乎自身利益与意愿的反应。不论是邀请者，还是被邀请者，都必须把邀约当作一种正规的商务约会来看待，遵循一定的行为规范，也就是遵循邀约礼仪。

对邀请者而言，发出邀请，如同发出一种礼仪性很强的通知一样，不仅要力求合乎礼貌，取得被邀请者的良好回应，而且还必须使之符合双方各自的身份，以及双方之间关系的现状。

一、邀约的方式

●礼仪案例

请柬的故事

工会主席老李看着办公桌上的几张请柬，皱着眉头直发呆。不知怎么回事，现在头头脑脑的有个婚丧嫁娶的事，请柬都是以个人的名义通过组织的形式集中发放，以单位为单位，按职位一刀切。发放请柬也就相应地变成了一项工作，当然老李负责了，一来他是工会主席；二来老李做事认真不怕麻烦。这事别看是私事可也不能误了，要是因为这事产生误会，那可是关系到个人感情呀！严重点都会耽误个人前程，现在这形势，老李认识得还是蛮到位的。

但是，毕竟不能像传达上级文件那样，召集各路领导来开会，统一发放。所以，要把时间性很强的发放工作做到位还真有一定的难度。于是请柬一来，老李或打电话，或让各处的办事员捎带，有时也忙得不亦乐乎。这不，新一轮的发放工作遇到点问题，工作已经调动的几位请柬依旧发到了这里。

“这什么事呀，都不知道人上哪了还发什么请柬呀！”老李愤愤地想，又无奈地摇摇头。多亏了系统内部的通信录，总能辗转找到那些人。打这样的电话，老李有时心里也不是滋味，因为不止一个人和他开过玩笑说：“老李，你这工会主席，不给大家谋福利，竟干抽筋扒皮的事了，大家都怕你的电话了。”你说冤不冤，哪次自己跑得了？

老李带着老花镜又翻请柬、看人名，又在通信录里满世界地找电话号码，然后拨电话、寒暄，再像下发通知一样，人物、时间、地点通知到位，好一阵忙乎！

最后一张了！老李好像看到了曙光，翻开来，看那个名字。老李鼻子都快气歪了，愤愤地骂了一声，然后抄起请柬就撕了个粉碎。

“这简直是笑话！人家去世一个月了让我上哪给你找去！”

邀约有正式和非正式邀约之分。正式的邀约既讲究利益，又要设法使被邀请者备忘，故此它多采用书面的形式。非正式的邀请通常是以口头形式来表现的，相对而言，它要显得随意一些。

正式的邀约有请柬邀约、书信邀约、传真邀约、电报邀约、便条邀约等具体形式，适用于正式的商务交往。非正式的邀约有当面邀约、托人邀约以及打电话邀约等不同形式，多适用于商界人士非正式的接触之中。前者可统称为书面邀约，后者则可称为口头邀约。

根据商务礼仪的规定，在比较正式的商务往来之中，必须以正式的邀约作为邀约的主要形式。因此，必须了解、掌握正式邀请礼仪。

在正式邀约的诸形式之中，档次最高、也最为商界人士所常用的当属请柬邀约。凡精心安排、精心组织的大型活动与仪式，如宴会、舞会、纪念会、庆祝会、发布会、单位的开业仪式等，只有采用请柬邀请嘉宾，才会被人视之为与其档次相称。正式邀约的形式主要有以下几种：

1. 请柬邀约

请柬又称请帖，一般由正文与封套两部分组成。不管是上街购买印刷好的成品，还是自行制作的，在格式与行文上，都应当遵守成规。

（1）请柬正文的用纸大都比较考究，多用厚纸对折而成。以横式请柬为例，对折的左面外侧多为封面，右面内侧则为正文的行文之处。封面通常采用红色，并标有“请柬”二字。请柬内侧，可以同为红色，或采用其他颜色，但民间忌讳的黄色和黑色，通常不可采用。在请柬上亲笔书写正文时，应采用钢笔或毛笔，并选择黑色、蓝色的墨水或墨汁。红色、紫色、绿色、黄色以及其他鲜艳的墨水，则不宜采用。

（2）目前，在商务交往中所采用的请柬，基本上都是横式请柬。它的行文是自左而右、自上而下地横写的。除此之外，还有一种竖式请柬。它的行文则是自上而下、自右而左地竖写的。这种竖式请柬多用于民间的传统性交际应酬。

（3）在请柬的行文中，通常必须包括活动形式、活动时间、活动地点、活动要求、联络方式以及邀请人等项内容。

（4）在请柬的左下方应注有“备忘”二字，意在提醒被邀请者届时勿忘。在国际上，这是一种习惯的做法。西方人在注明“备忘”时，通常使用都是同一个意思的法文缩写“P. M.”。

（5）一般情况下，被邀请者的名字写在封套上，而不在正文中出现，但并不禁止在正文出现，另外在正文中，“请柬”二字可以有，也可以没有。

（6）在对外交往中使用的请柬，应采用英文书写。按习惯在行文中，全部字母均应大写，应不分段，不用标点符号，并采用第三人称。

（7）在请柬的封套上，被邀请者的姓名要写清楚，要写端正，这是为了向对方示敬，也是为了确保它能够准时、准确地送达。

请柬正文范例

请　柬
谨定于 2008 年 12 月 18 日下午六点整在本市金马大酒店水晶厅举行五环集团公司成立六周年庆祝酒会，敬请届时光临。联络电话 26332266。

2. 书信邀约

以书信形式对他人发出的邀请，叫做书信邀约。比之于请柬邀约，书信邀约显得要随便一些，故此它多用于熟人之间。

（1）用来邀请他人的书信，内容自当以邀约为主，但其措辞不必过于拘束。它的基本要求是言简意赅，既能说明问题，同时又不失友好之意。可能的话，它应当打印下来，并由邀请人亲笔签名。比较正规一些的邀请信，有时也叫邀请书或邀请函。

（2）在装帖与款式方面，邀请信均不必过于考究，其封套的写作，与书信基本上相同。

邀请信范文

尊敬的奥海公司负责人：

“2008·北京民用新产品新技术展销会”定于今年12月8日至28日在北京国际展览中心举行，欢迎贵公司报名参展。

报名时间：10月1日至20日

报名地点：花园路乙10号

联系电话：62531188

组委会敬邀

2008年9月16日

3. 传真邀约

传真邀约指的是利用传真机发出传真的形式，对被邀请者进行的一种邀约。在具体格式、文字方面，其作法与书信邀约大同小异，但是由于它利用了现代化的通信设备，因而传递更为迅速，并且不易丢失。此外，还有一种电子邮件邀约，其作法基本与传真邀约相同。

4. 电报邀约

电报邀约，即以拍发专电的形式，对被邀请者进行的邀约。

（1）电报邀约与书信邀约，在文字上都要求热情、友好、恳切、得体。除此之外，电报邀约在准确、精练方面要求得更高一些，这是由电报这一形式本身所决定的。

（2）电报邀约速度快、准确率高。因此，多用于邀请异地的客人。在具体内容上，它与书信邀约大致相同。

5. 便条邀约礼仪

在某些时候，商界人士进行个人接触时，还会采用便条邀约。便条邀约，即将邀约写在便条纸上，然后留交或请人代交给被邀请者。在书面邀约诸形式之中，它显得最为随便，然而正因其如此，往往会使被邀请者感到亲切、自然。

（1）便条邀请的内容，是有什么事写什么事，写清楚为止。它所选用的纸张，应以干净、整洁为佳。

（2）依照常规，用以邀约他人的便条不管是留交还是带交对方，均应装入信封之中，一同送交。让邀请条“赤条条”地来来去去，则不甚妥当。

在一般情况下，不论以何种书面形式邀约他人，均须做得越早越好。通常，它应当至少在一周之前到达对方手中，以便让对方有所准备。“临阵磨枪”，打对方一个措手不及，不仅给对方以逼人就范的感觉，而且也是非常不尊重对方的。

电报邀约范例

> 刘晓航先生：
>
> 兹与远大集团公司杨林董事约定，下周五中午12时在四川酒家共进工作餐。敬请光临。
>
> 杨青青　留上5月2日

二、回复正式邀约礼仪

任何书面形式的邀约，都是邀请者经过慎重考虑，认为确有必要之后才发出的。因此，在商务交往中，商界人士不管接到来自任何单位、任何个人的书面邀约，都应该及时、正确地进行处理。自己不论能不能接受对方的邀约，均须按照礼仪的规范，对邀请者待之以礼，给予明确、合“礼”的回答；或者应邀，或者婉拒。置之不理、厚此薄彼、草率从事，都有可能自作自受、自找麻烦。

商界人士在接到以书面形式通知的正式邀约后，必须认定邀请者是真心实意地希望自己能够接受邀请的。对方所看重的或许是我方单位的名气和地位，或许是邀请者本人的身份和影响，或许是对方单位与我方单位、对方本人与邀请者本人的良好关系，或许是希望能够借此机会增进、发展双方单位或个人之间的关系，但不管怎么说，对方邀请我方，尤其是以书面的形式正式地邀约我方，基本上都是对我方尊重与友好的一种表示。“来而不往非礼也”，所以在接到邀约后，应当作出积极的反应。

积极反应的第一步，就是要尽快答复邀请者自己是否能够接受其邀请。考虑到同时受到邀请的往往不只是一方，为了使邀请者做到对他所发起的有关约会胸有成竹、避免失败，任何被邀请者在接到书面邀请之后，不论邀请者对于答复者有无规定，出于礼貌，都应尽早将自己的决定通知对方。

事实上，为了了解被邀请者对邀约有何反应，许多邀请者在发出书面邀约时，就对被邀请者有所要求，请对方对能否到场必须作出答复。

通常，类似的规定往往会在书面邀约的行文中出现。例如，要求被邀请者“如蒙光临，请予函告”或“能够出席，敬请答复”，以及“盼赐惠复”等。

有时，为了确保被邀请者准确无误地将有关信息反馈给邀请者，在书面邀约正文的左下方，依照惯例要将与邀请者联络的具体方式，详尽地提供给被邀请者。它们通常包括：联络电话号码、传真号码、电传号码、电子邮箱号码（网址、邮政编码、联络地点以及通信地址等）。以上这些内容不必一一列出，可以根据具体情况从中选择。不过联络或咨询的电话号码这一项，原则上是不能缺少的。

某些商务往来中所使用的正式邀约，尤其是请柬邀约，依照国际惯例，在正文之中行文时，对被邀请者所作的要求答复的请求，通常都采用英文或发文的专用词组合缩写来表示。

例如：“Toremind”意即“备忘”。用在书面邀约中，带有提醒被邀请者务必注意勿忘之意。

“R. S. V. P.”意即“不论出席与否，均望答复”。

“Regretsonly” 意即“不能出席时，请予以答复”。

这些外文词组与缩写在行文时，一般应当书写在正文的左下。

有些善解人意的商界人士为了体谅被邀请者，在发出书面邀约时，往往会同时附上一份专用的“答复卡”。上面除了“接受邀请”、“不能接受”这两项内容外，再没有其他任何东西。这样，被邀请者在答复时，只需稍费“举手之劳”，在以上两项之中，做一回“选择题”，在二者之上划上一道勾，或是涂去其一，然后再寄回给邀请者就行了。

没有在接到“答复卡”的同时接到书面邀约，并不意味着不必答复。答复是必要的，只不过需要自己亲自动手罢了。

对书面邀约所进行的答复，通常采用书信的形式。在商务礼仪中，它被称为回函。回函基本上都需要亲笔书写，以示重视。如果打印回函，则至少应当署上亲笔签名。

所有的回函，不管是接受函还是拒绝函，均须在接到邀约之后3日之内回复，而且回得越早越好。在回函的行文中，被邀请者应当以尊重、友好的态度对能否接受赴约这一关键性问题作出明确的答复，切勿避实就虚，让人觉得“难解其中味”。如果拒绝，只要讲明理由就可以了。回函的具体格式，可参照邀请者发来的书面邀约，在人称、语气、措辞、称呼等方面与之不相上下就算不上失礼。

接受邀约的回函示例

> 中岛公司董事长兼总经理吴烈兴先生非常荣幸地接受成功影视广告公司总裁张伟先生的邀请，将于1月20日上午9时准时出席成功影视广告公司的开业仪式。谨祝开业大吉，并顺致敬意。

在写接受函时，应将有关的时间与地点重复一下，以便与邀请者“核实”无误。在写拒绝函时，则不必这样做。

回函通知邀请者自己决定接受邀请后，就不能届时失约了。这类临时的“变卦”，会给邀请者增添许多麻烦。

拒绝邀约的理由应当充分，卧病、出差、有约在先等，均可采用。在回绝邀约时，万勿忘记向邀约者表示谢意，或预祝其组织的活动圆满成功。

拒绝邀约的回函示范

> 尊敬的王优嘉先生：
>
> 我深怀歉疚地通知您，由于本人明晚将乘机飞往德国法兰克福市洽谈生意，故而无法接受您的邀请前往波特曼饭店出席贵公司举办的迎春茶话会。恭请见谅，谨致谢忱。

对于邀约上书面规定的赴约要求，被邀请者在原则上都应当接受，并且“照章办事”。

第二节 商务拜访礼仪

现代商务交往活动中，相互拜访是常有的事情，但要讲究拜访的礼仪。

拜访又叫拜会，一般是指前往他人的工作地点或私人居所，会晤对方、探望对方，或是与之进行其他方面的接触。不论是在公务交往还是在私人交往中，拜访都是人们习以为常的一种社交方式。商务拜访主要有三种类型：事务性拜访、礼节性拜访、私人拜访。

拜访是一种双向的活动。访问、做客的一方为客，称为来宾；做东、待客的一方为主，又叫主人。对于宾主双方而言，在拜会中都必须恪守本分，依照相应的礼仪规范行事。做客是正常的人际交往中不可缺少的应酬。就做客礼仪而言，其重要之处有三。其核心之处在于客随主便，礼待主人。下面就来分别介绍一下做客与待客的常规礼仪。

一、拜访前的预约礼仪

拜会的常规礼仪

张林是市外办的一名干事。有一次，领导让他负责与来本市参观访问的某国代表团进行联络。为了表示对对方的敬意，张林决定专程前去对方下榻的饭店拜访对方。

为了避免出现得仓促，他先用电话与对方约好了见面的时间，并且告之自己将停留的时段。随后，他对自己的仪容、仪表进行了修饰，并准备了一些本市的风光明信片作为礼物。

届时，张林如约而至，进门后，他主动向对方问好并与对方握手为礼，随后作了简要的自我介绍，并双手递上自己的名片与礼品。简单寒暄后，他便直奔主题，表明自己的来意，详谈完后便握手告辞。

作为一名国家公务员，张林的上述表现符合拜会的常规礼仪，展示了他训练有素的交际风采。

有约在先是做客礼仪之中最为重要的一条。它的基本含意是：拜访他人，一般均应提前有所约定。不提倡随意进行顺访，尤其是对待一般关系的交往对象不宜充当不邀而至、打乱对方计划的不速之客。

从某种意义上讲，做客要有约在先，既体现出个人教养，更是对主人的尊重。对此，绝对不可以省略。约定的方式有：当面向对方提出约会要求；用电话向对方约会；用书信提出约会。

预约拜访时，要重视的一共有三个方面的具体问题：

1. 约定时间

在约定拜会时，一定要在两厢情愿的前提下，协商议定到访的具体时间与停留的具体时间长度及地点。对主人所提出的具体时间和地点，应优先予以考虑。由客人自己提出方案时，最好给对方多提供几种选择。

在一般情况下，主人本人认为不方便的时间、工作极为忙碌的时间、难得一遇的节假日、不宜打扰的凌晨与深夜，以及常规的用餐时间和午休时间，都不宜用作拜访时间。

2. 拜会地点

除约定时间外，还必须根据拜访的具体目的选择地点。公务拜访一般选择办公室或娱乐场所，私人拜访选择家里或娱乐场所。

3. 约定人数

在预约拜会时，宾主双方均应事先向对方通报届时到场的具体人数及其各自的身份。在公务拜会中，这一点尤其重要。宾主双方都要竭力避免使自己一方中出现对方所不欢迎，甚至极为反感的人物。

通常，双方参与拜会的人员一经约定，便不宜随意进行变动。做客的一方特别需要注意，切勿随意扩大自己的队伍。在任何时候，来宾队伍过于庞大都会令主人应接不暇、手忙脚乱，干扰其事先所做的安排和计划。

二、拜访中的举止礼仪

登门拜访做客时，有以下几条礼仪规范，是人人应当认真遵从的。

1. 要守时守约

约定拜会的时间、地点和人员之后，必须认真加以遵守，不再轻易更改。万一有特殊原因，需要推迟或者取消拜会、变更地点、调整人员等，均应尽快打电话通知对方。不要若无其事，让对方空等。当下次与对方见面时，最好还要再次表示歉意，并说明一下具体原因。登门进行拜访时，最好准时到达，既不要早到，让对方措手不及；也不要迟到，令对方望眼欲穿。

2. 讲究敲门的艺术

要用食指敲门，力度适中，间隔有序地敲三下，等待回音。如无应声，可再稍加力度，再敲三下，如有应声，再侧身隐立于右门框一侧，待门开时再向前迈半步，与主人相对。

3. 主人不让座不能随便坐下

在一般情况下，主人会邀请来客在其指定之处就座，届时恭敬不如从命。

在就座时要注意三点：一是不要自行找座；二是与他人同至时应相互进行谦让；三是最好与其他人，尤其是与主人一起落座，切勿抢先落座。如果主人是年长者或上级，主人不坐，自己不能先坐。主人让座之后，要口称“谢谢”，然后采用规矩的礼仪坐姿坐下。主人递上烟茶要双手接过并表示谢意。如果主人没有吸烟的习惯，要克制自己的烟瘾，尽量不吸，以示对主人习惯的尊重。主人献上果品，要等年长者或其他客人动手后，自己再取用。即使在最熟悉的朋友家里，也不要过于随便。

4. 跟主人谈话，语言要客气

与主人相见，应当先和对方主动问好。假如与对方初次谋面，则还须略作自我介绍。遇到主人的同事、亲属时，应当主动向对方打招呼、问好，而不宜旁若无人，不搭不理。

5. 谈话时间不宜过长

起身告辞时，要向主人表示“打扰”之歉意。出门后，回身主动伸手与主人握别，说：“请留步。”待主人留步后，走几步，再回首挥手致意：“再见。”

带着创意拜访顾客

张涛在香港推销界已干了20多年。在这20多年里，他推销过多种产品，从一个门外汉变成一位推销高手。在别人请教他成功的经验时，张涛说：“推销员一定要带着一个有益于顾客的构想去拜访顾客。这样，你所遭遇拒绝的机会就会少，你就会受到顾客的欢迎。推销员要做建设性的拜访。”张涛在推销地板用木砖时，虽然他拥有的客户数目不少，但每个客户的订货量不大，其原因是客户因受到资金的限制而无法大量购买他的产品。如何才能让顾客大量地购买产品呢？经过认真的调查分析和思考，张涛为客户想出了一个加速资金周转的办法。他建议客户从时间上来改善，平常不必大量储存材料，而应计划安排好，在材料使用前几天内将货补齐，这样可以加速资金周转。客户采纳了他的建议后，果然不必在事前大量储存材料，节约了资金占用，加速了资金周转，终于能大量地采购张涛的产品了。

分析提示：推销员要做建设性的拜访。所谓建设性的拜访，就是推销员在拜访顾客之前，就要调查、了解顾客的需要和问题，然后针对顾客的需要和问题，提出建设性的意见。

三、做客礼仪

在他人的办公室或私人居所做客期间，要注意围绕主题、限定范围、适时告退等三件要事。在这些方面，绝对不允许出现大的失误。

1. 围绕主题

任何一次登门拜访都必然有其目的性。既然如此，那么在拜访做客时就应当使自己的所作所为紧密地围绕着自己进行拜会的主旨而行，绝对不允许“跑题”。

在一般情况下，在拜会之时，宾主双方都要尽快地直奔主题，接触实质性的问题，并力争解决问题。不要临阵怯场，言不及义；或是随意变更主题，令双方无所适从。

2. 限定范围

要使拜会围绕主题进行，一项得力的措施是，客人应当自觉地限定个人的交际范围与活动范围。

3. 适时告退

拜访之时，务必要注意“见好就收”、适可而止。如果客人与主人双方对会见的时间长度早已有约在先，则客人务必要谨记在心，认真遵守。假如双方无此约定，通常一次一般性的拜访应以一小时为限。初次拜会，则不宜长于半小时。

在拜会之中遇有他人到访，应适当缩减停留时间，不必非要“达标”不可，更不要硬找人家攀谈一番。

一旦提出告辞，便要“言必信，行必果”。任凭主人百般挽留，都要离开。在出门以后，应与主人握手作别，并对其表示感谢。

第三节　商务接待礼仪

●礼仪案例

难道这就是五星级的服务

一天上午，某公司在一家五星级酒店的多功能会议厅召开会议。其间，该公司职员李小姐来到商务中心发传真，发完后李小姐要求借打一个电话给总公司，询问传真稿件是否清晰。

“这里没有外线电话。”商务中心的服务员说。

“没有外线电话稿件怎么传真出去的呢？”李小姐不悦地反问。

服务员：“我们的外线电话不免费服务。”

“我已预付了20元传真费了。”李小姐生气地说。

服务员：“我收了你的传真费，并没有收你的电话费啊！更何况你的传真费也不够。”

李小姐说：“啊，还不够？到底你要收多少呢？开个收据我看一看。”

“我们传真收费的标准是：市内港币10元/页；服务费港币5元；3分钟通话费港币2元。您传真了两页应收港币27元，再以1∶1.08的比价折合成人民币，我们要实收人民币29.16元。”服务员立即开具了传真和电话的收据。

李小姐问：“传真收费还有电话收费是根据什么规定的？”

“这是我们酒店的规定。”服务员出口便说。

李小姐：“请您出示书面规定。”

“这不就是价目表嘛。”服务员不耐烦地回答。

李小姐：“你的态度怎么这样？”

“您的态度也不见得比我好呀。”服务员反唇相讥。

李小姐气得付完钱就走了。心里想，五星级服务，难道就是这样的吗？

本案例中的服务员不具备一名合格商务人员的基本素质。接待服务工作是一门综合艺术，是非常讲究接待服务的方法和技巧的。要提高服务质量，就要求服务人员必须接受专业的训练，才能使他们无愧于五星级的标志。

随着商务活动的增加，对外交往面的扩大，商务接待工作的重要性越来越明显。要想从任何形式的商务接待中获得真正的价值，就必须把商务接待当作非常重要的商务会议来看待。重要接待的客人有生产厂家、供货单位，也有本企业的顾客以及相关领域的企业。如果细分，可以分为业务往来接待、顾客投诉接待、视察指导接待、参观学习接待等几种。

接待工作繁杂琐碎，如有疏漏，将会给本企业的业务、声誉等造成损失。因此，有必要讲究接待的艺术性，把握接待工作的礼节。

一、接待准备

接待工作是从接到来客通知后，就进入准备阶段。准备工作主要从以下几个方面入手：

1. 了解客人基本情况

不论是客人主动来访还是接受本组织的邀请，都应了解来访的目的、要求，会谈的内容，参观的项目，来访路线，交通工具，抵达和离开的具体时间，来宾的人数、姓名、性别、职务，来宾的生活习惯、个人爱好、饮食禁忌等；可能的话，找到有关资料，以确定接待规格和日程安排。

2. 制订接待方案

在了解客情后，要及时向主管领导汇报，以便确定接待规格，通知有关部门及相关人员。接待一般客人，可根据惯例直接接待。但接待重要客人和高级团体，就要事先制订接待方案。其内容包括：客人的基本情况、接待工作的组织分工、陪同人员和迎送人员名单、食宿地点及房间安排、伙食标准及用餐形式、交通工具、费用支出意见、活动方式和日程安排、汇报内容的准备及参加人员等。接待方案要报送企业领导批准。

二、正式接待

（一）迎接客人身份要对等

客人到达后，应安排专人迎接。迎接人员安排一般遵循对等原则。对于一般客人，可以由业务部门或经理秘书人员到车站（机场、码头）迎接，对于重要客人，有关领导要亲自前去接站。如果由于特殊原因，身份职位相等的主人不能前往，前去迎接的主人应向客人作出有礼貌的解释。迎接客人要提前，决不能迟到，让客人久等。

一个好的接待员既要会展现亲切灿烂的笑容，又要能使用温馨合宜的招呼语，还要全面了解和掌握视线服务功能。因为，访客的到来是每个公司最期待的事情，这些人都是公司重要的合作伙伴。所以，一定要拥有优秀的接待人员，因为他们懂得如何接待访客，如何让来访者有宾至如归的感觉，甚至让他们对你的公司流连忘返。

（二）迎接客人的三阶段行礼

我们国内通行的三阶段行礼包括 15 度、30 度和 45 度的鞠躬行礼。15 度的鞠躬行礼是指打招呼，表示轻微寒暄；30 度的鞠躬行礼是敬礼，表示一般寒暄；45 度的鞠躬行礼是最高规格的敬礼，表达深切的敬意。

在行礼过程中，不要低头，要弯下腰，但绝不能看到自己的脚尖；举动要尽量自然，令人舒适；切忌用下巴跟人问好。

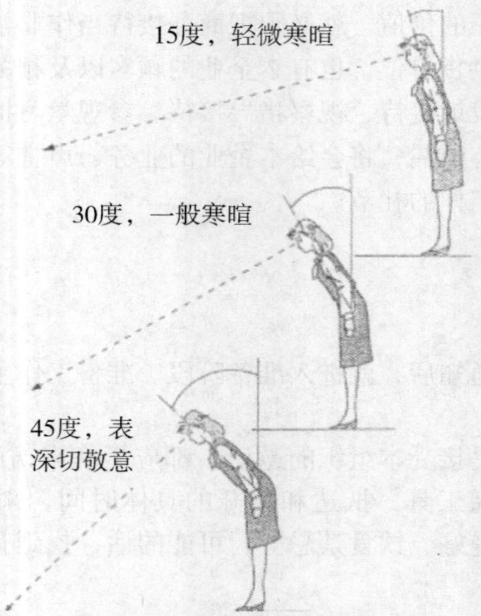

迎接客户的三阶段行礼

（三）接待实施中的礼仪

1. 安排生活

主人应提前为外地客人安排住宿。客人到达后，协助客人办理入住手续，引导客人进客房。同时，与客人协商好活动日程。

2. 组织活动

根据日程安排和活动内容，要精心组织好各项活动，如合同洽谈、参观游览等。在组织活动中，对活动的场所、陪同人员、交通工具、茶水点心等都要预先准备，时间把握和控制也很重要。

3. 安排返程

根据客人要求，为其安排返程，如订购返程车（机、船）票，并及时送到客人手中，安排交通工具送客到车站（机场、码头）。

4. 送客

送客是接待中的最后一个环节，处理不好会影响整个接待工作的效果，因此，要特别注意送客礼仪的细节。要根据接待规格，安排对等的送别，事先安排好的交通工具要准时到达。如客人来访时带有礼品，接待方也应回赠礼品。注意告辞语的使用。

三、接待时的注意事项

●礼仪案例

接待冷淡，断送生意

泰国某政府机构为泰国一项庞大的建筑工程向美国工程公司招标。经过筛选，最后剩下 4 家候选公司。泰国派遣代表团到美国亲自去和各家公司商谈。代表团到达芝加哥时，第一家工程公司由于忙乱中出了差错，又没有仔细核对飞机到达时间，未去机场迎接泰国客人。泰国代表团尽管初来乍到不熟悉芝加哥，还是自己找到了芝加哥商业中心的一家旅馆。他们打电话给那位局促不安的美国经理，在听了他的道歉后，泰国人同意在第二天 11 点在经理办公室会面。第二天美国经理按时到达办公室等候，直到下午三四点才接到客人的电话说："我们一直在旅馆等候，始终没有人前来接我们。我们对这样的接待实在不习惯。我们已订了下午的机票飞赴下一目的地。再见吧！"

失礼之处有二：1. 芝加哥工程公司应提前了解并核实泰国政府来访人员的飞机的确切抵达时间，并派人到机场迎接，并为对方安排好住宿。

2. 第二天应派车到泰国政府来访人员下榻的宾馆将其接到本公司来谈判。因为泰国政府来访人员不知道怎样到芝加哥工程公司所在地。

在接待工作中，需要注意以下一些礼仪细节：

（1）乘电梯的礼仪。

乘电梯时，如有专人服务，应请客人先进先出，陪同人员后进后出；如无专人服务，接待陪同人员应先进后出，客人后进先出，主要是为了控制电梯开关钮，以防夹挤客人。

（2）在走廊的引导礼仪。

接待人员在客人两三步之前，配合步调，让客人走在内侧。

（3）在楼梯的引导礼仪。

当引导客人上楼时，应该让客人走在前面，接待人员走在后面；若是下楼时，应该由接待人员走在前面，客人在后面。上下楼梯时，接待人员应该注意客人的安全。

（4）客厅里的引导礼仪。

当客人走入客厅时，接待人员用手指示，请客人坐下，看到客人坐下后，才能行点头礼后离开。如客人错坐下座，应请客人改坐上座（一般靠近门的一方为下座）。

（5）进出门礼仪。

一般出入房门的标准是位高者先进先出房门。进房间时，如门朝外开，应请客人先进；如门往里开，接待人员应先进去、扶住门，然后再请客人进入。

(6) 乘车礼仪。

乘车时，接待人员要先打开车门，请客人上车，要以手扶车门上框，以免磕碰客人，待客人坐稳后，再关门起车。车停后接待人员要先下车打开车门，再请客人下车。

(7) 接待环境的布置礼仪。

接待环境布置主要是指接待会议室或会客室要清洁、整齐、美观，光线柔和、温度适中、空气流通、无异味。重要客人来访时，在主要通道和会客室要布置迎客的花卉、绿色植物，设欢迎横幅或用电子屏幕设欢迎标识，在大门口安排专门的迎宾小姐，显示出欢迎的气氛。如果是重要的外商来访，还可以在大厅和会议室桌上摆放两国国旗，以示郑重。要根据客人的情况，预先准备好茶、茶杯、烟灰缸、水果、纸巾等。

(8) 接待人员的着装礼仪。

接待人员要注意服饰整洁，男士宜着西装打领带或者单位制服，头发整齐清洁；女士应化淡妆，着套裙为佳。

(9) 接待礼貌用语。

接待工作要求有“三声”：来有迎声、问有答声、去有送声；热情迎接、礼貌待客、礼仪周全，适时使用寒暄语和客套话。

(10) 诚心诚意地奉茶。

我国人民习惯以茶水招待客人，在招待尊贵客人时，茶具要特别讲究；倒茶有许多规矩，递茶也有许多讲究。

第四节　商务馈赠礼仪

馈赠是商务活动中不可缺少的交往内容。无论是好友，还是商务伙伴，相互馈赠都可以起到联络感情、加深友谊、促进交往的作用。所以，馈赠活动对礼节的要求，也就一再得到强调。

一、确定馈赠目的

馈赠是商务活动中不可缺少的交往内容。针对不同的社交场合和商务活动，商务馈赠的目的是有差别的。

(1) 为了交际。

礼品的选择，要使礼品能反映送礼者的寓意和思想感情，并使寓意和思想感情与送礼者的形象有机地结合起来。

(2) 为了巩固和维系人际关系，即“人情礼”。

人情礼强调礼尚往来，以“来而不往非礼也”为基本准则。因此无论从礼品的种类、价值的大小、档次的高低、包装的式样、蕴涵的情义等方面都呈现出多样性和复杂性。

（3）为了酬谢。

这类馈赠是为答谢他们的帮助而进行的，因此在礼品的选择上十分强调其物质利益。礼品的贵贱厚薄，取决于他人帮助的性质。

二、馈赠的原则

1. 礼轻情重

馈赠礼品要突出纪念意义，无须过分强调价值、价格。礼物是表情达意的，在商务交往中提倡“礼轻情义重”，过分贵重的礼品会让受礼者产生“重礼之下，必有所求”的猜测。选择礼物“轻重”时，应根据双方关系、身份、送礼的目的和场合来判断。一般说来，应小、巧、少、轻；小，指小巧玲珑，易送易存；巧，指立意新颖；少，要求少而精；轻，则指价格适中。

2. 投其所好

如果礼品投合受礼者的兴趣、爱好，会使受赠对象特别感谢你。因为他认为你尊重他、在乎他，您的馈赠是真诚的。

3. 因人赠礼

赠礼要考虑是赠送给单位还是个人，这样才能挑选出合适的礼品。赠单位要考虑单位的性质、经营规模、经营项目；赠个人要考虑其性格、品位、爱好等。

4. 明确目的

馈赠礼品一般均有目的，要根据馈赠目的选择礼品，才能恰到好处。如合作方有一个“开业十年庆典”，礼品可以选择赠送花篮或一对景德镇瓷花瓶；如厂庆可送花篮，逢节可送贺卡等。

5. 把握时机

馈赠要注意时间，把握好机会。

（1）节假良辰。

遇到我国传统的节日，如春节、端午节、中秋节等，还有法定节日，如元旦、五一国际劳动节、六一儿童节、教师节、国庆节等都可以送些适当的礼物表示祝贺。

（2）喜庆日子。

晋升、获奖、厂庆等日子，应考虑备送礼品以示庆贺。

（3）企业开业庆典。

在参加某一企业开业庆典活动时，要赠送花篮、牌匾或室内装饰品以示祝贺。

（4）拜访、做客。

这种时候可以备些礼物送给主人，特别是女主人或小孩。

（5）“感谢帮助”、“礼尚往来”、“略表寸心”。

当你在生活或工作中得到别人的帮助时，为了表示感激之情，应经常送些礼品酬谢。

6. 选择场合

馈赠的场合选择很重要，在公众场合向私人赠送一份厚礼有行贿之嫌；在大庭广众之下，赠送内衣饰品会让人尴尬。

7. 把握标准

馈赠礼品要精心构思、匠心独运、富于创意，让人感觉耳目一新、富有寓意。如一家在苏州的企业，在加拿大客商来洽谈业务时，选择赠送一幅绘有加拿大枫叶的双面绣，让首次来华的客商兴奋不已。

三、礼品的选择

●礼仪案例

伞的故事

某大型商务公司开业第一天，很多关系单位都送来了具有纪念意义的礼品，令公司的王总经理非常高兴。正在这时，天气骤变，突然下起雨来。半个小时之后，王总经理的朋友刘先生拿着20把雨伞作为礼物送到了王总经理的手中，只见王总经理的脸像外面骤变的天气一样沉了下来。

分析提示：馈赠要找准时机，虽然刘先生在雨天送雨伞是非常实在的，但因为“伞”的谐音是“散”，在公司开业时送上此礼就不合适了。

馈赠之前，要对礼品进行认真选择，一般要考虑受礼一方的性别、婚否、教养和嗜好，挑选具有鲜明的特色、突出的标志，并能够使其经常看见或经常使用的礼品。所送礼品既不要增加受礼者心理负担，又要使之产生重视的感觉。礼品要有创造性，并为受礼者所喜爱。

（一）礼品的种类

礼品可以分为两种，一种是可以长期保存的，如工艺品、书画、照片、相册等；一种是保存时间较短的，如挂历、食品、鲜花等。馈赠时可根据自己的实际情况加以选择。喜礼，如朋友结婚，可送鲜花、书画、工艺品、衣物等；贺礼，如企业开张、大厦落成、厂庆等可送花篮、工艺品等。

礼品一定要有特点，应事先了解对方家庭及本人的爱好，有针对性地进行选择，这样你的礼品才能使对方喜欢。礼品这种象征意义必须符合你想表达的意思，是否符合对方的特点和场景，否则不仅不会给对方带来快乐，反而会弄巧成拙。

（二）忌选的礼品

有一些礼品是不受欢迎的，要清楚一些不宜作为礼品赠送的物品，以免错把这些物品作为礼物赠送出去。根据常识和社交知识，下列物品是受赠者难以接受的：

1. 违法物品

例如，涉及国家和商业秘密、涉黄和涉毒的物品等不能赠送于人。

2. 坏俗和私忌物品

触及受赠人禁忌的物品是不宜馈赠的。

3. 有害物品

这些东西虽不为法律所禁止，但对人们学习、生活工作和身体健康有害无益，如香烟、烈酒以及低级庸俗的书刊、音像制品等，均不宜作为礼物赠送。

4. *废弃物品*

废弃不要的物品不宜做馈赠礼品。

5. *广告物品*

把带有广告标志或广告语的物品送人，等于什么都没送，而且会让对方觉得你是在做免费宣传。

一般来说，我国在国内、国际正式社交活动，因公赠礼时，不允许选择以下几类物品作为正式赠予交往对象的礼品：一是现金、信用卡、有价证券；二是价格过于昂贵的奢侈品；三是烟、酒等不合时尚、不利于健康的物品；四是易使人产生误解的物品；五是触犯受赠对象禁忌的物品。

四、馈赠方式

馈赠的效果不仅受馈赠礼物的影响，还受馈赠方式的影响，适宜的馈赠方式会增加礼物的价值，而不适宜的馈赠方式会有损礼物的价值。因此有必要讲究礼品的馈赠方式。

赠送礼品，大致有以下三种具体方式可供选择：

1. *邮寄赠送*

邮寄赠送的礼品，一般都要附一份礼笺。在礼笺上，既要署名，又要用规范的语句说明赠送礼品的缘由。

2. *托人赠送*

托人赠送是指委托第三者代替自己将礼品送达受赠对象手中。当本人不宜当面赠送礼品时，采用这种形式可以显示自己对此十分重视，或者可以避免对方的某些拘谨和尴尬。不过，所托之人在转交礼品时，一定要以恰当的理由来向受赠对象解释送礼人何以不能当面赠送礼品。礼品上最好也附有一份礼单。

3. *当面赠送*

这是一种最为常见的赠送礼品的形式。面赠礼品要有适当、认真的说明，语言要得体。如说明因何送礼，说一些“祝贵公司前程似锦”、“愿我们合作愉快”等客套话。千万不要说“没有准备，临时才买来的”、“没有什么好东西，凑合着用吧”，你的本意可能是劝对方不要拒绝，但这些话容易被对方当真。你应该说“这是我为你精心挑选的”、“相信你一定会喜欢”。

若同时向多人赠送礼品，应先长辈后晚辈、先女士后男士、先上司后下级，按照次序，有条不紊地进行。

五、馈赠的礼节

要使对方愉快地接受馈赠并不是件容易的事情。即便是精心挑选的礼品，如果不讲究赠礼的艺术和礼仪，也很难达到馈赠的预期效果。

1. *包装要精美*

精美的包装不仅使礼品的外观更具艺术性和高雅的情调，显示出赠礼人的文化艺术品位，而且还可以避免给人俗气的感觉。

送给他人的礼品，尤其是在正式场合送人的礼品，一般都应认真地进行包装。应用专门的纸张包裹礼品，或是把礼品装入特制的盒子、瓶子之内。

包装礼品，既要量力而行，又要反对华而不实。进行包装时，要讲究材料、包封、图像及捆扎、包裹的具体方式。在信奉基督教的国家中，应避免把丝带结成十字交叉状。

2. 送礼的场合和态度适宜

当众只给一群人中的某一个人赠礼是不合适的，给关系密切的人送礼也不宜在公开场合进行。只有象征着精神方面的礼品，如锦旗、牌匾、花篮等才可在众人面前赠送。

3. 注意态度和动作

赠送礼品时，只有态度平和友善、动作落落大方并伴有礼节性的语言，才容易让受礼者接收礼品。

4. 注意送礼的时机

一般赠礼应选择在相见、道别或相应的仪式上。

5. 礼品标签应清楚干净

礼品上如果写有价钱和标签一定要早点清除干净。但如果礼品是有保修期的“大物件”，如家用电器、电脑等，可以在赠送礼品的时候把发票和保修单一起奉上，以便将来受礼人能够享受三包服务或方便其转手处理。

送礼小锦囊

虽然俗语有云：施比受更有福，但是，当人送来一份自己不喜欢的礼物，却仍要装出一副极欣慰感激的神态时，个中滋味的难受自非笔墨所能形容。己所不欲，勿施于人，只有懂得送礼的技巧，才能达到大方得体的效果。

1. 了解别人的品位。要知道送礼不是使自己高兴，而是要让别人开心。任何试探别人口味的物品都不可作为送礼之选。

2. 不可包含动机。应当尽量避免一些有影射性和含义的礼物。

3. 始终还是新的好。因为没有人会喜欢收到二手货。

4. 勿购“有用”的礼物。这个建议特别是针对那些只懂得买家庭用品给自己喜爱的女人的男士们。实用的礼物不但没有想象力，更没有心意。应该记住你是送礼物给一个人，而不是给这个家庭。

5. 无论你的礼物是 3 元还是 300 元，都首先要撕掉价签。送一份明码标价的礼物，好像在提醒对方，我的这份礼可是花了不少钱。你在期待回赠吗？还是想做一笔等价交换、物有所值的生意？一般认为礼物上贴着价签是不礼貌的。对想表达心意的你来说，也是不聪明的。

6. 精心挑选包装。礼品不同于自用，好的内容重要，好的形式更添彩。送礼原则是尽可能地选漂亮包装。

7. 相对来说，送女性礼物总是简单的，女人生活中的小零碎儿多，都是你送礼的好选择。女性天性的女儿性、妻性、母性，都可以在送礼中大加迎合。

8. 尽管如此，送女性服装仍属于不智之举。不要说色彩和款式真是千人千好，难以揣摩，关键的障碍是尺码——瘦了固然麻烦，肥了也惹她不快：难道我就有这么胖吗？

9. 把握好送礼时机。送礼可以有许多机会。我们每年只能给一个人送上一次生日礼物，但是没有什么能阻止我们在别的时间送上“非生日”礼品。长期以来，非生日礼物一直承担着增进感情、抚慰受伤心灵及修复破碎友谊的重任。

10. 喜欢你送出的礼物。如果说连你自己都不喜欢某种礼物，便不应该让别人收到这种礼物。

11. 搞搞新意思。如果要送礼给一个对什么也不感兴趣的人或什么也不缺的人，那真是最麻烦的事情。不妨动点脑筋，请他（她）去看一场极具吸引力的表演。

12. 根据受礼人的职业，选购较为实际的礼物。

13. 衡量合理价钱。这份礼物是因太便宜而失礼，其实礼物的价值应以你与收礼者的关系而衡量，以避免令双方尴尬。

14. 个性化的礼物。自制的礼物是世上独一无二的，它会表达出你的心思。

15. 据说领带和腰带是不宜送给男性的，除非你和他有亲密关系。因为这些东西有要拴住对方的意思。依此类推，送女性项链好像也不太合适，更不用说戒指了。

16. 送礼要在实用和不实用之间掌握好尺度。对高人雅士来说，一卷书可能比什么都强，但雅人是越来越少了。不过礼品到底是礼品，不宜实用过头。

17. 避免送鲜货。即使是给热爱烹调的主妇送礼，也以不送鸡鸭鱼肉菜蔬为上。保鲜上的困难不说，它拿来就做、进口就吃的特性会让它作为礼物的意思大大蜕化。顺便说一句，送营养品、食品、化妆品应注意保质期，否则会很尴尬。

六、受礼礼仪

大多数人很幸运地接受过礼品，却并不是每个人都能礼貌地接受别人的礼品。

1. 双手捧接

当他人口头宣布有礼相赠时，不管自己在做什么事，都应立即中止，起身站立，面向对方，以便有所准备。在对方取出礼品，预备赠送时，不应伸手去抢、开口相询，或者双眼盯住不放，但求“先睹为快”。此时此刻，需要保持风度。

在赠送者递上礼品时，要尽可能地用双手前去“迎接”。不要一只手去接礼品，特别是不要单用左手去接礼品。在接受礼品时，勿忘面含微笑，双目注视对方的两眼。接过来的若是对方所提供的礼品单，则应立即从头至尾细读一遍。

2. 表示感谢

你可能对礼品赞不绝口，但这是不够的。在双手接过他人礼品的同时，你应向对方立即道谢。“谢谢你”三个字表明你谢的不是礼物本身，而是谢对方对你的美意。

你还可以找一些动听的话至少是令人开心的模棱两可的话来说。你可以感谢送礼人所花费的心血：“你能想到我太好了。”你还可以感谢对方为买到合适的礼品所付出的努力，如“你竟然还记得我收集邮票”等。

3. 当面拆封

如果现场条件许可，如时间充裕、人数不多、礼品包装考究，那么，在接过他人相赠的礼品之后应当尽可能地当着对方的面将礼品包装当场拆封。它表示自己看重对方，同时也很看重获赠的礼品。在启封时，动作要井然有序，舒缓文明，不要乱扯、乱撕、乱丢包装用品。

4. 表示欣赏

当面拆开包装之后，要以适当的动作和语言，表示你对礼品的欣赏。比如，可将他人所送的鲜花捧在身前闻闻花香，随后再将其装入花瓶，并置于醒目之处。要是别人送了一条围巾给自己，则可以马上把它围上，照一照镜子，并告诉赠送者及其他在场者“我很喜欢它的花色”或是“这条围巾真漂亮”。千万不要拿礼物开玩笑，除非那是一件恶作剧的礼物。

5. 写感谢信

除了口头表达感谢之外，别忘了写封感谢信，它表明你花了一些时间感谢馈赠者，就像送礼人花费时间来挑选礼物一样。

接受了他人的馈赠，如有可能应予以回礼。有礼有节的馈赠活动，有利于拉近双方的距离，增加合作的机会。

七、拒礼礼仪

一般情况下，不应当拒绝受礼。如果觉得送礼者别有所图，应向他明示自己拒收的理由，态度可坚决而方式要委婉。

符合社会礼仪的拒收礼品的方法因人因事而异，一般常见的有如下方式：

1. 婉言相告法

即采用委婉的、不失礼貌的语言，向赠送者暗示自己难以接受对方的礼品。比如，当对方向自己赠送手机时，可告之：“我已经有一台了。”当一位男士邀请一位小姐跳舞，而对方打算回绝时，则可以说：“真不好意思，我男朋友也要请我跳舞，而且我们已经有约在先了。”

2. 直言缘由法

即直截了当而又所言不虚地向赠送者说明自己之所以难以接受礼品的原因。在公务交往中拒绝礼品时，此法尤其适用。例如，拒绝他人所赠的大额现金时，可以这样讲：“我们有规定，接受现金要算受贿的。”拒绝他人所赠的贵重礼品时，可以说：“按照有关规定，你送我的这件东西，必然登记上缴。”

3. 事后退还法

有时拒绝他人所送的礼品，若是在大庭广众之下进行，往往会使受赠者有口难张，使赠送者尴尬异常。遇到这种情况，可采用事后退还法加以处理。即当时接受下来礼品，但不拆启其包装。事后，通常情况下不超过 24 小时把礼品退还给赠送者。

作为商务活动的重要内容之一，馈赠活动越来越受重视，并得到广泛的应用。

●习题与实训

一、礼仪小测试

判断下列说法正确与否，把你认为不正确的改正。

1. 客人什么时候抵达目的地应该由客人自行安排。

2. 商业接待和商业拜访都需要在事前做到“知己”和“知彼”。

3. 在进入被接见方的房间时，应先将书包和其他随身携带的物品放到桌子上再开口说话。

4. 一定要提前15分钟赶到车站或机场迎候客人，绝不能让客人在那里等你。如果你迟到了，无论怎样解释，都很难消除客人的不快和对你失职的印象。

5. 接到客人后，应该说一声“您路上辛苦了”之类的话，然后立即自我介绍，如有名片更好。如果对方不知道怎样称呼为好，可以主动说：“就叫我小刘好了。”

6. 拜访的时候去得越早越好，体现了对对方的尊重。

7. 拜访外商时一定要提前预约，预约的时间越早越好。

8. 在商业接待的过程中，不论是在会谈前、会谈中还是会谈后，服务人员一定要不停地为客人添茶倒水。

二、案例分析

时逢圣诞巧接待

某集团公司汪总经理的日程表上清晰地写着：“12月23日接待英国的威廉姆斯先生。”22日下午，汪总经理在着手安排具体接待工作时，案头的电话铃响了，打电话的正是威廉姆斯先生，他说因在某市的业务遇到了麻烦，要推迟到25日才能抵达贵公司，问汪总经理是否可以，并因改期再三表示歉意。尽管汪总经理25日需到省城参加一个会议，时间已经做了安排，但他还是很干脆地答复对方，25日一定安排专人接待，26日同威廉姆斯会面。因为汪总经理知道，威廉姆斯先生拥有众多的国外客户，同他合作，有望使本公司的商品打入更多的国外市场。于是，总经理把接待威廉姆斯的任务交给了公关部经理焦小姐。

接受任务后，毕业于文秘专业的焦小姐立即着手收集有关资料，并制订了详尽的接待方案。

25日下午4时，威廉姆斯乘坐的班机准时降落，当威廉姆斯走出出口后，焦小姐便热情地迎了上去，并用一口纯熟的英语作了自我介绍，使正在茫然四顾的威廉姆斯先生立即有了一种踏实的感觉。

焦小妞陪同威廉姆斯先生乘轿车离开机场向城市中心的宾馆驶去。一路上，焦小姐不时向威廉姆斯介绍沿途的风光及特色建筑，威廉姆斯对焦小姐的介绍很感兴趣。

天色渐暗，华灯初上，望着窗外的景色，威廉姆斯富有感情地说：“在我们国家，今天是个非常快乐的日子，亲人团聚，尽情享受生活的乐趣。”话语中透着几分自傲，又似乎有几分遗憾，焦小姐认真地倾听并不断地点头。

车子抵达宾馆，由服务人员将威廉姆斯先生引入房间稍事整理后，焦小姐请威廉姆斯先生一同共进晚餐。走入餐厅，威廉姆斯先生被眼前的景色惊呆了：圣诞树被五彩缤纷的灯饰装饰得格外绚丽，圣诞老人在异国慈祥地注视着远方的游子。餐桌上布满了丰盛的圣诞食品。威廉姆斯先生非常兴奋。进餐中，服务人员手捧鲜花和生日贺卡走进来呈给他，威廉姆斯先生更是激动不已。原来，这天正是威廉姆斯先生55岁生日。焦小姐举起手中酒杯，对他说："我代表我们公司及汪总经理，祝您圣诞节快乐！生日快乐！"威廉姆斯兴奋地说道："谢谢你们为我举行这么隆重的圣诞晚宴及生日宴会，你们珍贵的友情和良好的祝愿，我将终生难忘。"

26日，汪总经理由省城返回，双方有关合作业务洽谈得非常顺利。客人回国时，再三向焦小姐及公司对他的接待表示感谢。

（资料来源：杨眉．现代商务礼仪．大连：东北财经大学出版社，2000）

问题：

1. 焦小姐组织的这次接待工作为什么取得了良好的效果？
2. 通过分析此案例，你认为这家集团公司在商务接待工作方面做得怎样？

三、选择题

1. 作为一名商务人员，在进入接见方的房间时，你随身携带着公文包，那么（　　）。

A. 将公文包放在办公桌上，这样会方便去拿有关资料

B. 将公文包放在椅边

C. 将公文包放在门口，因为将东西带进房间是不礼貌的

2. 下面有关礼仪的做法不正确的是（　　）。

A. 商业人员在接待顾客的时候应该站起来

B. 客人什么时间抵达目的地应该由客人自行安排

C. 拜访的时候去得越早越好，体现了对对方的尊重

3. 当要拜访的对象始终没有办法和你见面，而你又无法再继续等候下去时，可以留下名片，这时你需要注意的是（　　）。

A. 在名片上写上自己下次来的时间及相关洽谈事宜

B. 把名片背面留下一些拜访谦辞希望下次再行拜访

C. 将名片左上角往内折告诉对方自己已经来过此地

4. 在商务接待时往往会被主人奉茶招待以示欢迎。下面相关奉茶礼仪不合规范的是（　　）。

A. 喝茶时若怕不小心将茶叶喝入口中时应用嘴滤茶，但要注意不能出声

B. 女士喝茶时先用化妆纸将口红轻轻按掉些以免口红印留在杯子上

C. 坐在矮茶几旁喝茶时必须连同杯垫一起端起以免不慎打翻杯垫

四、简答题

1. 正式商务邀约的方式有哪些？
2. 预约拜访时，需要重视哪些问题？
3. 商务接待准备工作的内容是什么？接待中应该注意哪些问题？
4. 你知道如何收受礼物吗？怎样拒收礼品呢？

五、技能题

结合一个具体的接待工作，判断其正确性。

六、实训题

1. 拜访本市的一家大型公司，推销自己准备好的商品。

2. 假设您是某单位办公室主任，您所在单位的长期合作伙伴最近新开了一家贸易公司。请问：您将选择什么礼品、什么时间、采用何种方式赠送？

第六章 商务活动礼仪

●技能目标

1. 能够遵守商务会议和商务仪式礼仪规范
2. 能够进行商务洽谈的座位安排
3. 能够遵守商务宴请、开业庆典相关的礼仪规范

●知识目标

1. 理解商务宴请和商务洽谈礼仪规范和要求
2. 明确商务服务礼仪规范和要求
3. 掌握商务会议、商务仪式和推销礼仪规范和要求

●导入案例

做一做

某公司为销售额突破千万元举行庆功联谊会，给一些单位发送了请柬，邀请大家参加，并准备了精美的礼品，用来感谢各单位平时对公司的支持与帮助。结果有些单位没有应邀参加会议，活动不太成功。单位主要领导很困惑，经和有关人士接触，方知所送请柬有问题：一是落款时间用阿拉伯数字书写，中间用顿号来代替年、月、日的汉字，给人以活动不正式、主人本身就不够重视的感觉；二是请柬中的事由没有表达清楚，使人误以为是该公司的内部活动，其他单位人员可有可无，当然就不肯应邀前来。

那么，请柬该怎么写，发送请柬需要注意哪些问题？你做做看。

想一想

一天下午，天一公司要与外地某企业举行会谈，会上欲就双方技术合作事项达成协议。业务部秘书张杨事前做了大量准备工作。但就在会议当天临近中午时，张杨发现有关质量监督管理方面的资料没有准备。他急忙通过各种方式查找这类资料。资料终于找到了，可会谈也开始了，张杨只好提心吊胆地等待会谈结果。会谈开始后，双方就事

先准备好的协议草案展开了充分的讨论。最后，外地某企业代表提出了质量监督管理方面的问题，因为这对于合作项目的成功有着重大的意义。然而，由于张杨所在公司的代表手中缺乏这方面材料，无法给对方以满意的答复，会议没有作出任何决定，只得暂时休会。

为何会谈没有结果？

第一节　商务会议礼仪

会议是指三个以上的人参加、聚集在一起讨论和解决问题的一种社会活动形式。人们通过会议交流信息、集思广益、研究问题、决定对策、协调关系、传达知识、布置工作、表彰先进、鼓舞士气等。社会的发展越来越需要会议，而会务礼仪正是适应会议工作内容的需要而产生的。

商务会议是讨论和解决商务问题的会议，是商务活动中最重要、最频繁的内容之一。有一项调查表明，大多数商务人士有 1/3 的工作时间用于开会，有 1/3 的时间用于商务旅行。正如深圳万科公司的老总王石曾经说过的一句非常形象的话："我如果不是在开会，就是在去往下一个会议的路上。"因此，虽然会议可能会带来资源、人力、物力的巨大耗费，但是谁都不得不承认，会议是一种非常有效的商务沟通的方式和手段，因为面对面的交流可以传递更多及时的信息，尤其是需要协作的工作更加需要会议这个纽带来进行协调、安排与推进。

筹办、主持或者参加一次有效的商务会议，遵守商务会议的礼仪规范，对于商务人员来说是十分重要的。在筹办会议时，筹办人员各方面都要考虑周全；会议主持人员在主持会议时，要体现出对整个会议的良好的控制能力；出席会议人员的仪态、精神都要与会议的内容、主题相吻合。一个重要会议的举行往往是商务人员表现才华的机会，又是其礼仪修养和礼仪业务水平的表演舞台，所以应特别留心。

一、商务会议筹备礼仪

（一）商务会议筹备礼仪的基本内容和意义

商务会议是多种多样的。有些常规例会（如经理办公会议等）在礼仪工作方面没有什么特别要求，只要做好会议筹备工作，确保会议顺利召开就行。有些会议本身就是礼仪性的，如洽谈会、迎送会、慰问会、表彰会等，会议的规格越高，礼仪就越讲究。还有一些会议，其中有相当大的成分是特定的仪式，如开幕式、闭幕式、审批会、追悼会等，这些仪式如不能在会议活动过程中得以体现，那么这项会议活动是无法正常进行或无法达到会议目的的。

筹备一次商务会议，就必须对会议的礼节要求、仪式过程了如指掌，如会议通知如何措辞，会议的标题、口号、徽记怎么设计，邀请哪些人员与会，仪式顺序怎么安排，会场怎么布置，礼品奖品怎么颁发，照相时怎么安排位置，怎样调节会议节奏，怎样对外宣传会议，怎样做好会后扫尾工作等。只有了解了这些会议礼仪工作的基本内容，才能在每次会议召开之前，有条不紊地做好充分的准备。

（二）商务会议筹备礼仪的基本要求

1. 精心而周全的策划

商务会务工作礼仪需要精心而周全的策划，是指在酝酿会议时，对会议活动过程中的各个环节、各个细节都要作全面的考虑，以防出现差错和闪失。大型的会议活动的通知一旦发出后，所有准备工作都进入倒计时状态，倘若没有事先的周全策划，就无法消除各种可能发生的差错。

精心而周全的策划，不仅指对会议的各项议程的考虑，还包括对一切可能影响会议顺利举行的因素作充分的估计，如天气状况就是一个重要因素。天的阴晴、气温的高低，对在室外举行的会议的影响很大。雨水可能将事先准备的会标、鲜花、旗帜淋坏；与会者也会因天气原因而产生秩序、纪律等方面的混乱；在雨中节目表演难以进行；在雨中扩音设备易出故障等。如果室外气温过高，会议参加者中可能会出现身体不适、中暑昏倒，会场秩序由此也许会引起骚动混乱。即使是在室内举行的会议，天气也是影响其正常进行的重要因素，太冷、太热、太闷都不利于会议的顺利召开。天气因素还可能影响交通顺畅，与会者因此可能没法准时到会。所以根据天气情况，充分考虑会议期间可能发生的天气变化，是会议礼仪所要考虑的一个重要方面。只有把各种可能发生的情况都充分考虑到了，才能对会议期间的复杂忙乱状况应付自如。

会议的场所定在哪里，也应重点考虑。场所选择要恰当，要求交通便利、大小适中、设备齐全、符合主题、费用合理。虽然场所选得不错，但是忽略了交通的便利，也是考虑不周的表现。

在会议出席者的安排上更要考虑周全。有些会议往往是对与会者一种资格、权利和待遇的体现。如股东大会、理事会等，倘若考虑不周，邀请了不该邀请的人员，或者把重要的人员都忘了，虽然只是偶然的疏忽，但是会引起很大的误会，甚至导致会议进程受阻或者达不到会议的目的。因此，在会议安排上，要根据会务活动主题、目的的不同邀请不同的与会嘉宾。要从主、客观等因素全面周到地考虑会议的礼仪工作，以确保会议取得圆满成功。

2. 合理而周密的安排

在周全考虑的前提下作出细致安排，努力使会议开得顺利。首先体现在会期和会议内容的安排上，既要张弛结合，又要紧张高效。在会议的时间、地点、人员确定以后，应当适时发出会议通知，一般提前1~2周发出。与会者参加会议，总是放下手头的日常工作而来的，如果不考虑会议的主题，在会议过程中安排过多的其他活动（如游览、宴请等），是不科学、不合理的，也是违背会议宗旨的。报告过多、过长，又会使与会者感到疲劳，有的与会者会因疲劳而退场，从而影响会议的效果。当然，会议不是越短越好，太短的会议，信息将得不到充分的交流与反馈。这些都说明，只有合理而周密地安排会议，才能确保会议目标的实现。

其次，周密安排还体现在会议准备工作是否做得充分上。如果与会者来了，筹备者才发现文件袋不够；会议临开场了，发现代表证未配备好别针而没法佩带；表决投票之后，计票结果迟迟未能公布，让场内与会者空等；会议开始了，才发现文件袋中少了一份重要文件，如此等等，与会者必定会心生埋怨，从而影响与会者的情绪和会议的气氛。

此外，怎样安排与会者出场与退场，怎样接送与会者，怎样安排与会者就座和休息，怎样休息等，也是会务礼仪应该周密安排的方面。会场中的安全通道的位置、工作人员工作区、记者的位置安排等，都要便于其工作的展开。一些庄重的会议所需要使用的用品、设备，事先都要作充分的检查，以防万一发生故障；会议中需要使用的多媒体幻灯片、录音、录像等，都应在正式使用之前先试放一下。对于特别重大的活动，事先还应做一下演示。

3. 礼貌而周到的服务

商务会议礼仪与会议的服务有着紧密的关系，保证会议圆满完成各项议程，保证每个与会者都能精神振奋、情绪饱满地参加会议，保证与会者的安全，是会议服务工作的出发点和最终目的。

会议服务的对象主要有与会领导、嘉宾、普通与会者、采访会议的新闻工作者等。会议服务时，针对不同的服务对象应有不同的服务内容，使会议的主题不仅在会内得到体现，而且在会外得到延伸。

领导是会议的灵魂，所以首先应为领导提供礼貌而周到的服务。应根据会议的主题和目的，为领导准备好相关材料，提供客观可靠的数据，引证真实充分的事实。在会议进行期间，秘书人员要妥善安排领导的其他工作，或由别人代理，或延期改期，或取消。当然，这一切安排都必须在领导批准之后才能实施。打搅或干扰领导出席会议的事情要尽量少做，在会议进程中发生的各种情况应及时报告给领导，使领导始终能够从统领全局的高度参与会议，而不是和普通与会者一样，被会议既定议程牵着走。

与会贵宾的身份特殊，他们的到来本身就是对主办单位的大力支持。他们不一定有正式与会者的全部权利，然而却享有比正式与会者更高的待遇。他们可能是上级、前辈、功臣、协作方。因此，他们光临时，应让他们受到热情而且合乎礼仪的接待。会议过程中为贵宾服务，要本着敬重、照顾的原则，使他们也能够被会议的气氛所感染，从而在精神上融入会议，真正为会议锦上添花。

对普通与会者应提供实实在在的服务，从发出会议通知开始，到接待、签到、登记、发放会议资料、安排食宿等，直到将与会者送走，按时下发会议纪要，让与会者对会议的精神、目的了然于心；解决会议期间所有工作和生活的不便，从而使与会者安心开会、行使权利、有所收获。

商务会议经常需要邀请新闻媒体的相关人员参加，以扩大会议影响。因此，会议开始之前，会议组织人员就要与领导商量对会议报道到什么程度，以便做到统一口径对外发稿，以免与新闻宣传方面发生矛盾，进而影响会议形象、破坏会议气氛。

（三）商务会议环境布置礼仪

会议的环境布置礼仪，是会议礼仪人员将会议现场作适合会议主题精神的布置。即使是一般的常规小型会议，如每周一次的经理办公会议、部门负责人碰头会议、中层干部例会等，会场也应布置得井井有条、干净明亮，使与会者精神振奋、情绪饱满，从而保证会议的顺利进行。要根据不同会议的议题、议程和出席对象，布置不同的会场环境。

1. 商务会议环境布置的基本要求

（1）突出主题。

会议环境是指会场的内外布置情况，它是衬托渲染主题的重要手段。从会场选址到会场的布置；从会议标语、旗帜到鲜花、座位的安排，都必须根据会议的主题来统一筹划，按不同主题分别布置得或庄严隆重，或喜庆热烈，或轻松和睦，或肃穆深沉，使与会者一进入会议区，一踏进会场，就会被会议的精神、气氛所感染和引导，从而尽快地全身心地投入到会议的进程中去。

（2）经济高效。

筹办会议肯定是要花钱的，应该本着经济高效的原则，花最少的钱获得最好的结果。比如，应尽可能利用本单位现有的条件安排会场，不要动辄就找风景名胜，借开会之名行游山玩水之实。很多会议用具是可以重复使用的，每次会议结束后，相关会议用品要收好，以便今后必要时再用。注重会议效益，会议用品不能滥发，文件、文具、奖品、礼品都要严格控制。即使是展览性、展示性的会议，也应多发宣传资料而少发实物，滥发礼品有违会议主旨，也不是正确的会议礼仪。

2. 商务会议环境礼仪规范

（1）会场选择。

举办会议首先要选准会场会址。大型会议的会场选择对会议主题的深化有密切关系，对与会者参会的情绪也有很大影响。要考虑交通便利、设施齐全、环境安静、停车方便、大小适中、费用合理等因素，使与会者能够方便地到会，安心地开会。

（2）会场布置。

对于一般的小型会议，会议室只要清洁、明亮，有足够的桌椅让与会者方便地看文件、做记录、讨论发言就可以了。而大型会议的会场准备则比较复杂，需要体现会议的主题，应注意会场内座位的布局、主席台的布置以及其他可以渲染和烘托气氛的装饰等，这些布置一定要讲究科学性、合理性和艺术性。

①会标。会标即会议全称的标题化。应将会议全称用大字书写后挂在主席台的正上方，一般用红底白字，也可以用红底金字。这是会议礼仪十分重要和关键的一点，它能增强会议的庄重性，揭示会议的主题与性质，使与会者一进会场就被会标引导，从而更好地进入会议状态。

②会徽。会徽是体现或象征会议精神的图案性标志。要选择具有强烈感染和激励作用的图案作会徽。重大会议的会徽可向社会征集，也可在单位组织内征集。会徽图案要简练、易懂、寓意丰富。有些会议可用本组织的徽志作会徽，如党徽、国徽、团徽、警徽、行业协会的会徽等，这些都可起到渲染突出会议精神的作用。

③标语。标语是会议主题的体现，会场上的气氛往往就是被恰到好处的标语、旗帜等渲染起来的。标语在准备会议文件时就应拟就，并报请领导批准。会议标语要集中体现会议精神，使其简洁、上口、易记，具有宣传性和号召力。

④旗帜。会议的旗帜包括主席台上悬挂的旗帜和会场内外悬挂的旗帜。主席台上的旗帜应围挂在会徽两边，显得庄严隆重；主席台的两侧插上对应的红旗或彩旗，又可增添喜庆气氛。而在会场门口和与会者入场的路旁插上红旗或彩旗，使会议的热烈气氛洋溢在会场内外，以衬托会议的隆重。

⑤花卉。花卉是会议不可缺少的重要道具，在会场上，花卉还能起到解除与会者疲劳的作用。国内的商务会议选用花卉应遵循中华民族的文化特色，以梅花、牡丹、菊花、兰花、月季、杜鹃、山茶、荷花、桂花、水仙十大名花为代表的中国原产花卉，早已被赋予了浓重的文化色彩，以这些花为主构成的花卉艺术品，如插花、盆景等都能以无声的语言向人们传播中华

民族的文化，表现民族精神。因此，越是重大的会议，越应选取有代表性的中国原产花卉作为摆放的主体花卉，并将中国传统艺术花卉的插放造型作为会议花卉的礼仪形式。

⑥灯光。会议场所的灯光应该明亮且柔和，既给人适宜的照明，也可减缓因会议时间过长而带来的身体或精神上的疲劳。大型会议的会场灯光应设计几套，便于会议颁奖、照相、演出等多种需要。

⑦座位。会场内座位的布局要根据会议的不同规模、主题，选择合适的摆放形式。“而”字形的布局格式比较正规，它有一个绝对的中心，因此容易形成严肃的会议气氛，如图 6－1 所示。一些小型的、日常的办公会议以及座谈会等通常在会议室、会议厅进行，可以根据需要将座位摆放成椭圆形、圆形、回字形、T 字形、马蹄形和长方形等，这些形式可以使参加会议的人坐得比较紧凑，彼此面对面容易消除拘束感，如图 6－2 所示。座谈会、小型茶话会、联谊会等多选择六角形、八角形或者半圆形等布局形式。

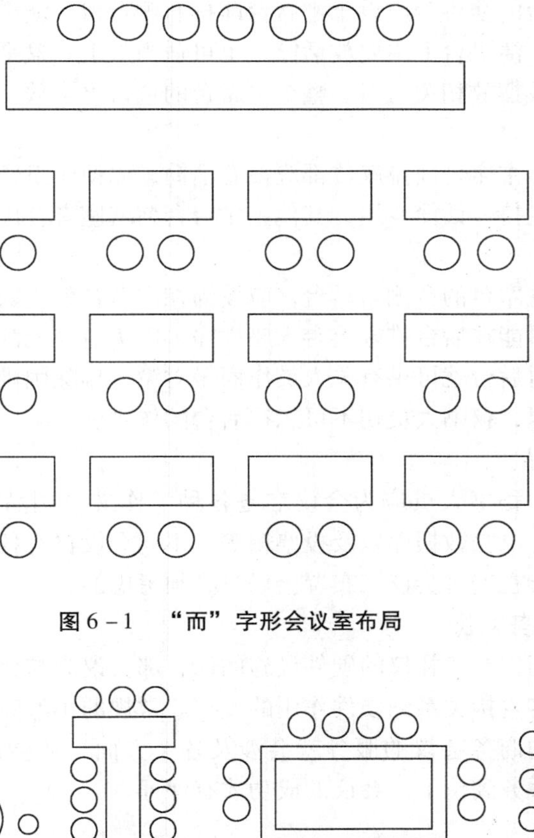

图 6－1 “而”字形会议室布局

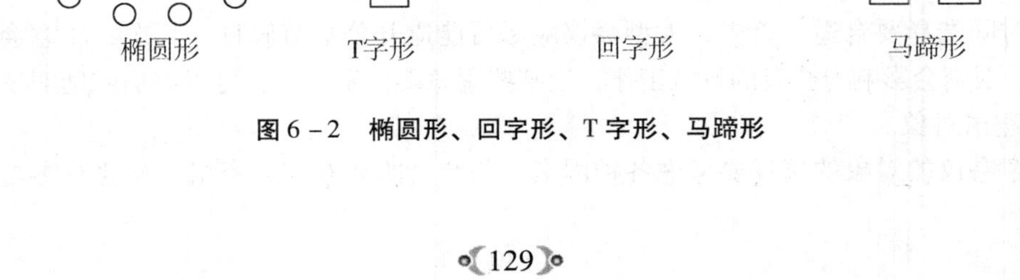

图 6－2 椭圆形、回字形、T 字形、马蹄形

(3) 主席台布置。

主席台是会议的中心，也是会场礼仪的主要表现位置。主席台布置应与整个会场布置协调，并作强调突出。

①座位。主席台座位要满座安排，不可空缺。如果原定出席的人因故不能来，要撤掉座位，而不能在台上留空。主席台座位若有多排，则以第一排为贵，第一排座位以中间为贵。依照我国传统一般由中间按“左尊”原则依顺序往两边排开，即第二领导坐在最高领导左侧，第三领导坐在最高领导右侧，以此类推。如果人数正好成双，则最高领导在中间左侧，第二领导在中间右侧，也以此类推。但现在国际上流行以右为尊的原则，因此在安排涉外会议时，要依据有关规矩。时下一般处理方式为：开会时以左为尊，宴请以右为尊。每个座位的桌前部左侧要安放好姓名牌，既方便入座，也便于台下与会者和新闻采访人员辨认和熟悉有关人士。主席台座位不要排得太挤，桌上也不要摆放鲜花之类的物品，以免阻碍视线，但要便于主席团成员打开文件、做记录、翻阅讲话稿，并置放笔、茶水、眼镜等物。

②演讲台。主席台的演讲台应设于主席台前排右侧台口，演讲台不能放在台中央，使主席团成员视线受到阻碍。演讲台上主要放话筒，也可适当放上一盆平铺的花卉。演讲台桌面要便于发言者打开讲话稿或摆放相关材料。整个主席台的台口可围放一圈花卉，但要选低矮些的绿色为主的品种。

③话筒。发言席和主席台前排座位都应设有话筒，以便于发言者演讲和会议主持人或领导讲话。一般发言席和主持人话筒专用，其他主席台台前就座者合用两三个话筒，并且一般置于主要领导面前。

④后台。一般在主席台的台侧与后台，应设为在主席台就座领导和与会者的休息室，以便安排他们候会，并尽可能在后台排好上台入座次序，以免造成混乱。有时会议也许会发生一些小意外、小插曲，这时后台就可供有关人员作商量对策、排除困难之用。主席团成员开会也可利用后台休息室。所以，秘书人员切不可忽视后台的作用。

(4) 会议其他用品。

为方便会议进行，秘书人员应为会议准备各种工作文具用品，如纸、笔、投影仪、指示棒、黑白板、复印机、电脑数据库以及投票箱等。不同会议自有各种不同的需求，满足与会者的需求是礼仪服务人员在安排会议、布置会场时必须考虑的。

(四) 商务会议服务礼仪

如果把会议环境当作会务礼仪的硬件设施的话，那会议为与会者提供的服务就是会务礼仪的软件了。软件的优劣直接关系到硬件作用的发挥。常规的小型商务会议的服务相应简单，而大型的会议、会期长的商务会议的服务就会涉及各个方面，从会议通知到生活安排，都要妥善、到位。只有软件服务到位了，会议的成功才有保证。

1. 会议准备阶段

(1) 时间选择。

开会时间选择要合适。首先，大型会议应尽可能避开公众节假日。其次，注意会期不能安排得太长，否则会影响与会者的日常工作，当某些紧急事件发生时，可以取消或延期举行会议。

(2) 邀请对象。

对出席会议的对象的选择要考虑各种因素，与会者既要有与会资格，又要有参与的能力和水平。如果被邀与会者不能完成会议的有关任务，会感到痛苦或尴尬，使与会成了一次不愉快的经历，对会议组织者来说，这肯定是礼仪考虑不周的表现。

（3）详尽通知。

会议通知的发送首先要做到发得早，既便于与会者安排手头工作，又便于与会者为会议内容作准备；其次做到内容细，会议名称、届次、主要议题议程、出席范围、与会者应递交什么材料或作哪些准备、会期、会址等都应明白告知，使与会者有备而来，从而提高会议效率；再次要做到交代清楚，住宿如何安排、费用多少、交通线路怎样，都要交代清楚，以免造成麻烦。对特邀贵宾的通知，应派专人登门呈送，以示尊重。

2. 会议召开阶段

（1）接待站。

一般会议都规定了报到日期。在报到日期应安排好接待站。在车站、码头、机场等主要交通站点，用醒目的牌子标明“会议接待站”，使与会者一下交通工具就可以看见接待站牌而安心。对所接到的与会者要表示欢迎，并慰问其旅途劳顿。

（2）登记。

对到达报到地点的与会者，首先要做好签到、登记、收费、预订返程票、发放会议资料、发放会议身份证件等工作。这一过程应尽量在登记处一揽子解决，并应迅速办理，让与会者早点到客房休息。登记时，如果与会者提出合理要求，应尽量予以满足。大型会议的东道主应在会议召开的前一天晚上，到会议各住宿地看望与会者，尤其是特邀贵宾和与会领导。

（3）联络。

在会议进行期间要注意与各小组联络，不要使任何一位与会者有被冷落的感觉。会议简报要对各小组相对均衡地进行报道，不要只将视点聚焦于有大人物、有热点的小组，使其他小组产生不愉快感。

（4）安全。

要确保每一个与会者的安全，包括其人身安全、财物安全以及食品卫生。涉密会议还必须强调文件安全。秘书人员要尊重每一个与会者，但涉及机密时，必须按章办事，毫不含糊。

（5）娱乐。

如果会议会期较长，在会议期间可安排影视放映和文艺演出等活动，以调剂精神、活跃气氛。应鼓励与会者主动参加文体活动。也可组织一些自娱自乐的卡拉 OK 演唱或球类、棋牌活动等，活跃会议气氛，调节与会者情绪。还可适当组织与会者参观游览，使会议节奏张弛得当。

3. 会议结束阶段

（1）照相。

如果会议有照相的项目，应早作安排，免得个别与会者提前离会而不能参与。提早安排也可使与会者在离会前拿到照片。

（2）材料。

发给与会者的材料要用一个口袋装好，以便于集中携带。如需收回的材料要早打招呼，发现有人未交，应尽早查问。不一致的意见不要写到会议的决议或纪要中去。要乐于为与会者提供复印材料、邮寄材料或其他物品等有关服务。

（3）送客。

送客时要将与会者所订的票交给其本人，要仔细核对车次、航班或船期，并仔细向与会者交代。若有不对或不周之处，应主动承担责任。如果有人需要照顾而影响到了其他人，应向其他人解释，以争取大家谅解。在每一个与会者离开时，都要热情相送，对集中离开的与会者，要尽可能地准备车辆送他们去车站、机场或码头，而对贵宾则必须送至机场登机处。

二、商务会议主持、发言和参会礼仪

1. 商务会议主持礼仪

主持会议者即主持人是会议的组织者、领导者。主持人在开会前就要对会议的主题、内容、程序、时间、人员等做到心中有数。主持会议要严谨、认真。当然，不同性质和内容的会议可以表现出不同的主持风格，有的可以庄重严肃，有的可以轻松活泼，还有的则可以欢快喜庆。无论何种会议，主持人在开场时一定要做到：准时开会、向每位与会者表示欢迎、制定或强调会议的基本原则、分配会议记录员等。要讲究主持会议的技巧，注意合理安排会议进程，根据会议主题和性质确定自己的发言风格，准确地把握会议的节奏，调节会议的气氛，有效地控制会议。在结束会议时，首先总结会议的召开情况和取得的主要结果，对本次会议作出评估，力争在一种积极的氛围中结束会议，别忘记向每一位与会者说一声"谢谢"。

2. 商务会议发言人礼仪

发言人是会场的中心人物，对会议的质量有着举足轻重的影响。发言人的发言一定要言之有理、言之有物、言之有味。使得听众能了解其发言内涵，能有所收获。发言人要做到尊重听众、尊重主持人、遵守会议纪律（如时间限制）。

发言人要注重仪表和举止姿态。发言之前，要先环顾会场，向听众致意，如果有掌声也应鼓掌还礼。发言时要讲究语速，不快不慢；讲究音量，不高不低；讲究节奏、语气、声调；要始终保持感情充沛，用高昂的情绪感染听众；重要的地方要加重语气，提高音调，形成高潮，调动听众情绪；如果发现会场出现听众精神分散、纪律松弛的现象，则应稳定自己的情绪，调整语气语调，必要时还可以调整内容，以压缩会议时间。

3. 商务会议参会者礼仪

商务会议的参会者应懂得并遵守相关的会议礼仪。这体现了一个人的综合素质和职业风范。参会者主要应做到以下几点：

（1）到会准时。

不迟到、不早退是参加商务会议最基本的礼仪，遵守会议提出的各项准则和要求，尽力参与并通过努力使会议取得圆满成功。

（2）得体的服饰。

参加商务会议应注意仪容、仪表、仪态，特别是服饰应得体，切不可随意。举止大方，态度自然，待人彬彬有礼。

（3）倾听认真。

与会者参会时应虚心听取别人的发言，不随便打断别人的谈话，除非万不得已，不要插话；如果有必要，则一定要先打招呼，使用礼貌语言，比如"对不起，我插一句话"。

（4）反馈积极。

发言人开始和结束发言时要鼓掌致意，会议过程中要注意认真听讲，必要时做好记录。不要交头接耳、左顾右盼。一般不应中途离席，确实有必要离开时，应向有关人员说明情况，离席时应弯腰、侧身，尽量减少对他人的影响，并表示歉意。

（5）态度公正。

与会者应努力营造文明、平等、公正的会风，用协调、讨论、沟通的方式接受别人的观点，发表自己的观点，以获得别人的认可与理解。在会议讨论时切忌闷声不语、以势压人或者离开会议主题在一旁开小会。

三、几种常见的商务会议礼仪要点

（一）代表大会礼仪

代表大会是常见的一种会议，在商务领域主要有职工代表大会、股东大会等。代表大会出席人数众多，气氛严肃热烈，在礼仪方面，要与会议气氛相配合。由于此类会议除正式代表外，一定还有其他人员，所以代表证的颜色应作区别，将正式代表、列席代表、特邀代表、嘉宾的会议证件分门别类，以便于他们按自己的权利行事，并便于会务管理。还要注意会议开始前，要将会议所奏的乐曲先试听一下，以免出现差错。代表的提案应有专门的处理部门，并一定要负责向提案人作出处理情况的交代和说明。

（二）例会礼仪

例会是指有固定时间、固定地点、固定人员参加的制度性会议。例会的内容主要是传递信息和研究工作。例会的礼仪主要注意以下几个要点：

1. 遵守规定

与会者应按照规定准时到会。例会是制度化的会议，一般不发通知告示。因此，参加者应该准时赴会。如遇到特殊情况不能赴会，应请有关合适人员代为参加，或者事先请假，以免其他参加者无端等候。对例会的主持人来说，如有特殊情况需要取消或者推迟会议的话，更要在事先通知有关人员，以免很多人徒劳往返，浪费时间。

2. 座位安排

商务例会的座位安排应紧凑。通常会议室正中要设有圆桌或长桌，会议参加者应围桌而坐。坐得集中紧凑，便于会议参加者发言，也便于倾听别人的发言。

3. 时间控制

商务例会的时间不宜过长。例会的基本风格应该是“短小精练”。会议主持者要尽量有效地利用时间，在互通信息时，最好是一个紧接一个地发言，尽可能不要出现冷场。在讨论研究工作时，也应抓住实质性的问题。如果对某一问题争论不休，主持者应考虑另择时间专门开会解决。不要把例会开成“马拉松”式的长会。

（三）报告会礼仪

报告会是邀请某领导干部、专家学者或者其他有关人员作专题报告的会议。较常见的有形势报告会、学术报告会、劳模报告会或英模报告会等。做专题发言的通常是一人，有时也可以是多人。报告会的礼仪主要有以下几点：

1. 选好报告人

举行报告会，在条件允许的情况下，应选择与会议主题相关的造诣较高、体会较深、影响较大的人作报告人。这样，既可以不使报告人勉为其难，又能使听众颇有收获。

2. 向报告人介绍情况

选定报告人后，举办者应将参加报告会的听众情况向报告人作简单介绍，并针对具体情况提出要求。这样便于报告人事先有针对性地做好准备工作，并对自己讲话的内容、范围、深浅程度有所把握和安排。

3. 对报告人要以礼相待

对报告人的邀请、迎送以及招待应周到、热情，以礼相待。报告人作报告时，会议主持者应在场作陪，并仔细倾听报告。如需要录音录像，必须事先征得报告人的同意。

4. 注意提问方式

有的报告会，听众可以向报告人提问题，双方可以进行对话。听众主动提出问题的，应将问题写在纸条上，由主持人转交给报告人，以利于报告人伺机回答；如果报告人主动要求主持人和听众提问题，应注意维护会场秩序，切勿一哄而起。

（四）座谈会礼仪

座谈会是邀请有关人员参加交谈，探讨某个或某些问题，以达到沟通信息、联络感情的目的。座谈会的礼仪主要应注意以下几点：

1. 及时通知并说明内容

通知应及时发送，注明会议时间、地点、座谈内容，并写上举办座谈会的单位或部门名称。如果当面通知，最好找到参加者本人，并告诉其详细内容。如托人转告，应把要点告诉转告者，以便会议参加者有备而来。

2. 创造融洽、热烈的气氛

在座位安排上，会议主持者最好和会议参加者围圈而坐。开会时，主持者应事先说明会议宗旨，以便参加者能有目的地积极思考如何发言。如果参加者与主持者互相不熟悉，主持者应先作自我介绍，有必要时也可请参加者互相介绍，以使会议气氛融洽。如果开始时有些冷场，主持者可引导大家广开言路，然后逐步接近座谈主题。

3. 鼓励插话与争论

为了使会议气氛活跃、热烈，可以鼓励与会者采取你一言我一语的插话和争论方式进行座谈。这样才能使与会者知无不言、言无不尽，主持者才能获得大量而真实的信息。

（五）讨论会礼仪

讨论会是就某一专门问题而召开的有关人员参加探讨的会议，其目的在于沟通信息，互通情况，求同存异，从而加深对某一专门问题的认识。讨论会的礼仪主要应注意以下几点：

1. 无关人员不参会

讨论会的规模可大可小，应视会议的内容而定，与会人员应该与讨论的问题有关。

2. 创造良好的会议环境

不论是学术性的还是非学术性的讨论会，畅所欲言才能发现真知灼见。

3. 会议纪要应全面客观

有的讨论会在会后需要写会议纪要，纪要内容要做到客观、准确和全面。如果厚此薄彼，挂一漏万，一方面不能反映讨论会的实际情况，另一方面也是对某些人的不尊重。

（六）学术研讨会礼仪

学术研讨会是交流学术思想、提高学术水平的重要手段，也是近年来随着社会发展而日益增多的会议类型。学术研讨会参加人员往往范围广、人数多，出席者素质与水平较高。因此，应特别重视相关的会议礼仪。

1. 课题与报告人的选择

学术研讨会成功的关键在于选择好课题和报告人。所以，这方面的选择一定要慎重。对于出席会议的人员，要提前一段时间发出通知。在大多数情况下，请与会代表提前将论文提交会务组，以便选择作为大会宣读、会议交流或收入论文集的文章。

2. 主席团与执行主席的选择

要想学术研讨会开得成功的另一个重要因素就是大会主席团的人选及会议执行主席（对于小型会议，亦可称之为会议领导小组及会议主持人）的水平。大会主席团的人选不仅要求业务水平高，而且要有一定的威望，执行主席还必须有相当的组织能力和演讲水平。

3. 参会者遵守礼仪规范

学术讨论会是比较严肃的会议，参加会议的人员必须衣着整洁、态度谦逊。在大会报告期间，要注意聆听别人的发言，当与自己的观点不同时，要心平气和地阐明自己的观点并举出实验数据和引证资料。不要存在唯我正确或唯我独尊的思想和表现，更不可以带着藐视的态度，用尖刻的语言向对方发问。

4. 重视各类与会者座位的安排

在开幕式和闭幕式上，学术报告主席台上除大会主持人、报告人以外，要将请来的主要来宾和大会主席团的人员都请到上面就座。而其他时间，则没有必要都坐在主席台上。主席台上座次的分布原则是重要人物坐中间，然后向两边依次排开，大会主持人一般坐在边上。对于大型会议的重要来宾，一般安排在听众席的前两排，在座位前的桌子上摆上姓名标志牌，进入会场时由服务人员引导至座位上。

（七）表彰会礼仪

表彰会是以组织的名义表彰某些先进集体或个人的事迹并宣布给予奖励的会议，其总体特点是要求开得隆重热烈。表彰会的礼仪主要有以下几点：

1. 讲究会场的布置

一般在会场内，门口悬挂红横幅，两边可以设置彩旗。规格较高的表彰会还可以敲锣打鼓、安排欢迎的人员等。

2. 营造会场气氛

当被表彰人员或集体的代表走上主席台时，会场内要播放欢快的音乐，条件许可的还可以放鞭炮，全体与会人员应表示热烈的祝贺并鼓掌，会议结束为表彰者鼓掌送行。

3. 严格执行表彰大会的仪式程序

首先由主持人宣布大会开始；然后由有关领导宣布表彰决定，接着欢迎被表彰者上主席台，再颁奖，宣读祝词，被表彰者代表致答辞，自由讲话；最后是欢送被表彰者，散会。

（八）新闻发布会礼仪

新闻发布会又称记者招待会，是某一组织为了宣布某项重要消息，把有关新闻机构的记者召集在一起，主动进行信息发布的一种特殊形式的会议。在商务活动中，它常常用来传播组织的某新产品、新技术、新成果或某协议达成的信息，从而扩大组织的知名度；也可以用来解析或反驳对本组织不利的社会舆论，从而树立良好的组织形象。要使新闻发布会收到较好的效果，必须注意以下几个方面的礼仪：

1. 做好会前准备

做好新闻发布会的会前准备可保障会议顺利进行，最大限度地减少意外的发生。新闻发布会的准备工作主要包括以下几项：

（1）确定主题。

新闻发布会的主题确定是否得当，直接关系到本单位的预期目标能否实现。一般来讲，新闻发布会的主题有两种类型：说明性主题和解析性主题。说明性主题的发布会一般起宣传作用，如企业推出新产品、企业的经营状况得到改善等，用于树立企业形象；而解析性主题的发布会一般是针对单位出现了具有一定社会影响的问题后，对发生的事情进行解析。主动地召开解析性主题的发布会是组织向社会表明自己负责任的态度的一种有效方式，有利于解决组织的危机。发布会的主题一定要有新闻价值，否则不能引起媒体的兴趣。

（2）确定举行时间。

新闻发布会要选择恰当的时机并严格控制时间的长度。确定发布会举行时间要注意以下三个问题：

①要及时。重大的信息时效性极强，拖延时间对于商务组织来说可能就意味着失去意义或商机，如新产品、新技术的发明；产品获得重大荣誉；某项重大的合资合作投资决策等。解析性的发布会也要及时，以显示诚意和办事的果断。

②注意避开重大节日和重大活动，要避免与新闻界宣传报道的重点撞车或重叠。

③尽量使发布会的时间控制在两小时之内。不要无休止地发布或解决问题，应对发布的或者解析的信息内容作精练的选择与有效的组织，使参会者不致因时间太长而失去兴趣，产生疲倦感。

（3）确定发布会举行的地点。

新闻发布会的举行地点，可以考虑本单位所在地或事情发生所在地的较有名气的宾馆或会议厅等。如果希望造成全国性的影响，则可在首都或者大城市的酒店、会议厅举行。

（4）确定邀请的范围。

新闻发布会主要是面向新闻记者发布消息，所以记者是主宾。邀请哪些记者参加，应根据发布会的性质而定。如果是为了扩大影响和知名度，可以广邀记者；而解析性的发布会的邀请面可小些；如事件或消息只涉及某一城市，一般就请当地的新闻记者参加。

（5）确定主持人和发言人。

新闻发布会的来宾都是记者和其他新闻界人士，由于职业的要求和习惯，他们会提出一些尖锐深刻甚至很棘手的问题，这就对新闻发布会的主持人和发言人提出了很高的要求。他们必须思维敏捷、口齿伶俐、沉着冷静，有较强的口头表达能力，对发布主题涉及的情况要能全面掌握。发言人一般由企业高层领导担任，因为企业领导能清楚地掌握企业的发展方向、整体方针及政策计划等，回答问题有权威性；主持人一般由公关部长、办公室主任或秘书长担任，主持人的言谈要流畅、风趣而不失庄重，有时还要有幽默感，要能根据会场内的情况控制会议局面。

（6）准备资料。

新闻发布会是发言人与记者的交流。发言人是以演讲的形式发布消息，而记者的提问是事先无法把握的，所以会议的发言人必须熟悉与会议主题相关的许多资料，这样才能在会议上对答如流。一般新闻发布会的资料包括：发言人的发言稿；供记者参考的报告提纲；相关数据的统计资料以及能说明问题的其他图片；实物、模型、录像、光碟等。

（7）布置会场。

新闻发布会的场地需要考虑记者工作的方便，要有较好的灯光或音响设备，要能保障录像会场所用的桌椅能满足需要。会场的主席台上方要悬挂会标，发言席上要摆放鲜花，场地要保证新闻记者的拍摄效果。

（8）其他准备。

除了做好以上准备外，新闻发布会开始前还应做好其他相关工作，如服务人员的安排和训练，设备的调试，饮料和礼品的准备，工作人员标志的制作，还可以准备一些笔、纸、电池等用品供记者应急之用。

2. 新闻发布会的程序

因为新闻发布会的时间一般控制在两小时左右，因此程序比较紧凑，主要程序有：

（1）签到。

新闻发布会的入口处要设立签到处，安排专人管理签到、分发材料、引入会场等。服务人员要热情大方、举止文雅。

（2）会议开始。

主持人宣布会议开始，并将召开新闻发布会的目的，将要发布的信息或说明的事项作简要介绍。

（3）新闻发言。

发言人作主要发言。发言时要突出重点，具体而恰到好处，语言要生动、自然，吐字要清晰，切忌啰嗦冗长。

（4）回答记者提问。

发言人在回答记者提问时要有条理，用词准确，对于不愿回答的问题要婉转幽默地向记者解释。遇到不友好的提问时应保持冷静，礼貌地阐明自己的看法，不能激动发怒，以免产生负面影响。

（5）会议结束。

宣布新闻发布会结束后，主办人员要向参加者表示感谢。可以根据需要组织记者参观，给记者创造一个实地采访的机会，增强会议主题的宣传效果。有条件的话，在会议结束后，可邀请记者参加午餐或晚餐。在就餐中，可以使在招待会上的一些没有解决的问题得到圆满解决，使企业和新闻界的关系更加融洽。

3. 新闻发布会中与会者的礼仪

（1）主持人及发言人的礼仪。

主持人和发言人的仪容仪表将会是电台、报纸上的特写镜头，而且主持人和发言人的仪容仪表、言谈举止、礼貌修养直接关系到公众对消息的可信度和对企业立场态度的认同度。因此，主持人和发言人尤其要注意自身的礼仪规范。

主持人和发言人必须按正式场合的要求着装。一般男士穿西服、深色皮鞋，内穿白衬衫、系领带；女士穿套裙、肉色长筒丝袜、高跟皮鞋。服装要干净、挺括，质地上乘，皮鞋应光亮。女士应化淡妆，头发应整洁。

主持人和发言人必须始终面带微笑、镇定自若，在演讲或回答问题时体态要自然大方，不能出现抓头、抖动、咬唇等小动作，也不能手舞足蹈、东张西望。总之，主持人和发言人在做到尊重记者的同时，也要维护自己的形象和企业的尊严。

（2）来宾的礼仪。

新闻发布会上的来宾均是记者。记者在着装上可体现职业的随意性，除正式服装外，还可穿夹克衫、T恤，女性也可着裤装；但千万不能穿汗衫、短裤、拖鞋，给人不文明、不尊重举办者的感觉。

在提问时应有礼貌，提出的问题要与会议主题相关，不能打听个人隐私，不能对主持人或发言人进行人身攻击，也不能打断主持人或发言人的讲话。

（3）工作人员礼仪。

新闻发布会上，其他工作人员的着装一般是制服，迎宾小姐可按礼仪小姐的要求着装。工作人员在会议中要恪尽其职、坚守岗位，举止大方得体、语言文明、热情周到；工作人员之间不允许闲谈。如有来宾向工作人员打听消息应礼貌地回避，不可乱讲。

4. 新闻发布会的善后事宜

新闻发布会举行完毕之后，主办单位需在一定的时间之内对其进行一次认真的评估。

（1）了解新闻界的反应。

发布会结束之后，应对照一下现场所使用的来宾签到簿与来宾邀请名单，核查一下新闻界人士的到会情况，据此可大致推断出新闻界对本单位的重视程度。

（2）整理保存会议资料。

需要主办单位认真整理保存的新闻发布会的有关资料，大致上可以分为两类：一类是会议本身的图文资料及声像资料，包括会议进行过程中所使用的一切文件、图表、录音、录像等；另一类则是新闻媒介有关会议报道的资料，主要包括在电视、报纸、广播、杂志上所公开发表的涉及此次新闻发布会的消息、通讯、评论、图片等，可以将其分为有利报道、不利报道和中性报道三类。

发布会后出现的不利报道又可分为三类：一是事实准确的批评性报道；二是因误解而出现的失实性报道；三是有意歪曲事实的敌视性报道。对于批评性报道，主办单位应当闻过则喜、闻过即改，虚心接受；对于失实性报道，主办单位应通过适当途径加以解释，消除误解；对于敌视性报道，主办单位则应在讲究策略、方式的前提下据理力争、立场坚定，尽量为自己挽回声誉。

（3）要酌情采取补救措施。

在听取与会者的意见、建议，总结会议的举办经验，收集、研究新闻界对于会议的相关报道之后，对于失误、过错或误导要主动采取一些必要的对策。对于在新闻发布会之后所出现的不利报道，特别要注意具体问题具体分析、具体对待。

（九）产品展览会礼仪

产品展览会或产品展销会作为物、声、像综合形式的广告越来越受到商界人士的青睐，它已经成为树立和宣传产品形象和企业形象的重要途径。

产品展销会的规模可分为大、中、小三种，对于大中型展销会，每个单位只是在展销会场租用一块场地，本单位组织好参展工作就可以了；对于小型展销会，可由本单位自行组织。无论参展还是自办展销会，其目的都是一个：宣传产品，打开或扩大产品销路。因此，一切工作都必须围绕这一目标进行。

产品展览会礼仪是指在组织、参加产品展览会时所应当遵循的规范。

1. 准备阶段

（1）根据企业经营战略确定展览会的主题、目的和类型。

（2）根据交通情况、服务设施情况和天气情况等确定展览会的时间和地点。

（3）根据组织实际情况制定展览会经费预算。

（4）准备展览厅的有关文字资料、图片资料、音像资料、实物、模型、宣传材料等，并进行布置。

（5）培训工作人员，包括接待员、讲解员、操作演示及其他有关人员等。

（6）成立对外发布新闻的机构，安排好新闻报道工作。

（7）准备展览厅的辅助设备，做好相关服务工作，如文书业务、邮电通信、交通运输、安全保卫、停车场、餐饮场所、业务洽谈室等。

2. 展览阶段

（1）做好接待和解说工作，热情耐心地解答每位参观者提出的问题，并向参观者发放宣传材料或纪念品。

（2）利用新闻媒体扩大展览会的影响。

3. 结束阶段

（1）收集新闻媒体等各方面对展览会的报道与评价。

（2）分析反馈信息，总结经验。

（3）写出书面报告，以备查考。

4. 展览会的布展工作

第一，布展的内容：

（1）展位的布置和合理分配。

（2）文字、图表、模型与实物的拼接组装。

（3）灯光、音响、饰件的安装。

（4）展版、展台、展厅的设计与装潢等。

第二，布展的基本要求：

展出的物品应合理搭配、互相衬托，有效地烘托展览会的主题。

第三，展台及展品布置规范：

（1）在限定时间内将道具、展品、说明等放置在展台内最合适的位置上。

（2）展台布置的根本出发点是以参观者的感受为核心，应从参观者的角度去构思和布局。

（3）展台的具体布置要考虑色彩、照明、造型等特殊视觉效果。

（4）展台的搭建有两种方式。一是直接装卸式展台，即按搭建日期把卡车直接开到展厅里，由展览厅搬运商负责卸货、搭台；二是参展商利用会场现有展台自行卸货，卸货时可租用现场的器械，如叉式装卸机和手动小起重车等。

(5) 对展品的要求：外观上要力求完美无缺，质量上要选优质产品，陈列上要既整齐美观，又讲究主次。

(6) 展品的布置要突出主题。可利用各种手法，如以聚光灯烘托高档商品、用大屏幕演示产品的生产、使产品处于运动的工作状态等。

5. 参加展览会的礼仪

(1) 努力维护整体形象。

参展时，参展单位的整体形象主要由展示物的形象与工作人员的形象两个部分构成。对于两者要给予同等的重视，不可偏废。

①展示物的形象。主要由展品的外观、质量、陈列、展位的布置、发放的资料等构成。展台上应放置宣传材料与单位名片。

②工作人员的形象。主要指在展位上的工作人员的穿着打扮问题。工作人员应统一着装，最好是身穿本单位的制服，或者是穿深色的西装、套装。在大型的展览会上，参展单位可安排女性服务人员迎送宾客，最好身穿色彩鲜艳的单色旗袍，并胸披写有参展单位或其主打展品名称的大红色绶带。为了说明各自的身份，全体工作人员皆应在左胸佩戴标明本人单位、职务、姓名和有本人彩照的胸卡，只有礼仪小姐可以例外。工作人员不应佩戴首饰，男士应当剃须，女士最好化淡妆。

(2) 要时刻注意待人礼貌。

展览一旦正式开始，全体参展单位的工作人员即应各就各位，站立迎宾。不允许迟到、早退、无故脱岗、东游西逛，更不允许在观众到来之时坐卧不起，怠慢参观者。

(3) 要善于运用解说技巧。

解说人员要熟悉有关单位和产品的基本情况，熟悉有关资料，以便在解说时能够应对自如。解说中要因人而异，使解说具有针对性。同时，要突出自己展品的特色。在必要时可邀请观众亲自动手操作，或由工作人员为其进行现场演示、示范。此外，还可安排观众观看与展品相关的影视片，并向其提供说明材料与单位名片。通常，说明材料与单位名片应常备于展台之上，由观众自取。

当观众在本单位的展位上进行参观时，工作人员可随行其后，随时准备接受对方向自己进行咨询；也可以请其自便，不加干扰。当观众较多，或是在接待组团而来的观众时，工作人员亦可在左前方引导对方进行参观。对于观众所提出的问题，工作人员要认真且耐心地回答。当观众离去时，工作人员应当真诚地向对方欠身施礼，并道以“谢谢光临”、“再见”等。

第二节　商务洽谈礼仪

商务洽谈是交易双方在维护各自经济利益的前提下，进行双向沟通，经过协商达成交易的协商活动，有时也可以叫做商务谈判。双方在洽谈过程中既有合作，又存在竞争。一般来说，如果不是在正式场合解决某项重大问题或协调争端，人们更习惯称谈判为洽谈。洽谈比谈判的气氛显得柔和、亲切，因而也就更需要重视礼仪。所以，有人说商务洽谈既是一门科学，又是一门艺术。

值得指出的是，商务洽谈礼仪不是附着在商务洽谈之上的一种形式，而是商务洽谈本身的重要组成部分。在学习运用商务洽谈技术和技巧的同时，应注重洽谈礼仪，以促进洽谈成功。

一、商务洽谈的准备礼仪

洽谈者是否能够从容不迫、有理有据地进行洽谈，主要依赖于洽谈前周密、艰苦的准备工作。因此，洽谈之前的准备工作做得是否充分，对洽谈结果有着直接的影响。

1. 把握洽谈原则

作为商务人员，首先应了解和把握商务谈判的基本原则，力争做到心中有数，应对自如。以下四项是在进行商务洽谈时应遵循的基本原则。

（1）互惠互利原则，即“双赢（Win-win）”原则。

（2）平等协商原则，即以平等的态度、协商的方式去妥善处理双方关系。

（3）求同存异原则，即共同寻求双方的共识，允许出现一些分歧。

（4）依法办事原则，即得到法律的承认和保护。

2. 确定洽谈目标

商务洽谈的目标，对洽谈活动起着导向作用。商务洽谈目标的确定，首先是由公司的决策层提出主导意见，再经各有关部门和业务专门人员共同商定；在洽谈过程中，洽谈者也可根据实际情况自主掌握具体目标。

3. 选择洽谈人员

首先，根据对方的洽谈阵容，选出公司在洽谈时的主谈人。双方的主谈人应当在职务、身份上大体相当。其次，应确定参加洽谈人员的数量，一般不多于5人。最后，确定参与洽谈的其他人员，要考虑洽谈人员的知识结构、谈判经验、个性、应变能力等因素，组成合适的洽谈班子。

4. 收集相关资料

（1）对方基本情况。

如对方公司的发展历史、主导产品及市场信誉、产品性能和市场占有率、市场竞争情况、公司规模和管理能力、经营水平和财务状况等。

（2）对方主谈人情况。

对方主谈人的资历、地位、风格、心理、习惯，以及他个人对本公司的态度、业务往来史等。

（3）对手洽谈班子组合情况。

对这方面内容，除了要了解，还要进行一定的分析，找出薄弱环节，以确定自己的对策。

（4）对手的背景材料。

对手所在地的历史传统、民俗、商业习惯、文化背景、宗教禁忌等。

5. 妥善安排细节

（1）确定洽谈的时间和地点。

原则是根据双方的协商确定洽谈的时间和地点。如对方有变动要求，在可能的情况下应予以考虑。商务洽谈根据举行的地点可分为客座洽谈、主座洽谈、客主座轮流洽谈、第三地点洽谈等几种。客座洽谈，是指在洽谈对手所在地进行的洽谈；主座洽谈，是指在我方所在地进行的洽谈；第三地点洽谈，是指在不属于洽谈双方任何一方的地点所进行的洽谈。以上几种洽谈会地点的确定，应通过各方协商而定。担任东道主的一方出面安排洽谈，一定要在各方面注意做好礼仪工作。在洽谈会的台前幕后，恰如其分地运用礼仪迎送、款待、照顾对手，都可以赢得信赖，获得理解与尊重，有利于洽谈的顺利进行。

（2）座次的安排。

举行双边洽谈时，应使用长桌或椭圆形桌子，宾主应分坐于桌子两侧。若桌子横放，则面对门的一方为上座，留给客方坐；背对门的一方为下座，由主方坐。若桌子竖放，则应以进门的方向为准，右侧为上，留给客方坐；左侧为下，由主方坐。在进行洽谈时，各方的主谈人员应在自己一方居中而坐，其他人员则应遵循右高左低的原则，依照职务的高低自近而远按次序分别在主谈人的两侧就座。假如需要译员，则应安排其就座于仅次于主谈人的位置，即主谈人的右侧。如图 6－3 所示。

举行多边洽谈时，按照国际惯例，一般以圆桌为洽谈桌，即所谓的圆桌会议，这样可以淡化尊卑界限。

无论何种洽谈，有关各方与会人员都应尽量同时入场，同时就座。注意主方人员不应在客方人员之前就座。

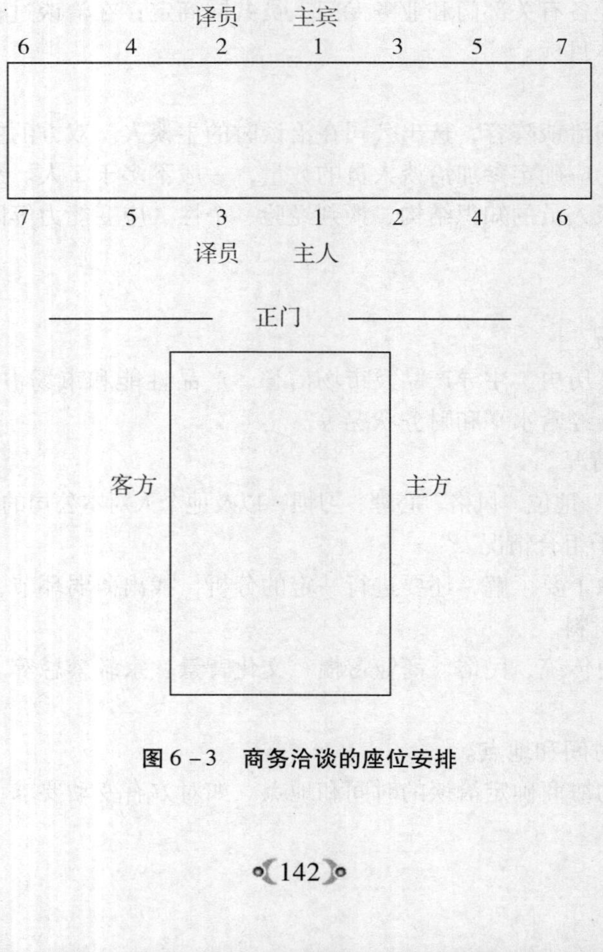

图 6－3　商务洽谈的座位安排

（3）注意细节。

商务洽谈的会场要布置得典雅、大方，可以适当地用绿色植物装饰，以减轻谈判者的精神压力。对于往来于谈判地点和休息地点的交通工具以及联络用的通信工具等，一定要事先准备落实，给对方留下一个高效精干的印象。

（4）会外活动的安排。

对于大型谈判来说，作为东道主，可以利用暂时休会或稍事休息的时间，组织双方人员去游览观光或进行娱乐活动，有时遇到谈判僵局，在“闲暇”中商谈也许会取得意想不到的进展。

二、商务洽谈的仪表礼仪

出席正式的商务洽谈活动，首先要重视的准备工作之一就是仪表。因为良好的仪表往往能给人带来良好的第一印象，为成功洽谈打下良好的基础。

商务洽谈因为关系到公司发展的全局，所以在这种场合理应穿着传统、简约、高雅、规范的正规服装。一般来说，男士应穿深色西装、白衬衫，打领带，配深色袜子和黑色系带皮鞋；忌穿夹克衫、牛仔裤、短袖衬衫、T 恤衫，或配旅游鞋、凉鞋。女士则须穿深色西装套裙和白衬衫，配肉色长筒袜或连裤式丝袜和黑色高跟或半高跟皮鞋；忌穿紧身装、透视装、低胸装、露背装、超短装，切忌浑身上下戴满各式首饰。如果你穿着不正式，会让人感觉你既不尊重自己，也不尊重别人，不重视洽谈，自以为了不起。

谈判时还要注意穿着应与年龄、体形、职业和所处国家、地区、谈判场所、谈判议题等相适宜。例如，如果你去日本或韩国谈判时，最好穿得老成一点，因为这两个国家认为年轻人没有经验和地位。

仪表整洁和卫生，精神饱满也是应该做到的。男士应理发、剃须，女士应化淡妆，不可浓妆或使用浓香型的化妆品。

此外，公文包、笔记本、手表等细节也需要引起注意，因为这些物品会影响对手对你的风格和品味的认识。

三、商务洽谈的迎见礼仪

作为东道主，应在洽谈前到达约好的洽谈地点迎接洽谈对手。迎接地点可以选择在大楼门口，也可以在洽谈厅（室）门口。进入洽谈厅（室）后，主人应与客方的洽谈代表一一握手，请客人首先入座，或双方人员同时落座，主人切记不能自己抢先坐下。当然，如果是等待客人已久，事先坐下了，当客户到来时应马上起身致意邀坐。宾主双方人员到齐并均已入座后，非谈判人员应退出洽谈场所，并不得随意出入，以免影响洽谈的进行。

四、商务洽谈的举止礼仪

洽谈是一种严肃的商务活动，所以出席商务洽谈的有关人员必须要倍加注意自己的行为举止。

1. 自我介绍要得体

自我介绍既不可傲慢无礼，也不必过于拘泥，要考虑到大家是同行或相关人员，是平等关系，应以轻松自然的方式落落大方地说明自己的姓名、单位及身份。另外，如果需要了解对方的有关情况，在询问时要注意使用礼貌语，如“请问”、“请教尊姓大名”之类。

2. 体态、动作要规范

谈判者的体态、动作也对谈判氛围起着很大作用。经验表明：谈判人员在谈判开始后应该一直注视着对方双眼与前额之间的三角部位，这样会使对方认为你是认真严肃、充满诚意的。如果能在谈判中始终如一地保持这种凝视，你就能把握谈话的主动权和控制权。谈判人员的手势和脚的动作也往往会传达出无声的信息，影响谈话氛围。如在握手时，如果你的手心朝下，就会使对方感到你是想支配他，从而对你心生戒备；如果你手心朝上，对方则会认为你可以被他支配。经验还告诉我们：在谈判的过程中，假如能够在讲话时夹带一些适当的手势，往往会增加你谈话的感染力；但如果手势过多，如双手乱动甚至呈手舞足蹈状，则会使对方心生反感，认为你太过轻浮无礼。谈判人员的脚的动作往往能够反映其心理状态。一般来讲，人在平静时脚尖是静止的、着地的，而紧张时则会自然抬高。在谈判的过程中注意观察对方的脚，便可以判断其紧张与否。

研究发现，部分举止动作所反映的心理状态如下，供大家参考：

（1）双手放在桌上，挺腰近台面坐，表示洽谈的态度积极。

（2）一只手撑着头，另一只手摆弄着笔、本子、钥匙等小东西，表明对讲话不感兴趣，精力不集中。

（3）站立时双脚并拢，双手自然前合，目光友善，面带微笑，是谦恭、礼貌、诚意的表现。

（4）稍息式的站姿，双手垂直或放在背后，眼光散视，不随话题的变化而变化，表明洽谈者倦怠分神。

（5）洽谈者谈话时所做手势掌心向上，表示谦虚、诚实，愿意合作；掌心向下，则有控制、压抑、强制感。

（6）十指端相触撑起呈塔尖状，并伴以身体后仰，有高傲倾向。

（7）洽谈者双臂紧紧交叉于胸前，心理状态是防御和敌意。

他们为什么拒绝万先生

香港明晖公司要与某公司谈合作事宜，委派年轻能干的万先生先行商谈。万先生去了不久，对方就打电话过来，要求换人，否则将不再合作。明晖公司的负责人很惊讶，恳请对方解释原因。对方说，万先生来后，和他们谈话时，跷着“二郎腿”，仰靠沙发；当他们谈自己的想法时，万先生不是玩弄自己的笔，就是东张西望。对方说“虽然事情不大，但是我们不愿意和这种人合作”。

五、商务洽谈的谈吐礼仪

商务洽谈必然离不开“谈”。洽谈人员的谈吐要轻松自如，谦虚有礼，掌握分寸，不可夸夸其谈、傲慢无礼，也不要拘谨慌张。在洽谈中注意谈吐的礼仪，会使洽谈内容更富人情味，更易于为对方理解和接受，为洽谈成功打下良好的基础。

洽谈时在语言上主要注意以下几方面：

1. 开场前的寒暄

双方见面后可略事寒暄。在尚未正式进入谈判内容时，相互之间的寒暄要注意所谈的话题、范围等。一般应选择容易引起双方共鸣又和正题无关的中性话题来谈，比如旅途经历、季节气候、近期较流行的文艺节目或体育活动、个人爱好与兴趣、以前相互合作的情形等。这一类的谈话往往可以起到沟通情感、创造良好谈判气氛的作用。但开头的寒暄不宜过长，以免冲淡洽谈气氛。

2. 谈话距离

在洽谈中，谈话者应保持相对固定的距离，站着应在0.5～1.0米，坐着以桌宽为准。双方各自在陈述观点和态度时，位置基本不变。

如果双方有争执，则易靠近对方，以迫使其发表己见；双方意见无法趋同时，又容易有意拉大双方的空间距离，以表达不满情绪。这两种情形都是富有经验的洽谈者应避免的情况。

3. 谈话语气

在洽谈中，准确把握语气，既是促成洽谈的需要，也是洽谈中应遵循的礼仪。用审问式的威胁性语气和对方讲话，往往容易激起对方的逆反心理，不利于洽谈目的的达成。最好是多采用询问性语气，让人觉得凡事都是在商量，而不是谁命令谁。

4. 谈话的语速节奏

洽谈中说话的速度要适中而平稳。过快，会使对方听不清、记不住、弄不懂，且给人以急躁的感觉；过慢，则让人觉得吞吞吐吐、欲言又止，缺乏干练果断的利索劲儿，进而对其工作能力产生怀疑。控制语速的原则就是快而不失节奏、慢而不失流畅，并适时观察对方的反应加以调整。

5. 谈话声调

从谈话者的声调可以看出感情或情绪变化。一般来说，升调表示惊讶与不满，降调表示遗憾与懊丧，平调显示信心和力量。声调波动也可反映谈判者的思想和感情。在阐述立场时，应尽量控制声调，避免过于尖厉、高亢、粗鲁、刺耳的音色。声调中要表现出自己坚定的信心。

6. 谈话态度

选择洽谈中的寒暄用语、开场用语、交谈用语、结束用语等时，都应注意谈吐的礼貌文明。既充满自信又不显得自傲，既热情友好又不卑不亢；既据实争辩又适度退让，以达到双赢的最佳结果。

在商务洽谈过程中，除了要坚持洽谈原则和掌握洽谈技巧外，最应注意的就是洽谈礼仪的运用。良好的礼仪风貌，不但有利于实现公司的预期目标，而且可以给对方留下难忘的良好印象，利于双方的长久合作。

第三节　商务仪式和专项活动礼仪

商务组织（如公司、企业）经常通过举办各种商务活动，通过这种公关活动来树立良好的组织形象，获得经济效益与社会效益，为自身的生存与发展创造条件。大型和重要的商务活动主要有各类庆典、仪式等，因为其可以作为企业对外宣传、展示的重要舞台，所以商务人员在筹备或参加此类活动时，一定要注意遵守有关的商务礼仪。

一、开业典礼礼仪

商务场合中的典礼活动很多，常见的有节日庆典、奠基、竣工典礼等。开业典礼是指在单位创建、开业、项目完工、落成、某一建筑物正式启用，或是某项工程正式开始之际，为了表示庆贺或纪念而隆重举行的专门的仪式。有时，开业典礼亦称作开业仪式。通常来讲，举行开业典礼，要遵循热情、隆重、节俭的原则，并遵守相关的礼仪规范。

（一）开业典礼的准备工作

1. 做好舆论宣传工作

（1）选择有效的大众传播媒介，开展集中性的广告宣传。

企业可在报纸、电台、电视台广泛发布广告或在告示栏中张贴开业告示，其内容多为开业仪式举行的日期及地点、开业之际对顾客的优惠、开业单位的经营范围及特色等，以引起公众的注意。开业广告或告示发布时间一般在开业前的3天左右。

（2）邀请有关的大众传播界人士在开业仪式举行之时到场进行采访、报道，以及对本单位作进一步的正面宣传。

2. 做好来宾约请工作

来宾的身份高低与数量多少往往影响着开业仪式的大小。在力所能及的条件下，要力争多邀请一些来宾参加开业仪式。上级主管部门、地方领导与地方职能管理部门的领导、合作单位与同行单位的领导、社会团体的负责人、社会名流、新闻界人士，都是邀请时应予以优先考虑的对象。其中新闻界人士是邀请的重要对象。

3. 发放请柬

出席开业典礼的人员一旦确定，应提前一周发出请柬，便于被邀请者及早安排和准备。请柬的印制要精美，内容要完整，文字要简洁，措辞要热情。被邀请者的姓名要正确无误，书写整齐，不能潦草马虎。

一般的请柬可派人送达，也可通过邮局邮寄。给有名望的人士或主要领导的请柬应派专人送达，以表示诚恳和尊重。

4. 做好场地布置工作

开业仪式多在开业现场举行，其场地可以是正门之外的广场，也可以是正门之内的大厅。

按照惯例，举行开业仪式时宾主一律站立，故一般不布置主席台或座椅。为显示隆重与敬客，可在来宾尤其是贵宾站立之处铺设红色地毯，并在场地四周悬挂横幅、标语、气球、彩带、宫灯等。

此外，还应在醒目处摆放来宾赠送的花篮、牌匾。来宾的签到簿、本单位的宣传材料、待客的饮料，以及剪彩时用的彩带、剪刀、托盘等，这些均须提前备好。对于音响、照明设备以及开业仪式举行之时所需使用的用具、设备，必须事先认真进行检查、调试，以防在使用时出现差错。

5. 做好接待服务工作

一定要有专人在开业仪式的现场负责来宾的接待服务工作。除了要求本单位全体员工在来宾面前人人都要以主人的身份热情待客、有求必应、主动相助之外，更重要的是分工负责、各尽其职。在接待贵宾时，须由本单位主要负责人亲自出面；在接待其他来宾时，则可由本单位的礼仪人员负责。若来宾较多时，须为来宾准备好专用的停车场、休息室等。

6. 做好礼品馈赠工作

举行开业仪式时赠予来宾礼品，也是公共关系的手段之一。根据常规，向来宾赠送的礼品应具有如下三大特征：一是宣传性，可选用本单位的产品，在礼品及其外包装上印有本单位的企业标志、广告用语、产品图案、开业日期等；二是荣誉性，要使之具有一定的纪念意义，并使拥有者对其珍惜、重视，并为之感到光荣和自豪；三是独特性，它应当与众不同，具有本单位的鲜明特色，使人一目了然，令人过目不忘。

（二）开业典礼的程序

1. 迎宾

接待人员在会场门口接待来宾，请来宾签到后，引导来宾就位。

2. 典礼开始

主办方宣布开业典礼正式开始，全体起立、奏乐，宣读重要嘉宾名单。

3. 致贺词

由上级领导和来宾代表致祝贺词，主要表达对开业单位的祝贺，并寄予厚望。贺词由谁来讲事先要定好，以免当众推来推去。对外来的贺电、贺信等不必一一宣读，但对署名的单位或个人应予以公布。

4. 致答词

由本单位负责人致答词，其主要内容是向来宾及祝贺单位表示感谢，并简要介绍本单位的经营特色和经营目标等。

5. 揭幕

揭幕就是由本单位负责人和一位上级领导或嘉宾代表揭去盖在牌匾上的红布，宣告企业的正式成立。参加典礼的全体人员此时鼓掌祝贺，在非限制燃放鞭炮的地区还可燃放鞭炮以示庆贺。

6. 参观

如有必要和可能，可引导来宾参观，并向其介绍本单位的主要设施、特色商品及经营策略等。

7. 迎接首批顾客

迎接首批到场顾客可采取让利销售或赠送纪念品的方式。也可以邀请一些有代表性的消费者参加座谈，虚心听取消费者的意见，拉近与消费者的距离。

（三）参加开业典礼的礼仪

1. 企业方礼仪

所有出席开业典礼的企业方员工，事前都要作适当修饰，做到仪容整洁。女士要适当化妆，男士应梳理好头发、剃掉胡须。展现本企业员工良好的精神风貌。

参加开业典礼的员工，最好穿着统一式样的服装，至少也应穿深色西装套裙或套装。做到服饰规范。

请柬的发放应按时完成，不得有遗漏。座次的安排要讲究，一般按身份与职务高低确定主席台座次及贵宾席位。为来宾准备好迎送车辆等，做到准备充分。

出席本单位开业典礼的每一位人员都应严格遵守时间，不得迟到、无故缺席或中途退场。如果仪式的起止时间已经公布，主办单位应准时开始、准时结束，向社会证明本企业言而有信，管理规范。

遇到来宾要主动热情地问好，对来宾提出的问题应给予友善的答复。当来宾发表贺词后，应主动鼓掌表示感谢。

典礼过程中，主办方人员不得嬉笑打闹，不得做与典礼无关的事。不要东张西望，一再看时间，表现得心不在焉，要做到行为自律。

2. 宾客礼仪

应邀参加开业典礼的宾客，要准时参加开业典礼，为主办方捧场。如遇特殊情况不能到场，应尽早通知主办方，不要辜负主人的一片盛情。

宾客在开业典礼前或开业典礼时，可送些贺礼，如花篮、镜匾、瓷器花瓶等，以表示对开业方的祝贺，并在贺礼上写明庆贺对象、庆贺缘由、贺词及祝贺单位。

开业典礼上见到主人应向其表示祝贺，并说一些祝顺利、发财、兴旺等吉利话。入座后应礼貌地与邻座打招呼，可通过主动地自我介绍、互换名片等方式结识更多的朋友。

在开业典礼上致贺词时，要简短精练，不能随意发挥，占用太多时间，而且要表现得沉着冷静、心平气和。注意文明用语，少用含义不明的手势。

在开业典礼过程中，宾客要根据典礼的进展情况，做一些礼节性的附和，如鼓掌、跟随参观、合影、写留言等。

开业典礼结束后，宾客离开时应与主办单位领导、主持人、服务人员握手告别，并致谢意。

二、交接仪式礼仪

交接仪式，在商界一般是指施工或安装单位依照合同将已经建设、安装完成的工程项目或大型设备经过验收合格，正式移交给使用单位而举行的庆祝典礼。这些工程项目或大型设备包括厂房、商厦、宾馆、办公楼、机场、码头、车站，或飞机、轮船、火车、机械、物资等。

交接仪式应遵循的礼仪，主要包括交接仪式的准备、交接仪式的程序、交接仪式的参加三个方面。

（一）交接仪式的准备

1. 邀请来宾

一般应由交接仪式的东道主——施工、安装单位负责邀请来宾。在具体拟定来宾名单时，施工、安装单位亦应主动征求自己的合作伙伴（接收单位）的意见。接收单位对于施工、安装单位所草拟的名单不宜过于挑剔，不过可以对此酌情提出自己的合理建议。

交接仪式的出席人员应当包括施工、安装单位的有关人员，接收单位的有关人员，上级主管部门的有关人员，当地政府的有关人员，行业组织、社会团体的有关人员，各界知名人士，以及协作单位的有关人员等。

在举行交接仪式时，东道主既要争取多邀请媒体记者参加，又要尽可能地为其提供一切便利。对于不邀而至的新闻界人士，尽量做到来者不拒。如果邀请海外的媒体人员参加交接仪式，则必须认真遵守有关的外事规则与外事纪律，事先履行必要的报批手续。

2. 布置现场

举行交接仪式的现场亦称交接仪式的会场。在对其进行选择时，通常应视交接仪式的重要程度、出席人数、交接仪式的具体程序与内容，以及是否要求对其进行保密等几个方面的因素而定。根据常规，一般可将交接仪式的举行地点安排在已经建设、安装完成并已验收合格的工程项目或大型设备所在地的现场。有时亦可酌情将其安排在东道主单位的会议厅，或者由施工、安装单位与接收单位双方共同认可的其他场所，如宾馆的多功能厅、外单位出租的礼堂或大厅等处。在某种意义上，使用这些场所还可以提升交接仪式的档次。

3. 准备相关物品

在交接仪式上，有不少需要使用的物品，应由东道主一方提前准备好。

首先，必不可少的是作为交接象征的有关物品。它们主要有验收文件、一览表、钥匙等。验收文件是指已经公证的由交接双方正式签署的接收证明性文件；一览表是指交付给接收单位的全部物资、设备或其他物品的名称、数量的明细表；钥匙则是指用来开启被交接的建筑或机械设备的钥匙。在一般情况下，因其具有象征性意味，故预备一把交接即可。

除此之外，主办交接仪式的单位，还需为交接仪式的现场准备一些用以烘托喜庆气氛的物品，并应为来宾准备一份薄礼。在交接仪式上用来赠送给来宾的礼品，应突出其纪念性、宣传性，如被交接的工程项目、大型设备的模型，或以其为主角的画册、明信片、纪念章、领带针、钥匙扣等。

（二）交接仪式的程序

主办单位在拟定交接仪式的具体程序时，必须注意两个问题：一是必须在总体上按惯例执行，尽量不标新立异；二是必须实事求是、量力而行。常见的交接仪式程序如下：

1. 主持人宣布交接仪式正式开始

主持人在宣布交接仪式正式开始之后，可以向全体与会者介绍来宾，来宾应热烈鼓掌。

2. 奏国歌

全体与会者必须肃立，奏国歌，也可以奏东道主单位的标志性歌曲。

3. 由施工、安装单位与接收单位正式进行有关工程项目或大型设备的交接

施工、安装单位的代表，将有关工程项目、大型设备的验收文件、一览表或者钥匙等象征性物品，正式递交给接收单位的代表。此时，双方应面带微笑，双手递交、接收有关物品。交

接之后，双方还应热烈握手、留影。参加者应热烈鼓掌，以示祝贺。

4. 各方代表发言

在交接仪式上，按惯例须由有关各方代表进行发言。发言顺序依次应为施工、安装单位的代表，接收单位的代表，来宾的代表等。这些发言应简短明了，原则上每个人的发言时间应控制在3分钟以内。

5. 宣告交接仪式正式结束

宣告交接仪式正式结束后，与会者应再次鼓掌，表示热烈的祝贺。随后安排全体来宾参观或观看文娱表演等活动。

参观中，东道主一方应安排有经验的陪同、解说人员，使来宾通过现场参观，以加深对有关工程项目或大型设备的认识。

如果涉及商业秘密，不便邀请来宾进行现场参观，则可通过组织参观有关的图片展览或向其发放宣传资料的方式，适当地满足来宾的好奇心。

（三）交接仪式的注意事项

参加交接仪式时，不论是东道主一方还是来宾一方，在礼仪礼貌上都要表现得体。

1. 东道主注意事项

（1）仪表整洁。

东道主一方参加交接仪式的人员，必须要求他们妆容规范、服饰得体、举止大方。

（2）保持风度。

在交接仪式举行期间，不允许东道主一方的人员东游西逛、交头接耳、打打闹闹。在为发言者鼓掌时，不允许厚此薄彼、区别对待。

（3）热情友好。

不管自己是否专门负责接待、陪同或解说工作，东道主一方的全体人员都应当自觉地树立起主人翁意识。一旦来宾提出问题或需要帮助时都要热情相助，不允许一问三不知、借故推脱、拒绝帮忙，甚至胡言乱语、大说风凉话。即使自己力不能及，也要向对方说明原因，并且及时向有关方面反映情况。

2. 来宾注意事项

（1）准点到场。

若无特殊原因，接到邀请后，务必牢记在心，届时正点抵达，为主人捧场。若不能出席，则应尽早通知东道主。

（2）表示祝贺。

接到正式邀请后，被邀请者即应尽早以单位或个人的名义发出贺电或贺信，向东道主表示热烈祝贺。有时，被邀请者在出席交接仪式时，将贺电或贺信面交东道主也是可行的。不仅如此，被邀请者在参加仪式时，还须郑重其事地与东道主一方的主要负责人一一握手，再次口头道贺。

（3）敬献贺礼。

为表示祝贺，可向东道主一方赠送一些贺礼，如花篮、牌匾等。

（4）预备贺词。

假若自己与东道主关系密切，还须提前预备一份书面贺词，供被邀请代表发言时用。其内容应当简明扼要，主要是为了向东道主一方道喜祝贺。

三、剪彩仪式礼仪

剪彩仪式是指商界的有关单位为了庆贺公司的建立、企业的开工、宾馆的落成、商店的开张、银行的开业、大型建筑物的启用、道路或航线的开通、展销会或博览会的开幕等而隆重举行的一项礼仪性程序。因其主要活动内容是邀请专人使用剪刀剪断被称为“彩”的红色缎带，故被人们称为“剪彩”。剪彩仪式经常与开业庆典等活动同时进行。

剪彩的来历

1912年，美国得克萨斯州的华狄密镇有一家大百货公司即将开业。开张这天的一大早，老板按当地风俗在开着的店门前横系一条布带，防止公司未开张前有闲人闯入。这时，老板10岁的女儿牵着一条哈巴狗从店里匆匆跑出来，无意中碰断了这条布带，等在门外的顾客以为这是该店为了开张而搞的独特仪式，便蜂拥而入、争先购物，公司的生意自然兴隆无比。不久，当老板的一个分公司要开张时，老板想起第一次开张时的盛况，便有意让小女儿把布带碰断，果然效果又很好。于是，人们竞相效仿。这种仪式发展到今天就叫“剪彩”。

剪彩礼仪主要包括剪彩的准备、剪彩的人员、剪彩的程序、剪彩的做法等内容。

（一）剪彩的准备

剪彩的准备工作主要涉及场地的布置、环境的卫生、灯光与音响的准备、媒体的邀请、人员的培训等。准备工作必须认真细致、精益求精。除此之外，要对剪彩仪式上要使用的某些特殊用具，诸如红色缎带、新剪刀、白色薄纱手套、托盘以及红色地毯等，进行仔细的选择与准备。

1. 红色缎带

红色缎带是指剪彩仪式中所剪之“彩”，应当用一整匹未曾使用过的红色绸缎在中间结成数朵花团而成。

2. 新剪刀

剪彩者人手一把新剪刀，专供剪彩者在正式剪彩时使用，剪刀必须锋利而顺手，万不可因剪刀不好用、剪不断而使台上的剪彩者尴尬。

3. 白色薄纱手套

这是专为剪彩者所准备的。剪彩者剪彩时每人戴上一副白色薄纱手套，以示郑重其事。在准备白色薄纱手套时，除了要确保数量充足之外，还须注意手套的大小适度、崭新平整、洁白无瑕。当然，在现在有些商务场合中为了方便起见，此项目已经不再苛求。

4. 托盘

托盘用作盛放剪刀、白色薄纱手套的盘子，最好是崭新、洁净的，通常首选银色的不锈钢制品。为了显示正规，可在使用时在盘上铺上红色绒布或绸布。

5. 红色地毯

红色地毯主要用于铺设在剪彩者正式剪彩时的站立之处。其长度可视剪彩者人数的多寡而定，其宽度则应在 1 米以上。在剪彩现场铺设红色地毯，主要是为了提升档次，营造一种喜庆的气氛。为求方便，也可不予铺设。

（二）剪彩人员的选定

主办单位对剪彩人员必须认真进行选择，并于事前进行必要的培训。除主持人之外，剪彩的人员主要由剪彩者与助剪者组成。

1. 剪彩者

剪彩者可以是一个人，也可以是几个人，但是一般不应多于五人。剪彩者多由上级领导、合作伙伴、社会名流、员工代表或客户代表担任。剪彩者应着套装、套裙或制服，并将头发梳理整齐，不允许戴帽子、墨镜，也不允许穿着便装。

若剪彩者仅为一人，则其剪彩时应居中而立。若剪彩者不止一人，一般的规则是：中间高（尊）于两侧，右侧高于左侧，距离中间站立者愈远，位次便愈低，即主剪者应居于中央的位置。

2. 助剪者

助剪者多由主办方的礼仪小姐担任。在剪彩仪式上服务的礼仪小姐又可以分为迎宾者、引导者、服务者、拉彩者、捧花者、托盘者。迎宾者在活动现场负责迎来送往。引导者的任务，是在进行剪彩时负责带领剪彩者登台或退场。服务者的任务，是为来宾尤其是剪彩者提供饮料和安排休息之处。拉彩者的任务，是在剪彩时展开、拉直红色缎带。捧花者的任务，是在剪彩时手托花团。而托盘者的任务，则是为剪彩者提供剪刀、手套等剪彩用品。

礼仪小姐一般要求相貌姣好、身材颀长、年轻健康、气质高雅、音色甜美、反应敏捷、机智灵活、善于交际。礼仪小姐应化淡妆，盘起头发，穿款式、面料、色彩统一的单色旗袍，配肉色连裤丝袜、黑色高跟皮鞋。除戒指、耳环外不佩戴其他任何首饰。有时，礼仪小姐身穿深色的单色套裙亦可。但是，她们的穿着打扮要尽可能地整齐划一。如果主办单位没有礼仪小姐，可向外单位临时聘请。

（三）剪彩的程序

剪彩仪式宜紧凑，忌拖沓，所耗时间愈短愈好，短则一刻钟，最长也不宜超过一个小时。按照惯例，剪彩既可以是开业仪式中的一项具体程序，也可以独立出来，由其自身的一系列程序组成。剪彩仪式通常应包含如下六项基本的程序：

1. 请来宾就位

在剪彩仪式上，通常只为剪彩者、来宾和本单位的负责人安排坐席。

2. 宣布仪式正式开始

在主持人宣布仪式开始后，乐队演奏音乐，现场可燃放鞭炮，全体到场者应热烈鼓掌。此后，主持人向全体到场者介绍到场的重要来宾。

3. 奏国歌

奏国歌前全场起立。奏国歌后亦可演奏本单位标志性歌曲。

4. 进行发言

发言者依次为主办方单位的代表、上级主管部门的代表、地方政府的代表、合作单位的代表。发言内容应言简意赅，每人不超过3分钟，重点分别为介绍、道谢与致贺。

5. 进行剪彩

剪彩时全体人员应热烈鼓掌，必要时还可奏乐或燃放鞭炮。在剪彩前须向全体到场者介绍剪彩者。

6. 组织参观

剪彩之后，主人应陪同来宾参观，仪式结束后，主办方单位可向来宾赠送纪念性礼品，并以自助餐款待全体来宾。

四、签字仪式礼仪

签字是指合同（协议）的签署。它在商务交往中被视为一项标志着有关各方的相互关系取得了更大的进展，以及为消除彼此之间的误会或抵触而达成了一致性见解的重大成果。在具体签署合同时，应讲究礼仪，严格依照规范完成一系列程式化的活动。

（一）签字的准备工作

1. 布置签字厅

布置签字厅的总体要求是庄重、整洁、清静。室内应铺满地毯，正规的签字桌应为长桌，其上最好铺设深绿色的台呢布。签字桌应横放于室内，在其后可摆放适量的座椅。

签署双边性合同时，可放置两张座椅，供签字人就座。签署多边性合同时，可以仅放一张座椅，供各方签字时轮流就座。也可以为每位签字人提供座椅。签字人就座时，一般应面对正门。

2. 准备好签字用品

在签字桌上，应事先安放好待签的合同文本以及签字笔、吸墨器等签字时所用文具。

与外商签署涉外商务合同时，还需在签字桌上插放有关国家的国旗。插放国旗时，在其位置与顺序上，必须按照礼宾序列。例如，签署双边性涉外商务合同时，有关各方的国旗需插放在该方签字人座椅一侧的正前方。

双方在交换已签的合同文本后，交换文本并握手，为增添喜庆色彩，可以使用高脚杯共饮香槟酒。

（二）签字时的座次安排

1. 签署双边性合同

应请客方签字人在签字桌右侧就座，主方签字人则应同时就座于签字桌左侧。双方各自的助签人应分别站立于己方签字人的外侧，以便随时为签字人提供帮助。双方其他随员可以按照一定顺序在己方签字人的正面就座。也可依照职位的高低依次自左至右（客方）或是自右至左（主方）列成一行，站立于己方签字人的身后。当一行站立不完时，可按照以上顺序并遵照“前高后低”的惯例，排成两行、三行或四行。如图6－4所示。原则上双方随员人数应大体相当。

2. 签署多边性合同

一般仅设一个签字椅。各方签字人签字时须依照有关各方事先同意的先后顺序依次上前。助签人应随之一同行动。在助签时，依“右高左低”的规矩，助签人应站立于签字人的左侧。

有关各方的随员，应按照一定的序列，面对签字桌就座或站立。

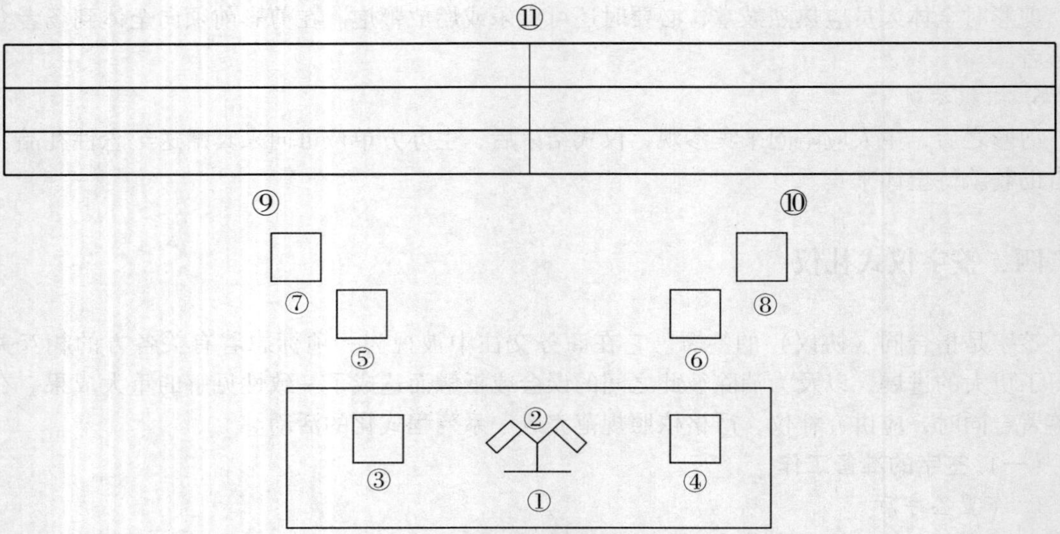

图 6－4　双边签字仪式现场示意图

①签字桌 ②双方国旗 ③客方文本 ④主方文本 ⑤客方签字人 ⑥主方签字人 ⑦客方助签人 ⑧主方助签人 ⑨客方参加人员 ⑩主方参加人员 ⑪梯架

（三）待签合同文本的要求

依照商界惯例，在正式签署合同之前，应由举行签字仪式的主方负责准备待签合同的正式文本。主方应会同有关各方一道指定专人，共同负责合同的定稿、校对、印刷与装订。按常规，应为在合同上正式签字的有关各方均提供一份待签的合同文本。必要时，可以向各方提供一份副本。

签署涉外商务合同时，按照国际惯例，待签的合同文本，应同时使用有关各方法定的官方语言。此外，亦可同时并用有关各方法定的官方语言。

待签的合同文本应用精美的白纸印制而成，按大八开的规格装订成册，并以高档质料如真皮、金属、软木等作封面。

（四）签约的正式程序

签字仪式的正式程序可以分为以下四个阶段：

1. 签字仪式正式开始阶段

有关各主要人员进入签字厅，在既定的位次上就位。

2. 签字人正式签署合同文本阶段

签署阶段是签署合同的高潮阶段，它的时间不长，但程序规范、庄重而热烈。通常的做法是，首先签署己方保存的合同文本，接着再签署他方保存的合同文本。即签字人按“轮换制”正式签署合同文本。

在商务活动中，每个签字人在己方保留的合同文本上签字时，按惯例应当己方名列首位。因此，每个签字人均应首先签署己方保存的合同文本，然后再交由他方签字人签字。这一做法在礼仪上被称为“轮换制”。它的含义是在位次排列上，轮流使有关各方均有机会居于首位一次，以显示机会均等、各方平等。因此在签署合同阶段应严格遵守此项礼仪。

3. 签字人正式交换已由各方正式签署的合同文本

此时，各方签字人应热烈握手，互致祝贺，并相互交换各自一方刚才使用过的签字笔，以示纪念（国内现在没有此项）。全场人员应鼓掌表示祝贺。

4. 共饮香槟互相道贺

交换已签的合同文本后，有关人员，尤其是签字人当场干一杯香槟酒，是国际上通行的用以增添喜庆色彩的做法（国内常用红葡萄酒）。

在一般情况下，商务合同在正式签署后，应提交有关方面进行公证才能正式生效。有的签字仪式邀请公证的相关工作人员到现场进行公证，以显示正式并提高商务活动的效率。

五、开放参观活动礼仪

常言道：耳听为虚，眼见为实。开放参观活动就是将组织内部有关场所和作业程序对外开放。开放参观活动是敞开门户，欢迎各界公众对组织的工作场地作实地观光、考察，用事实说服公众，树立组织良好的形象。近年来，开放参观越来越受到企业的重视。一般来说，开放参观可分为浏览参观和组织参观两类。通过浏览参观，可以进一步了解合作对象；通过组织参观，可以扩大组织的社会知名度。

组织对外开放参观时应注意以下几个方面：有明确的目的，明确为什么要举行这次活动；围绕目的确定主题，明确要达到怎样的效果；成立专门机构，做好宣传工作和接待工作；确定、了解邀请对象：是松散公众还是集聚性公众；选定参观时机、项目和路线；确定参观程序。

（一）确定开放参观活动的主题，了解开放参观活动的接待对象

1. 确定开放参观活动的主题

开放参观活动的主题，就是组织通过这一活动所要达到的目的和希望取得的效果。整个开放参观活动都要围绕所确定的主题进行策划和组织。

常见的开放参观活动主题有：扩大组织的知名度，提高美誉度；促进组织的业务拓展；融洽组织与社区的关系；增强员工或家属的自豪感。

2. 确定邀请对象

一般性参观常邀请员工家属或一般市民等；特殊性参观常邀请与组织有特殊利害关系的团体和公众，如政府官员、行政主管部门、同行业领导和专家、媒体记者等。

（二）确定开放参观的时机和参观路线

开放参观活动应选择春末或秋初的时节，不宜选择雨天、酷暑或寒冬季节。最好安排在有纪念意义的特殊日子，如周年纪念日、重大的节假日、开业庆典、社区节日。

参观路线的选择要求做到：能引起参观者的兴趣，能保证参观者的安全，对组织正常工作干扰小。要规定好参观路线，选择好参观地点，处理好公开与保密的关系，尽量做到既给公众留下坦诚的印象，又不使组织机密外泄。

（三）熟悉开放参观活动的项目及操作流程

开放参观的项目包括组织的展览室，生产设备和工艺流程，厂区环境，员工的教育与培训

设施，组织的服务、娱乐、福利、卫生等设施。

总体来说，开放参观活动主要流程是：

1. 情况介绍，准备宣传小册子

准备宣传小册子时应少用深奥的专业术语，考虑一般观众的文化水平和接受能力。以简明、通俗的语言介绍参观的内容，尽量做到图文并茂；秘书应在参观开始前发小册子给来宾，使来宾对参观内容有大致了解，有针对性地观看，免去记录的麻烦，小册子还可供日后查考。

2. 放映视听材料

可在观摩实物前放映有关录像片、幻灯片或电视片，并进行简要介绍。

3. 观看模型

接待人员可利用事先制作的组织全景模型，向参观者介绍组织的整体情况。这样，参观者可择要参观，既省时，又省力。

4. 现场观摩

引导参观者沿一定路线参观，并对重要实物给予讲解，讲解要简明扼要，避免长篇大论。一是现场观摩，让参观者参观现场，如生产经营设备和工艺流程、厂区环境或营业大厅、员工的教育和培训设施、组织的科技、研发（实验）中心，以及服务、娱乐、福利、卫生等设施；二是实物展览，参观组织的成果展览室，可以陈列资料、模型、样品等实物。需要注意的是，参观活动内容的确定要考虑到来者的需要和兴趣。

5. 中途休息服务

要准备好休息室，备足茶水，供参观者中途小憩，有条件的企业还可专门为来访的参观者设立休息室，如咖啡吧或者酒吧。

6. 赠送纪念品

最好是组织自己制造的或刻印有本组织名称的纪念品，同时还可起到宣传本组织的作用。

7. 征求意见

在参观活动现场的出口处设置公众留言簿或意见簿；还可在观摩实物后，组织参观者座谈，请他们说观后感，提建议，便于组织改进工作。

（四）做好开放参观活动的准备工作

组织开放参观活动的好坏直接涉及企业在公众心目中形象的好坏，因此，从策划、组织到结束的全过程的每一个细节都要周密考虑，精心做好场景的布置、物品的陈列、人员的安排、资料和纪念品的发放、来宾的接待和陪同等工作，并且处处体现出为参观者考虑的人文精神和细致周到的礼节礼貌。

1. 准备内容

准备与寄发请柬；设立接待服务处，为来宾准备休息服务处；准备介绍材料；准备特殊的参观用品，如卫生服、安全帽等；准备茶水饮料；准备赠送的礼品和纪念品。

2. 接待服务与要求

企业可派出由专人组成的接待班子，具体负责开放参观事宜。工作中要做到：来宾到达后热情引导接待；放映视听资料时认真解说；参观过程中为来宾作向导；做好招待来宾的餐饮服务；耐心解答来宾提出的各种问题；做好欢送工作。

第四节　商务宴请礼仪

宴请长期以来一直是人们用来进行人际交往、团聚欢庆、联络感情、畅叙友情的社交活动。从事商务活动，更是常常要通过组织或参加各种宴请，以达到增进友谊、促进合作的目的。不同国家、不同地区、不同民族均有自己的独特的文化和生活习惯。因此，商务人员必须高度重视商务宴请礼仪，同时表达对商务合作伙伴的友好感情，并展示自身良好的素质修养。

一、宴请的种类与形式

根据宴请的目的、出席人员的身份和出席人数的多少，可将宴请分为宴会、招待会、茶会和工作餐等。

（一）宴会

宴会是较为隆重的正餐，可分别在早上、中午、晚上举行，其中以晚宴最为隆重。宴会通常有下列几种形式：

1. 国宴

这是国家元首或政府首脑为国家庆典或欢迎外国元首、政府首脑而举行的规格最高的正式宴会。宴会厅须悬挂主客两国国旗，宾主入席后乐队奏两国国歌和席间乐。国宴由国家元首或政府首脑主持，席间由主人和主宾先后发表讲话或致祝酒词。国宴的礼仪要求最为严格，参加国宴者必须穿着正装，座次要严格按照礼宾次序排列。

2. 正式宴会

正式宴会适用于宴请规格较高、活动内容较为严肃的场合，重点在于给对方以较高的礼遇，是商务活动中最重要的宴请形式。与国宴相比，除不挂国旗、不奏国歌、出席者级别不同外，其余基本相同，按照宾主的身份排席次和座次。有的安排乐队演奏席间音乐，场面亦十分讲究。按照中国古典传统，午宴比较正式，而按照西方和现代中国都市的新习惯，晚宴更加正规。

正式宴请的请柬上往往注明服饰要求。对桌次、座次、餐具、酒水、菜肴道数、宴会厅陈设以及服务人员的装束、仪态及服务水准，正式宴会都有严格要求。

3. 便宴

便宴属于非正式的宴会，形式简便，一般不安排规定的桌次和座位，不作正式讲话，常见的有午宴、晚宴，亦有个别的早宴，菜肴道数比正式宴会相应酌减。此种宴请与上面几种一样，均是坐着进餐，由服务人员顺次上菜，根据需要还可要求进行分餐服务。便宴的气氛随便、亲切，官方和非官方都可以采用这种宴请方式，宜于增进友谊，加强感情联络。

4. 家宴

家宴是主人在自己家中设便宴招待亲朋好友的宴请方式，是便宴的一种形式。家宴往往由主妇亲自掌勺，也可以聘请厨师上门做菜，全家人共同招待，显得亲切、友好，易于创造融洽的人际关系和良好的沟通氛围，使客人产生“宾至如归”的感觉。家宴既可用于亲友聚会，也可用于官方宴请或业务洽谈宴请。此种宴会上午、下午均可举行。

5. 自助餐

这是一种相当自由的宴请方式，其优点在于：不必排桌次座次，免除宾客排位之麻烦；来宾人数不受拘束；不用服务人员上菜而是由客人根据自己需要自行选用，主方可节省服务人力；客人进餐可以有先有后，参差进餐，来去不受拘束。这种宴请方式显得随意简便，宾客之间可以有更多的认识和交往的机会。

（二）招待会

招待会是指不备正餐，只备一些食品、酒水和饮料，不安排座次的一种较为自由的宴请方式，客人可以根据自己的口味选择自己喜欢的食物和饮料，然后或站或坐，可与他人一起，也可独自进餐。常见的有冷餐会与鸡尾酒会两种。

1. 冷餐会

它适合于宴请规格不太高，出席人员众多的礼节性、纪念性活动，也是常用的招待会形式。它不备正餐，以冷食为主的菜肴都集中摆放在大餐桌上。简单的冷餐会只有一两样正菜，再配备一些色拉、奶酪和甜食。较丰富的冷餐会可多备些冷食，也可备一定数量的热菜，用保温托盘盛放。冷餐会在室内室外都可举行。

冷餐会也不安排座次。除主宾席可设座椅、排座位外，客人们可以随意坐在外围墙边的椅子、凳子、沙发甚至是地毯上，也可以站着进食。酒和饮料可以自取，也可由服务员递送。宾主可以自己取餐具后，根据需要自由选取食物，可以边走边吃边谈。冷餐会可以在中午、下午、晚上举行，一般以中午 12 点至下午 2 点、下午 5 点至 7 点左右为宜。特点是形式较为灵活，宾主比较轻松自由。

2. 酒会

亦称鸡尾酒会。一般适合于规格较高的庆祝性、纪念性活动，是正式宴会外最常采用的招待会形式。形式较轻松、活泼，不设座椅，宾主可随意走动，自由交往畅谈。酒会的时间安排也比较灵活，下午 4 点以后举行得较多。请柬上注明整个活动延续的时间，宾客到达或退席的时间不受限制，来去自由。

所谓鸡尾酒，就是用多种酒按一定比例混合而成的一种“混合酒”。现在的酒会不一定都备鸡尾酒，但应备种类多一些的酒，一般不用烈性酒，再同时备有以果汁、汽水、矿泉水等混合的饮料，供不喝酒的人挑选。摆放在桌子上的食物多为三明治、小香肠、炸春卷、清蛋糕、面包托等，也可以略备菜肴。正规一些的鸡尾酒会应该由调酒师和服务员站在专门摆放各种饮料的大桌子旁，为客人调酒和斟酒。

（三）茶会

茶会是一种较简便的招待形式，适合于各种场合。茶会主要是请客人品茶，因此，应根据客人的习惯和爱好选用上好的茶叶，不能用袋泡茶招待客人。茶具要精致，宜用陶瓷器皿，不用玻璃杯和热水瓶，应尽量体现出一定的茶文化特点。茶水不要沏得太浓或太满，约七成左右即可。应把茶杯放在茶托上一同敬给客人。茶会上可以略备风味小吃和咖啡。茶会的时间一般安排在上午 10 时左右或下午 4 时左右。

（四）工作餐

工作餐是商务人员在特别繁忙、日程安排不开时采用的一种既节省时间，又达到招待目的的宴请形式，是现代商务活动中常用的非正式宴请形式，是现代快节奏的生活的产物。它可分为工作早餐、工作午餐和工作晚餐，适合于以谈论或从事某项具体工作为目的的招待场合，其特点是宾主共同进餐，边谈工作边进餐。双边或多边的工作宴会，一般按参加者职务的高低安排席位。

工作餐一般只请当事人，不请客人配偶，也不请其他与工作无关的人员。在国外，有的工作餐采用“AA 制”，即参加者各自付费。

商务活动选择哪种宴请，在考虑各种宴请的特点的同时，还要结合当地的习惯。通常正式宴会规格高，但人数不宜过多。冷餐会与鸡尾酒会形式简便，人数不限。而女士的聚会多采用茶会这种形式。由于宴请的种类不同，宴请的组织安排工作也就有所不同。以工作餐的组织安排较为简单。

二、宴请筹备礼仪

在商务交往中，宴请客人的礼仪往往备受重视，从宴请的规模和规格、宴请的档次、参加的人员、邀请的函件到宴会的具体安排都有规定，总的来说就是要遵守 5M 原则，即 meeting（约会）、media（环境）、morley（费用）、menu（菜单）、manner（举止）。在商务交往中安排宴会时，这五大基本问题需要兼顾。

（一）约会（meeting）

约会就是指宴请时要特别注意时间与对象。有以下几点需要注意：

1. 确定宴请时间

确定宴请时间要考虑多方面因素：可以根据上司的提议，如企业开张、公司庆典、友人聚会等；可以根据其他因素而确定，如接风、送行，应由客人的行期而定；庆贺谈判成功，则根据谈判进程和谈判成功的程度而定；宴请许多客人时，要以保证多数客人能来参加为原则。

确定宴请时间前，最好先征求主宾的意见，选择双方都适宜的时间，以示尊重。主要应注意以下事项：

（1）不要选择对方工作繁忙的时间。

（2）涉外宴会还应避开对方国内重大节假日。

（3）避开禁忌日。如西方国家忌讳“13”，特别是恰逢 13 日的星期五。

（4）伊斯兰教的斋月有白天禁食的习俗。所以，斋月里邀请伊斯兰教人士的宴会只宜安排在日落以后。

（5）给对方宽裕的准备时间，以便其安排好各方面工作。

（6）特定的节日、纪念日的宴请，只能在节日、纪念日之前或当日举行，不能拖到节日、纪念日之后。

2. 确定宴请对象

邀请宴请对象时，除了要考虑邀请哪些人出席，还要考虑请多少人出席。范围过大，容易造成浪费；范围太小，则会得罪某些人。总的原则是在照顾各方面关系的前提下，尽量控制范围，减少人数。

3. 发出正式请柬

正式宴会或正式宴请大都需要向宾客发出正式请柬，事先口头约定或电话通知的也要补发。这是礼节上的要求。

（二）环境（media）

确定宴请的环境（场所）是宴请主办者应考虑的问题。宴请地点恰当与否，体现着主人对宴请的重视程度。宴请地点可依据宴请目的、规模、形式和经费来确定。通常应选择环境幽雅、卫生、方便、服务优良、管理规范的饭店或宾馆。

1. 选择落实宴请地点

按客人多少确定宴请地点。客人多，应在大宾馆；客人少，则可在小酒楼。

按宴请类型确定宴请地点。宴会安排在饭店、宾馆里，冷餐会、酒会则可安排在大厅或花园。

宾主熟悉程度、关系深浅也是选择宴会地点的依据。优先按来宾的意愿和地方特色选择宴请地点，可以选择负有盛名的老字号或名酒家。尽可能选择举办者所熟悉的、有声誉的饭店或宾馆。

2. 排定桌次和座次

正式宴会一般都要事先安排好桌次和座次，使参加宴会的人都能各就其位。席位的安排也是礼仪的重要内容。

（1）中餐宴会的桌次和座次排列。

排定桌次。桌次地位的高低，以距主桌位置的远近而定。以主人的桌次为基准，右高左低，近高远低。如图 6－5 所示。

排定座次。座位的高低，应考虑以下几点：

①以主人的座位为中心，如果女主人参加时，则以主人和女主人为基准，近高远低、右上左下，依次排列。

②把主宾安排在最尊贵的位置，即主人的右手位置；主宾夫人安排在女主人右手位置。

③主人方面的陪同人员，应尽可能与客人相互交叉，便于交谈，更可避免自己人坐在一起，冷落客人。

④译员安排在主宾右侧。

⑤席次确定后，座位卡和桌次卡放在桌前方、桌中间，便于客人就座。

中餐宴会常用的座次安排如图 6－6 所示。

（2）西餐宴会的桌次和座次排列。

①餐桌的排列次序同中餐餐桌的排列原则是一样的，主桌为首位。

②西餐座次的排列是右高左低。与中餐宴会不同的是西餐宴会一般都是男女宾客穿插入座。如图 6－7 所示。

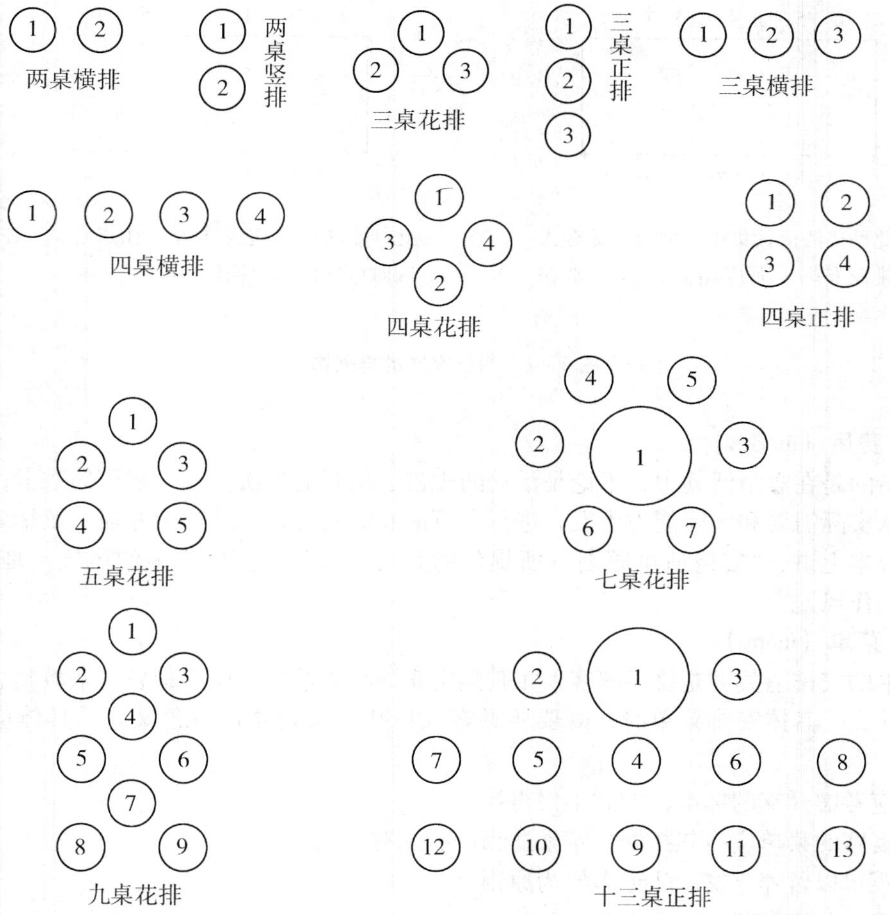

图 6－5　中餐常用的桌次安排

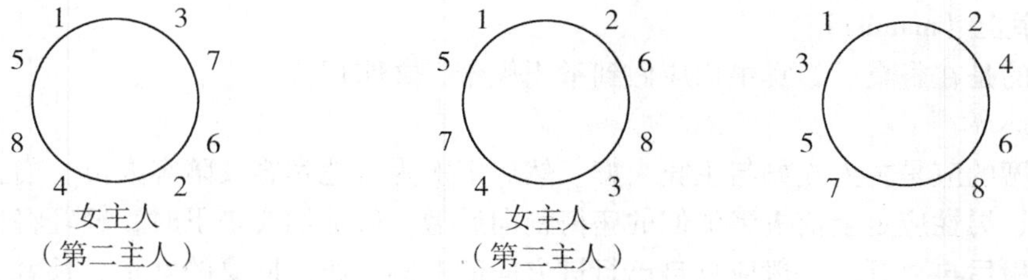

图 6－6　中餐宴会常用的座次安排

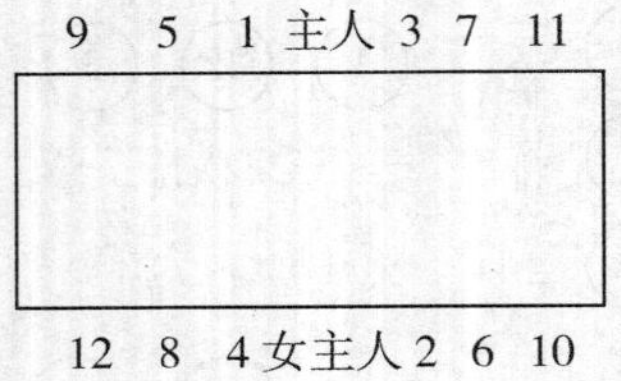

此种排法谈话集中，但应避免客人排在末端，而应由陪同人员坐在末端

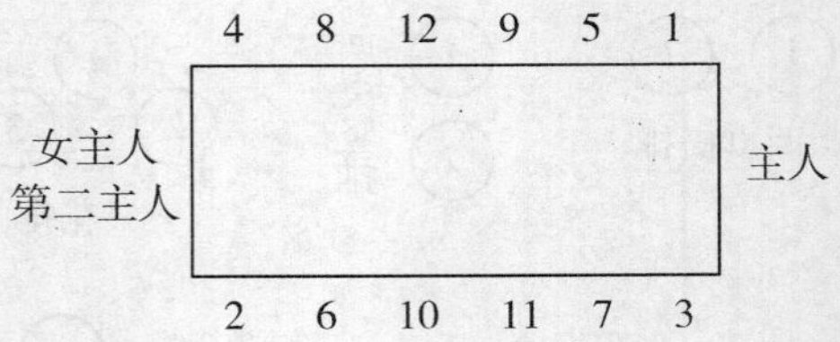

此种排法可以避免客人坐在末端，同时可提供两个谈话中心

图 6－7 西餐座次的排列情况

（三）费用（morley）

费用指的是在宴请活动中，不论是活动的规模、用餐的档次，还是宴请的数量，都要量力而行。要从实际需要和实际能力出发，进行力所能及的安排，切忌虚荣好强、炫耀攀比、铺张浪费。从根本上讲，“宴请适量原则”所提倡的是力行节约、反腐倡廉的风气，是做人务实、不图虚荣的作风。

（四）菜单（menu）

在菜单的安排上关键是要了解客人尤其是主宾的个人禁忌、民族禁忌、宗教禁忌，而不是问其爱吃什么。具体安排菜单时，既要照顾客人口味，又要体现特色文化。具体应注意的事项有：

（1）应考虑开支的标准，做到丰俭得当。

（2）宴席的菜单应冷热搭配、荤素适当、有主有次。

（3）菜单以营养丰富、味道多样为原则。

（4）略备些家常菜，以调剂客人口味。

（5）晚宴比午宴、早宴要隆重，菜的种类也应丰富一些。

（6）季节当令菜优先，菜肴应时、鲜、特，如“春吃鱼，秋吃蟹”。

（五）举止（manner）

举止指的是在餐桌上，宾主均应做到举止优雅、文明规范。

1. 礼貌入席

首先入席的应是主人夫妇与主宾夫妇，然后依次为其他宾客及陪客人员。当长辈、女性入座时，晚辈、男性应走上前去将他们的座椅稍向后撤，待他们要坐下时，轻轻将椅子向前推一点，待其坐稳后再离开。一般应从自己行进方向的左侧入座。同桌的女士、长者、职位高者先落座。落座后椅子与餐桌之间不要过近或过远，距离最好为 20 厘米左右。双手不宜放在邻座的椅背或餐桌上，更不要将两肘撑在餐桌上。

2. 举止文雅

入席后当众补妆、梳理头发、挽袖口或松领带是不礼貌的。用餐中千万不要动不动就用自己的筷子东挥西指，给人夹菜。

3. 交谈适度

就餐期间，要礼貌地与周边的人交谈。交谈的对象要尽量广泛。交谈的内容应愉快、健康、有趣。交谈的音量要适中。有话不便公开讲，则应另找适宜的场合个别交谈。与人交谈时应放下手中餐具，暂停进食。

4. 正确使用餐具

筷子不能直接放在桌子上，不能用筷子敲打任何餐具，也不要将筷子插在饭碗中。席间若失手把餐具掉落在地上，应请服务员补上相应的餐具。不小心打翻酒水溅到邻座客人身上，应表示歉意并帮助其擦干。如果对方是女士，应把干净的餐巾递过去，由其自己擦干。应把餐巾摊放在膝盖上，主人打开餐巾就意味着宴席的开始。餐巾不应用来擦汗、擦眼镜或擦拭餐具。尽可能使用餐厅提供的餐巾纸，不要把自己随身带的纸掏出来使用。

三、宴请的程序礼仪

1. 迎客

主人一般在大门口迎接客人。视宴会的重要程度，还可以有其他主要人员陪同主人排列成行迎接客人。客人到来后，主人应主动上前与之握手问好并表示欢迎。

2. 入席

主人陪主宾进入宴会主桌，接待人员可以引导其他客人入席，全体人员落座后，宴会就可以开始了。

3. 敬酒

入席后，主人应招呼客人进餐，并率先给客人敬酒。敬酒时应依次逐一敬遍全席，不应刻意区分地位、身份的高低。

4. 交谈

席间，主人要巧妙地选择话题，引导客人愉快地参与交谈，使席间充满和谐愉快的气氛。

5. 散席

一般是吃完饭后上水果，主人与主宾起立，宴会即告结束。主宾告辞，主人送至大门口，主宾离去之后，迎宾人员要按顺序排列与其他客人握手告别。

四、赴宴礼仪

（一）赴宴的准备

1. 给予答复

正式的请柬多附寄回贴，让客人选择参加或不参加后依址寄回，或要求客人以电话回答。接到请柬，一般应尽早答复主人能否出席，以便主人安排席位。对请柬上注有法文字母“R. S. V. P.”（敬请回复）字样的，无论出席与否，均应迅速答复，对注有“REGRETSONLY”（不能出席时要答复）字样的，则不能出席时才回复，但也不应耽误。经口头约妥再发请柬者，请柬上注有的“TO REMIND”（备忘）字样只起提醒作用，对此可以不必答复。答复是否出席时，可打电话或复信。隆重的正式宴会，被邀请者若不能出席，一般可派代表出席，除非主人另提出邀请。接受邀请之后，不要随意改动。万一有特殊情况不能出席，尤其是主宾，应尽早向主人解释、道歉，甚至亲自登门致歉。

2. 梳妆打扮

出席宴会前，最好稍作梳洗打扮，穿上一套合时令的干净衣服。每个人都容光焕发地赴宴，会使整个宴会有一种比较隆重的气氛。最忌穿着工作服带着倦容赴宴，这会使主人感到不受尊重。如果请柬上对服饰有规定，则要严格遵守。

（二）准时到达

要按主人邀请的时间准时赴宴。有些请柬写明客人到达和宴会开始的时间，如“6：00到达，6：30宴会开始”，则应6：00到达；如因故在宴会开始前 8 分钟或 10 分钟到达（如6：20），不算失礼，但迟到则非常失礼，这表示你对主人不够尊敬。

通常身份高者可略迟到达，一般客人宜略早到达。到达后，应立即了解自己的席次和同桌宾客的姓名、身份。入席时，先照顾自己座位旁的女宾就座后，自己再入座。通常客人的座位要等男女主人安排，当主人请你坐下时，不必推让，过分客气反而失礼。确实有事需提前退席的，应事先向主人说明。迟到、早退、逗留时间过短都是不适当的。

（三）备好礼品

应主人邀请或经允许进入主人家后，在门厅脱下帽子、大衣和手套。入室时先向女主人致谢，然后向男主人致意。参加家庭宴会，应备些礼品带上。

（四）带上名片

应先向主人问候以后，再向其他客人问好，并应事先准备好名片备用。当被介绍给他人时应双手捧着名片相赠，接别人名片时也应用双手接。切不可随便丢到桌子上让别人去捡，或一只手递名片、接名片。

（五）进餐

进餐时要文明、从容，闭着嘴细嚼慢咽，不要发出声音，喝汤要轻缓，对热菜热汤不要用嘴去吹。骨头、鱼刺吐到筷子、叉子上，再放入骨盘。嘴里有食物时不要说话，剔牙时用手遮住。就餐时不得解开纽扣，松开领带、裤带。

（六）交谈

边吃边谈是宴会的重要形式，应当主动与同桌人交谈，要特别注意同主人方面的人交谈，不要总是和自己熟悉的人谈话。话题要轻松、高雅、有趣，不要涉及令对方敏感、不快的问题，不要对宴会和饭菜妄加评论。

（七）应付意外

进餐过程中有时会遇到一些意外事件，如何处理好这些意外才能不失礼仪呢？以下列举一些常见的事件，供大家参考：

（1）当自己的餐具掉在地上时，可请服务员再取一副。

（2）用刀、叉切割食物，动作不宜过大，否则会发出刺耳的响声。刀、叉落地后，不可拣起再用，而应请侍者为自己换上一副。

（3）不慎将酒、水、汤汁溅到他人衣服上，表示歉意后，应递上手帕或餐巾，不必恐慌赔罪，这样反使对方难为情。

（4）失手打翻了酱碟，应向注意到你的人婉言致歉，不要大声嚷嚷，也不要没完没了地自责。

（5）席间一般应关掉手机，或把手机调至震动状态。离席回电时，应向主人及左右的客人致歉，轻轻拉开座椅离去，不可弄出很大动静。

（八）离席

等主人宣布宴会结束后，客人才能离席。客人应向主人道谢、告别，如“谢谢您的款待”、“您真是太好客了”、“菜肴丰盛极了”，并向其他客人告别。如果有事要提前离席，则应向主人及同席的客人致歉。

一、美国加州商会的展览会

美国加州商会为了在中国推广和销售加州杏仁，委托凯旋公关公司在中国策划一次宣传推广活动。经过调查分析，凯旋决定策划举行一次“健美人生巡回展”，希望在消费者心中树立起杏仁有利健康的形象。

活动选择具较强影响力的大型商场进行专业健美操表演活动，并采用各种生动的形式来最大限度地加强对加州杏仁的宣传和推广。例如，张贴各种吸引人的标牌、制作一个超人模样的杏仁吉祥物、进行一次主题生动的庆祝会、展示杏仁营养宣传品、进行消费者调查等活动。

为了突出加州杏仁的形象，要求表演者穿着统一的印有加州杏仁商会标记的服装。舞台的幕后背景以及舞台覆盖物均设计成富有生命活力的绿色，一棵绿色的杏树在这片田野中，突出了杏仁的健康形象。特大型的印有加州杏仁商会会标的舞台覆盖物和舞台背景非常有效地突出了这次活动的主题。此外，免费给在场的小朋友发放印有加州杏仁商会宣传语“送给幸福的小朋友”的彩色气球。主持人不断地在舞台上带领小朋友们做游戏，并指导在场的观众参加健美运动。另外，加州杏仁商会的吉祥物也出现在这次活动中，颇受现场观众的喜爱，并引得媒体记者争相拍照留念。

这次以“健美人生巡回展”为主题的宣传推广活动，吸引了数十万观众参加，给消费者留下了深刻的印象，实现了产品信息的传递；同时，通过吸引众多媒体的关注和报道，成功地拓展了中国市场，实现了预期的目的。

二、“软广告”

20 世纪 80 年代后期，国内的一家民营企业开发出了一种全新的果汁型饮料。这种饮料不仅营养丰富、无添加剂、口感舒适，而且符合健康和卫生标准，并与国际上饮料的流行趋势相吻合。然而，国内的饮料市场几乎全部被外国饮料所占领。要在当时特定的条件下，将这种新型的国产饮料推上市场，并且争得一席之地，可以说是极为困难的。

要想在广告宣传上与财大气粗、经验丰富的外国饮料商决一雌雄，显然不是国内这家民营企业的强项。于是，它的负责人决定另辟蹊径，在力所能及的情况下，为自己做上一次“软广告”。在饮料消费的旺季来临之前，这家企业专门租用了首都北京的一座举世知名的建筑物，在其中召开了一次由新闻界人士为主要参加者的新产品说明会。在会上，这家企业除了向与会者推介自己的新产品之外，还邀请了国内著名的饮料专家与营养专家，请其发表各自的高见，并邀请全体与会者亲口品尝这种新产品。

此后，不少与会的新闻界人士不仅争先恐后地在自己所属的媒体上发布了这条消息，而且还纷纷自愿地为其大说好话。有些新闻人士甚至还站在维护国产饮料的立场上，为其摇旗呐喊。结果一时间令其名声大振，销量也随之大增，终于在竞争激烈的饮料市场上脱颖而出。

三、张明的失礼

张明是金龙纯净水公司销售部的销售员，心直口快，工作认真，吃苦耐劳，业绩很不错，深受部门领导的赞赏，刘明总经理也很赏识他。一次，张明母亲过六十大寿，张明大摆宴席请来亲朋好友，当然也请了刘明总经理。宴请当天当刘明到达时，张明非常开心，拉着刘明的手不放，每见一位与他打招呼的人他都把刘明介绍给对方。此时的刘明虽然微笑着与各位打着招呼，但显得有些不大自然。

如果你是张明，你会怎么样做？为他们作介绍的次序是什么？应注意哪些问题？

●习题与实训

一、简答题

1. 会议环境布置礼仪对强化会议主题、开好会议有什么好处？
2. 会议服务礼仪有哪些主要环节？
3. 展览会的组织工作包括哪些？
4. 作为参展单位的工作人员应注意哪些礼仪要求？
5. 如何在宴请的桌次和座次安排中体现得体的商务礼仪？
6. 作为开业典礼的组织者应注意哪些礼仪？
7. 在商务洽谈过程中，如何正确运用商务洽谈礼仪？
8. 如果你收到参加一次重大商务会议的请柬，你将如何做好参会准备？
9. 请你说说交接仪式的程序
10. 签字仪式前应做好哪些准备工作？

二、实训

1. 举办一次新闻发布会，通过体验充当角色（主持人、发言人、记者等）的经验，熟悉发布会的礼仪。

2. 假设你是车展的参展方之一，现在有一位参观者坐在你的样品车里不肯出来，执意要直接购买该车。因为样车只有这一辆，为了完成展会，你不得不拒绝这个参观者的要求。那么，应怎么处理这件事才能不伤和气？

第七章　应聘礼仪

●技能目标

1. 学会面试时与主考官的对话方式与技巧
2. 学会面试结束后电话询问的礼仪规范
3. 学会求职电子邮件的正确写法

●知识目标

1. 熟悉求职过程中正确的礼仪、礼节
2. 明确衣着打扮、言谈举止、接人待物的规范和要求
3. 理解面试礼仪，自觉培养礼仪的习惯

●导入案例

细节决定求职成败

大学毕业的小李应聘的第一家单位是美国一家保健品企业。那时，公司只招聘客服助理一人。为顺利进入面试，小李开始准备简历。她没有像其他同学那样从网上下载简历，而是结合招聘职位沟通能力要强的特点，强调自己食品专业出身，性格开朗，尤其突出曾任校学生会副主席职位等诸多细节，表明自己沟通能力强，适合客服岗位。

一周后，小李和二十多名应聘者一道顺利过关。复试时，小李特意找了件整洁、得体的衣服穿上，她还特地提前半小时到达。复试由总经理亲自主持，是一对一的交谈，小李刚开始也很紧张，因为与同她一起前来的应聘同学比，她的优势并不特别突出。当主考官要求她“介绍下你自己有什么特点”时，小李冷静下来。她拿实例回答考官：大学期间，一直坚持每天一个小时读英语，每天还要抽两小时到社团工作，由于合理安排了工作和学习时间，在完成工作的同时，学习成绩也很优秀。

面试结束时，她把椅子轻轻搬回原位。这时，主持面试的总经理脸上产生了微妙的变化，并热情地说再见。

后来，她是面试人员中唯一被录用的应届毕业生。招聘经理后来告诉她，面试时，考官都会观察应聘者是否迟到。那天她不但没有迟到，还是应聘人员中唯一一个把椅子搬回原位的应聘者。这个小小的举动决定了她最后的胜出。

我国的人才市场和劳动就业市场已经逐步完善，自主择业、人才双向选择和职业流动已被人们广为接受，通过面试受聘就业，越来越成为当前的主要方式。如何才能顺利通过面试找到一份理想的工作，是每个求职者非常关心的问题。用人单位不仅要看求职者的文凭、各种证书、文字资料，更注重求职者的综合素质及其在求职现场的表现。在求职过程中，在准备资料、与招聘人员接触的各个环节中，注重礼仪是非常重要的。招聘人员时时都在通过你的衣着打扮、言谈举止、待人接物的方式观察你，并可能由此决定对你的取舍。你也会因为对细节的重视，得到一次宝贵的机会。

第一节　应聘准备工作

择业求职的第一步，是做好必要的准备工作，为求职的成功奠定可靠的基础。求职的准备，主要有收集信息、自我定位、预备个人资料和做好心理准备几个步骤。

一、收集信息

求职之前，首先要了解就业市场的信息。这是调查研究的过程，经过调查研究，才能做到有的放矢，从而一举中的。

1. 信息的有效性

收集求职信息，最重要的是真实、准确，真正掌握一手资料，拐弯抹角、道听途说的往往都不足取。对收集到的信息要经过去粗取精、去伪存真的鉴别、整理、筛选。

在经过加工的信息中，要把有效的信息作为重点。有效的信息主要是指：有关用人单位的基本情况，比如单位的性质、规模、产品、效益、信誉等；有关用人条件的信息，包括对招聘人员的性别、年龄、学历、资历、专业外语等各方面的要求和限制；有关用人待遇的信息，了解单位将给予应聘合格者的待遇、福利、职责、培训、住房、保险等问题。

2. 了解本行业

求职者对自己有兴趣加入的行业应该有深入的认识，才能在面试时应付自如。要让主考官相信你对该行业确实是兴趣浓厚，不但要对本行业有基本的认识，还必须了解近期的发展动向及将来的发展趋势和前景，并且能引出客观的证据或资料来支持自己的说法。

收集各行各业的资料有很多种方法，与该行业的资深人士交流是最直接、有效的方法，他们不但深入了解行业的近况，并且对行业的苦与乐以及实际困难都有第一手资料。

也可以通过网络、文献等来收集更多各行各业的发展近况。特别是申请高级的行政或管理职位时，特别需要注意这些方面。在面试之前，应该经常留意这些方面的新闻报道，经常参阅专业期刊。

3. 认识本企业和岗位

要设法了解你希望就职的那个公司或单位尽可能多的情况。倘若你能预先掌握多一些资料，会令主考官对你另眼相看，并且会对你加入该机构的诚意无可置疑。如果对所申请的职位的性质、工作内容、所需要的专业知识了如指掌的话，主考官会更相信你适合所申请的职位。

要收集有关用人单位的资料，最简单的办法是参考机构出版的年报或业绩简报。另一个好办法就是找到该企业的员工，向他们咨询。如果有相熟的朋友可以请教，就更有利了。

去不同类型的机构面试，要注意它们特色，不同的办事作风及管理方针都会直接影响其招募人才的政策。比如，政府部门和一般商业机构所需的人才往往不一样。了解申请机构的管理作风，才能决定在应聘时应该采用什么策略。

面试前如能了解清楚所申请的职位在组织中的位置，会帮助你了解该职位的工作范畴及职责，而且对将来可能的升迁途径及机构更为清楚，这些不但会使你面试表现更佳，而且可以为你决定是否加入该机构提供有用的参考资料。

二、自我定位

自我定位是指在客观地、科学地把握自身条件的基础上，依据一定的标准，确定最适合自己的职业和岗位。每个人都想找到一份好的职业，但不是所有的职业你都可以适应，没有一个准确的定位，求职时盲目乱碰，成功率就会大打折扣。什么都去干，就可能什么都干不好，多走许多弯路。

自我定位首先要对自己进行客观的评价。自我评价的过程，也是实事求是地、全面地认识自己的过程。要尽可能全面地了解自己，认真考虑自己究竟想在事业上做出什么样的成绩，该工作是否有助于实现个人目标，还应想一想怎样才能证明你以前的经历能使你胜任未来的工作。在此基础上，要正视自己，肯定自己的长处，承认自己的不足。既不能盲目骄傲，又不能妄自菲薄。

1. 认识自己

求职面试的主要目的是雇主要深入了解求职者的背景、个性、能力，以便决定他是否适合某职位。求职者如果对自己的能力、个性及就业倾向了解不够，给人留下不知道自己适合做什么的印象，就不会受到雇主的青睐。

促进自我了解方法很多，通常可采用下列途径：

（1）跟家人或熟悉自己的亲朋好友倾谈，征询他们的意见，不妨请他们对你进行一次坦诚的评估。

（2）离校前与相熟的老师或辅导员讨论自己的抱负和就业倾向，他们或许可以帮助你客观地分析自己的长处、短处和就业倾向。

（3）访问专业的就业指导机构，征询专职辅导就业的工作人员的意见。政府部门和社会专业机构都有这方面的服务，大多数的大中专院校都设有专职的辅导老师或就业指导中心，负责协助毕业生就业，这种服务应多利用。

（4）还有很多职业测试方法，可以促进自我了解，分析个性品格、兴趣、就业倾向等。

2. 形象设计

求职面试时，给人的第一印象往往是你的仪表，主考官首先是通过仪表来认识你的，在最初的交往中，仪表的作用往往比一个人的简历、介绍信、文凭来得更直接。求职者的仪表会使主考官形成一种心理定式和情绪定式，这种心理定式和情绪定式往往会左右着主考官的判断，影响着主考官对你的取舍。

自我形象设计，可以说是一门学问、一门艺术。现代社会是一个追求完美和协调的时代，得体的自我形象设计可以给人一种超凡脱俗的美感，一经设计，你会发现自己比平日里有了意想不到的变化，能够为自己增强信心，提高面试的成功率。应试当天的穿着打扮对录取与否，有着举足轻重的影响，虽说留下完美的第一印象未必会被录取，但若给人留下坏印象，极可能因此名落孙山。所以，随着面试日期的到来，应花费心思为自己塑造一个良好的外在形象。

初次见面一定要力争给人以精明、干练、稳重的感觉。作为一个年轻人，穿着仪表首先要体现青春和朝气，展示给社会的第一印象应该是整洁、美观、大方、明快。当然，有的人做得过了头，衣着过于华丽时尚，也是不得体的。

由于招聘单位的不同，对仪表服饰的要求也会有所变化：国家机关进行招聘，希望未来的公务员衣着端庄，体现稳健踏实的作风；公司企业（尤其是外企）注重整体形象的漂亮、明快。职业装强调的是服装与工作性质、场合的统一、协调。职业装不等同于休闲服，T恤固然轻松，但如果与整体的办公环境不相协调，就会给人一种不良的感觉。假如你稍微注意一下就会发现，其实作为职业装（不论男装、女装），近年来总的变化趋势并不是很大，主要强调的也无非是全身装束的色调统一、协调。

3. 仪表与装饰

仪表是一种无声的语言，在你不知不觉中向对方传递着比有声语言更为真实的信息。在面试日子到来时，应当花费一番心思为自己塑造一个良好的外在形象。

男士在面试时要从以下方面做好准备：

（1）注意头发修整，如果稍嫌过长，应修剪一下。

（2）任何时候都应保持衣服和鞋的洁净。长裤以熨烫笔挺为好。

（3）男生穿西装时，必须配皮鞋。即使是休闲裤，最好也不要配旅游鞋而要配皮鞋。

（4）服装的颜色以素净为佳。衬衫以白色比较好，衣服的颜色一般不应超过三种。避免穿着过分抢眼的颜色。

（5）尽量选择颜色明亮的领带，以能带给他人明朗良好的印象为宜，但也不要太过鲜艳，以免显得花哨，选购时可以征询太太或女友的意见。领带要打得平整，不要穿西装打领带却配牛仔裤，也不要穿运动休闲服却打领带。

（6）切忌穿明显是假冒伪劣的名牌服饰。

（7）戴眼镜的朋友，眼睛的镜框最好能使人感觉稳重、调和。

女士在面试时则应注意以下几点：

（1）穿着应有职业女性的气质。化妆要体现职业女性干练、成熟、自信的一面。第一印象应给人沉稳又不失聪慧伶俐的感觉，同时还要不乏现代女性的时尚气息。

（2）面试时着装要选用朴素的裙装或套装，不要着运动服或休闲装。裙装长度应在膝盖左右或以下，太短有失庄重。

（3）服装颜色以淡雅或同色系的搭配为宜，颜色不要过于花哨，款式也不宜暴露。

（4）面试时应穿着高跟鞋，尽量避免穿着平底鞋。

（5）头发梳理整齐，切勿顶一头蓬松乱发应试。

（6）适宜化清爽自然、明快轻松的淡妆，勿浓妆艳抹。不使用闪亮化妆品，不涂抹深红色的口红，香水喷洒要恰到好处。

（7）指甲要整洁、干净，不要涂成红色、紫色。

（8）女生不要着男士的衬衣或西装，不要穿套装或套裙却配双肩背包。

（9）可选戴典雅的首饰，如珍珠耳环等。饰物要大方得体，不宜过多，不要戴超过两只以上的戒指，不要戴丁零作响的手链，不佩戴过长的吊挂式耳环。

（10）手袋的风格要持重。年轻女子挎上很有韵味的手提式包，显得比较干练。选择手袋（包）要考虑到衣服的颜色，白色或黑色手袋可配任何颜色的衣服。

以貌取人在很多时候不是好办法，但面试在一定程度上是凭外表来决定录取结果的。外表的装扮其实是个人现实情况的一种反映，主考官通常会把外表当做了解应试人员的捷径。因此，要想面试成功，赴会时的装扮决不能粗心大意，有经验的求职者总会百分之百计划好由头到脚的扮相，处处按照当时的情况仔细经营。

三、个人资料

个人资料包括求职信和各种能说明个人情况的材料。这些资料是应聘时的第一道关口。

1. 求职信

求职信也叫自荐信。它是求职者在应聘某一职位时用的一种特定信件，用人单位通过求职信，了解求职者的基本情况。求职信主要用来表达个人的愿望与求职要求，有重点地介绍自己的情况，证明自己的能力，引起用人单位的兴趣，进而成功入选。

要记住，求职信的重要之处在于它与履历表起着不同作用，许多履历表中的具体内容不应在求职信中重复。例如，工作经历、学历或是个人目标。履历表告诉别人你的经历和你的技能。而求职信告诉别人“为什么你是这份工作的最佳人选”，求职信是针对特定的用人单位写的。求职信要集中突出个人的特征与求职意向，书写要清晰、简明，态度要诚恳，用语要得当，并能打动招聘人员的心。写好求职信是敲开职业大门的重要步骤。

写求职信要注意以下礼仪：

（1）书写规范。

求职信首先是说明你的文字水平，因此必须书写规范。书写规范包括字迹清晰，内容正确，格式标准，布局整洁。用电脑打印编辑，可以使求职信做得美观大方。如果你写得一手漂亮的钢笔字，不妨亲笔书写，这样更能给人留下好印象，得到用人单位的欣赏。书写以正楷为佳，切忌潦草，千万不要出现错别字或语法错误。墨水颜色以蓝黑色为佳，忌用铅笔和红笔书写。

（2）谦恭有礼。

字里行间要注意自谦与敬人，多使用礼貌用语，体现出彬彬有礼的态度和良好的个人修养。称呼要得体，要有礼貌。写求职信往往是首次交往，未必对用人单位有关人员的姓名熟悉，所以在求职信件中可以直接称职务头衔等，如“汽车销售公司负责人”、“尊敬的建材公司经理”等；问候要真诚，求职信的开头应有问候语，这是必不可少的礼仪。问候语可长可短，即使短到“您好”两字，也能体现出写信人的一片真诚。问候要符合双方关系，以简洁、自然为宜。求职信的结尾可提醒用人单位希望得到他们的回复或回电，或希望能有面试的机会。如可写“希望得到您的回音”、“盼复”等，附联系地址、邮编、电话。通常结束语后面应写表示祝愿或敬意的话，如“此致”、“敬礼”、“祝您身体健康，工作顺利，事业发展”等。

（3）情真意切。

实事求是地介绍自己的情况，表明自己渴望得到这个职位的迫切心情。针对招聘单位的情况和岗位要求，说明自己的特点，包括专业知识、工作经验、个性特点、各方面的特长等。不能千篇一律地泛泛介绍，要能够突出自己与众不同的一面，尤其要抓住用人单位最关注的问题。

（4）精心包装。

求职信的外包装也是十分重要的。如果你是以书面形式上交，收信人最先看到的不是信的内容，而是信的外观形式。因此，一封书写漂亮、布局美观的信，会让人感到愉快和舒服。求职信的“包装”主要是指：信笺的选用最好用尺寸标准（A4）、质地优良、普通白色和无格的信笺。切忌使用带有外单位信头的信笺，也不宜使用色彩鲜艳或带有香味的信笺。

2. 其他资料

除求职信外，求职者还应当准备一些能够反映个人情况的其他资料。其他资料应当充实完备，扬长避短。这些资料主要包括：

（1）可供说明自身条件的材料。如照片、体检表、身份证、毕业证、成绩单等。

（2）说明自身水平的材料。各种资格证书、获奖证书、著作、论文、产品等。

（3）如果你有转工的记录，一定要预备好转工的理由，并且说明原来的工作经验对于你现在申请的职位会有所帮助，这样反而会增加你被录用的机会。

（4）你的业余活动情况，也是一般雇主感兴趣的，他们希望多了解一点关于你的业余活动和喜好，所以最好预先准备一两项以供讨论。

（5）倘若你有多种语言或我国其他方言的能力，应在简历中列明。如外语能力、粤语等。

（6）求职资料并非多多益善，而是应当扬长避短。即把能够说明优势的资料用足用好；对用人单位未做要求，又并非自己所长的资料应尽量回避。

四、心理准备

求职择业的过程，是一个复杂的心理变化过程。面对严峻的就业形势，面对众多的竞争对手，每个人都不可能随心所欲。特别是那些一帆风顺的大学毕业生，要想获得择业的成功，没有充分的心理准备是不行的。所以，每个人都要调整好自己的心态，做好择业前的心理准备，排除心理干扰，正确对待求职过程中所遇到的各种问题。

每个人都有自己的优点和长处，也都有自己的缺点和短处，这就是人们常说的“尺有所短，寸有所长”。所以每个人对自己和自身能力都应有客观和正确的认识，都应该明白自己能干什么和不能干什么，这就是所谓的“知人者智，自知者明”。只有这样，每个毕业生才能树立良好心态，在求职中抓住机遇，从而避免盲目求职和减少失败。选择职业，就是选择未来，如果正确地选择了职业，就为未来的成功奠定了很好的基础。每个人都要把握好机遇，迎接挑战，争取迈好走向社会的第一步。

1. 选择适当的就业目标

大学生要正确地认识自我，既不能过高估计自己的能力，也不要过低地评价自己。有的人认为自己在择业中具备种种优势：学习成绩优秀，政治条件好，学校牌子靓，专业需求旺，求职门路广，因而择业胃口吊得很高，到头来却由于自己估计过高，对缺点和困难估计不足而在择业中受挫。要找准职业定位，寻求适合自己的价值观、个性需要和发展要求的职业。一个人的择业目标和本人具备的实力相当或接近，有助于增强其自信心，从而使自己在择业中处于优势地位。

2. 调整就业期望值

面对竞争日益激烈的就业形式，在选择职业时，期望值不要过高。要避免理想主义，不刻意追求最满意的结果，不奢望一次就能找到最理想的工作岗位。眼光不要只盯在大城市的大公司和效益好、工资高的单位。每个人的一生都在不断地调整自己，终身从事一种职业是可能的，但终身在一个岗位上工作的可能性越来越小。要正确树立先就业后择业的就业观念，有些人由于刻意追求最满意的结果，而错过了其他好的机会，以致后来就业困难，悔之不及。

3. 制定长远的职业规划，避免急功近利

职业的选择往往也是对机遇的一种把握，错过机遇，你将与成功失之交臂。盲目攀比，患得患失，这山望着那山高，当断不断，都可能使你失去大好的就业机会。有人在择业时过分看中地位、看中面子、看中实惠。这种心理可能会使你得到一些眼前的利益和满足，但从长远发展来看并非明智的选择。应当为自己制定一个实事求是的长远发展规划，一份工作眼前看来可能不太令人满意，但若是有利于实现自己长远的发展目标，也可以视为一种明智的选择。

4. 增强自信，勇于挑战

现在的大学毕业生求职都要面对到人才市场中寻找就业机会的现实。有的大学生学习成绩优秀，也具备了一定的实力和优势，但由于一直生活在学校这样的环境，初次走向社会，面对激烈的竞争，容易产生自卑胆怯的心理，缺乏自信心，缺乏竞争勇气，走进就业市场就心里发憷，参加招聘面试，心里忐忑不安，不能正常发挥。一旦遭到拒绝，更缺乏心理上的承受能力。这种心理障碍是求职成功的大敌，必须认真加以克服，树立自信心，采取积极的态度，勇于挑战。

第二节 面试礼仪

面试可以说是求职过程中的重头戏，求职成功与否，都决定于这一个关键性环节。所以更需要步步为营，精心准备，采用适当的办法应对，尤其重视面试礼仪，才能给人留下一个好印象。在整个面试过程中，不仅是回答问题的内容会给主考官留下深刻的印象，你的人品和举止行为也会被格外注意。根据企业的经验，多数的录用者在面试中不仅回答问题内容精彩，其行为举止也给人留下了良好的印象。因此，在面试中注意礼仪是十分必要的。求职者在平时就注意培养个人的修养，做人有内涵，在面试时举手投足中，风度、层次自然就会体现出来。应聘时之所以能够一举成功，平时的修炼功不可没。

一、准时赴约

1. 出门前的准备

尽管事前已做了充分准备，但在参加面试前，一定要刻意设计、精心打扮一番。出门面试前认真检查一下：服饰是否符合应征公司的企业文化及工作性质？头发是否干净？化妆是否太过艳丽？配饰是否得体？面试时间及地点是否准确无误？手表时间是否准确？笔记本、笔是否带齐？履历表、自传、证件、作品、介绍信或推荐信等必要的材料是否带全？见面时，一定要保证不用翻找就能迅速取出所需材料。

临行之前，要照一下镜子，确信自己的外在形象非常得体到位。然后，调整好自己的心态和情绪，就可以信心百倍地去应聘了。不要结伴前往面试，即使公司要招多人，也尽量只身前往，这样做更能突出自己。

2. 按时到达

应按约定时间提前到达，这样可以利用这段时间熟悉环境，稳定情绪。一般在面试前 10 分钟到达面试地点，千万不要迟到。为了确保准时到达，应事先了解面试地点所在位置，最好到该处跑一趟，这样做的好处是：到时不至于花时间找地方，给自己增加不必要的焦虑；能够较准确地预测行程所需要的时间，不至于预留太多或太少的时间；可以进去看一下环境，询问一些基本问题，索取有关资料，熟悉现场气氛，观察各雇主的打扮及作风。这些做法对做好面试准备、增强面试时的信心都会大有帮助。万一不能按时到达，应及时打电话告知对方。有的公司可能把这项也列入了考核内容。

3. 等待面试

在等候面试人很多的情况下，要在一旁等候。不要东张西望、闭目养神，不必一定要在这个时间做点什么。如果约定的面试时间到了，你就应该按点敲门。不要在室内主考官不知晓的情况下等在门外不进去。进入面试室的时候，先敲两三下门，听到“请”后，再进房间。

面试时重要的是自信。这种自信可以通过你的步态表现出来。自信的步态应该是，身体中心稍微前倾，挺胸收腹，上身保持正直，双手自然前后摆动，脚步要轻而稳，两眼平视前方。步伐要稳健，步履自然，有节奏感。需要注意的是，如果同行的有公司的职员或接待小姐，你不要走在他们前面，应走在他们的斜后方，距离 1 米左右。

俗话说“此时无声胜有声”，用你无声的、职业化的举止，向招聘者表明“我是最适合的人选”。

二、见面与介绍

面试刚开始的时候，应先报上自己的名字，行个礼。向对方打招呼时，面带真诚的微笑，直视对方的眼睛，精神饱满，握手有力。听到“请坐”后坐下，坐在指定的位置上，并注意坐姿正确优雅。

面试一般都要有自我介绍，介绍内容一定要精炼，事先经过充分的准备反复练习。介绍自己时要注意以下问题：介绍自己应以对方为导向。在介绍自己的时候，注重的应该是对方需要的感受，并根据他们的需要和感受说服对方，被对方接受；介绍自己要有自己的特色。必须引起对方的注意，突出自己与其他面试者的不同点。给别人留下深刻的印象，才是成功的自我介绍；介绍时要善于面对面。这时你也许很紧张，但一定要抬起头来，面带微笑，面对各位主考官。要克服心理障碍，增强自信，相信自己是最棒的，这样你就能够语言流畅，表达自如，超常发挥。还要注意观察主考官的表情，分析其心理，以便能够随机应变；利用履历表或申请表把自己介绍给对方。履历表中已有的内容可以不必重述。所以填写履历表时要做好以下几点：尽可能搞清楚对方的要求及自己是不是够资格；收集能够证实自己身份、资格、能力的文件和材料；履历表应实事求是，简明扼要，切忌言过其实；字迹要端正、清楚，如果对方连阅读都有困难，就很难对你感兴趣了；介绍自己应知难而退，介绍自己有时不一定会成功，谈到一定时候，如果发现时机不对或者对方无兴趣，就要适可而止。这时候，表现要冷静，不卑不亢地表明态度，或者自己找个台阶下，给人留下明理的印象。千万不要不看火候，没完没了。

三、行为举止

进入面试房间之后，你的一举一动都会进入主考官的视线，既不要过分拘谨，也不能太过谦让，要注意自己的一言一行，并且要善于察言观色。在面试中很多时候不用有声语言说话也能交流，无声语言也叫形体语言。在面试中，也可以利用无声语言传递信息。

看不见的微笑

小静去参加某航空公司的招聘会，当时她既没有关系，也没有熟人，完全是靠着自己的能力去争取。最后，她被录用了，你知道为什么吗？就是因为她脸上总是带着笑容。

令她惊讶的是，面试的时候，主试官在讲话时总是故意让她把身体转过去背对着他，不要误会这位主试官不懂礼貌，而是他在体会小静的微笑，感觉她的微笑，因为她的工作是通过电话进行沟通，是有关预约、取消、更换或确定飞机班次方面的工作。

最后，那位主试官微笑着对她说：“小姐，你脸上的微笑使你被录用了，你要在将来的工作中充分运用它，让每一位顾客都能从电话中体会到你的微笑。”

1. 眼神的交流

面试过程中，你的目光要不时注意着对方的眼部。但是，万万不可目光呆滞地死盯着别人看，这样会让人以为你对他“满怀深情”，或是和他有什么“深仇大恨”，让人感到很不舒服。如果在场的不只有一个主考官，你说话的时候，要经常用目光扫视一下其他人，以示尊重和平等。

2. 主动积极地聆听

优秀的求职者往往不是滔滔不绝地大侃，而是积极地聆听。求职者在听主考官说话时，要不时点头，表明自己听明白了，或正在注意听，同时还要面带发自内心的微笑。在面试中如果主考官多说话，说明他对你感兴趣，愿意向你介绍情况，热情交流。但许多学生误认为只有自己说话才是最好的自我推销，往往会抢着说话，或打断对方的讲话，这些都不是很懂礼貌的表现，会使自己陷于被动，言多必有失。

3. 注意坐姿

面试时，坐在椅子上，背要挺直，双手平放在大腿上或轻轻握拳放在腿的附近。轻易不要紧贴着椅背坐，也不要坐满，坐满了椅子，容易让人感觉你自以为是、傲气十足或过于松弛；只坐椅子的五分之一，则意味着你几乎要靠自己的双腿支撑着自己的体重，这是一种极度紧张的表现，也会把主考官的注意力吸引过去。一般以坐满椅子的三分之二为宜。坐下后身体要略向前倾，一来表明你对主考官的尊敬；二来证明你没有过于松弛。

一次，有位老师带着三个毕业生同时应聘一家公司做业务员。面试前老师怕学生紧张，同人事部主任商量让三个学生一起面试。三位同学进入人事部主任办公室时，主任上前请三位同学入座。当主任回到办公桌前，抬头一看，欲言又止，只见两位同学坐在沙发上，一个跷起二郎腿，而且两腿不停地抖动，另一个身子松懈地斜靠在沙发一角，两手攥握、手指咯咯作响，只有一个同学端坐在椅子上等候面试，人事部主任起身非常客气地对两位坐在沙发上的同学说：“对不起，你们两位的面试已经结束了，请退出。”两位同学四目相对，不知何故，面试怎么什么都没有问就结束了。你知道其中的缘故吗？

4. 其他动作

主考官进入面试室时，一定要礼貌性地站立问候，等主考官入座后，方可坐下。

回答问题时，切忌一边回答，一边摸头发、看表，或做其他小动作来掩饰自己紧张的心理。

在面试中，请将手机关机。不要在面试的关键时刻，手机铃声响起，破坏了面试的气氛。

请不要吸烟。即使在接待室放有烟缸，也不要吸烟。千万不要嚼口香糖、跷起二郎腿，或是乱开玩笑。

面试中乱摸头发、胡子、耳朵，可能会被理解为你在面试前没有对这些部位好好打理，个人卫生注意不够，其实是因为你的紧张。但乱摸中会分散注意力，使你不能专心交谈。

不要谈论自己的私生活，不要谈论你的子女与配偶，不要扯开话题闲聊。

不要过分谦虚，实事求是地让主考官了解你的优点和能力。也许你对以前的公司或工作颇有怨言，但也不要在面试时候大发牢骚。更不能说："××大公司要我，我都没有去。"本以为这样会表现出自己的高明，其实是暴露了自己的无知，令主考人员反感。

四、告辞礼仪

1. 结束面试的最佳时间

成功的面试有适当的时间限制，交谈时间短了不行，长了更不行，时间长了只有对应聘者不利。面试不是闲聊，无主题、无目标。面试也不是谈判，双方各自有条件必须花时间去磨嘴皮，达到各自的目的。从某种意义上讲，面试是陌生人之间的沟通。当然，谁也没有规定具体的时间限制，时间的长短要视面试内容而定。

怎么才能把握好适时离场的时间呢？一般来说，在高潮话题结束之后或者是在主考官暗示之后就应该主动告辞。

应聘者作完自我介绍之后，主考官会相应地提出问题，然后转向谈工作。主考官会先把工作性质、内容、职责介绍一番，接着让应聘者谈谈自己对今后工作的打算和设想。此后，双方会谈及福利待遇问题。这些都算高潮话题，谈完之后，你就应该主动作出告辞的姿态，不要盲目拖延时间。

主考官认为该结束面试时，往往会说以下暗示的话语："我很感激你对我们公司这项工作的关注"、"谢谢你对我们招聘工作的关心，我们一作出决定就会立即通知你"、"你的情况我们已经了解了，在作出最后决定之前我们还要面试几位申请人"。

2. 告辞

告辞时，应聘者应该主动站起身来，露出微笑，和主考官握手告辞。即使在求职无望的情况下，也应及时结束谈话，而不应申辩理由，强行"推销"自己。告辞时应同有关人士一一握手，无论何种情况，都要面带微笑地表示感谢。然后拿好随身携带的物品，如果关门的话，在出去之前要转向屋内，边点头边转过身轻轻地退出面试室，并确认门已关上。

适时离场，还包括不要在主考官结束谈话之前表现出浮躁不安、急欲离去的样子。过早地想离场，会使主考官认为你应聘没有诚意或干事没有耐心。

面试结束后，不能马上在走廊等地方打电话，不能无精打采地走出办公室大楼。在接待处归还来宾证时，要对接待员边点头边说"多谢关照"。

五、面试技巧

1. 应答技巧

在被提问的时候，要微笑并倾听问题，微笑是面试时应有的礼貌。集中精神倾听对方问题，一方面可正确回答问题，同时有安定情绪的作用。

应答时语气要柔和，措词要优雅，讲话时应充满自信，要看着对方的眼睛明确回答。回答问题简洁明了，但也不要太过简略；回答提问尽量详细，但不要展开发挥。可以大胆询问有关未来的工作，要恰当地说明自己能够胜任该职位工作的理由，介绍自己的经历和以往的业绩，并对自己在文字资料中未能说明的问题加以补充。

如果主考官的问题你不懂，坦率地说“不知道”是没有关系的。不要急着回答或随口乱说，略作整理再回答，偶尔停顿几秒是被允许的。对不懂的事情乱作回答，很可能自曝其短而被淘汰。如果听不清楚或不懂问题所指，可以说：“您的意思是不是指……？”或“对不起，我不太了解您的意思，麻烦您再说明一下好吗？”

“谈谈你的家庭情况”，问该问题的目的是了解应聘者的性格、观念、心态等。回答时应简单地罗列家庭人口。宜强调温馨和睦的家庭氛围；强调父母对自己教育的重视；强调家庭成员对自己工作的支持；强调自己对家庭的责任感。

“你有什么业余爱好”，提问该问题的目的是了解应聘者的性格、观念、心态。回答时最好不要说自己没有业余爱好，不要说自己的那些庸俗的、令人感觉不好的爱好，也不要说自己仅爱好读书、听音乐、上网，可能令主考官怀疑应聘者性格孤僻，最好说自己有一些户外的业余爱好来“点缀”你的形象。

“你为什么选择我们公司”，主考官提问该问题的目的是试图从中了解你求职的动机、愿望以及对此项目工作的态度。建议从行业、企业和岗位这三个角度来回答，比如：“我十分看好贵公司所在的行业”、“我认为贵公司十分重视人才，而且这项目很适合我，相信自己一定能做好”。

“谈谈你的缺点”，不可以说自己没缺点，不宜说出严重影响应聘工作的缺点，也不宜说出令人不放心、不舒服的缺点。可以说出一些对于所应聘工作“无关紧要”的缺点，甚至是一些表面上看是缺点，从工作的角度却是优点的缺点。

“如果我录用你，你将怎样开展工作”，如果应聘者对于应聘的职位缺乏足够的了解，最好不要直接说出自己开展工作的具体办法，可以尝试采用迂回战术来回答，如“首先听取领导的指示和要求，然后就有关情况进行了解和熟悉，接下来制订一份近期的工作计划并报领导批准，最后根据计划展开工作”。

“你是应届毕业生，缺乏经验，如何能胜任这项工作”，如果提出这个问题，说明应聘单位并不是真正在乎“经验”。回答这个问题最好体现出应聘者的诚恳、机智、果敢及敬业。如“作为应届毕业生，在工作经验方面的确会有所欠缺，因此在读书期间我一直利用各种机会在这个行业里做兼职。我也知道，实际工作远比书本知识丰富、复杂。但我有较强的责任心、适应能力和学习能力，而且比较勤奋，所以在兼职工作的时候均能圆满完成各项工作，从中获取的经验也令我受益匪浅。请贵公司放心，学校所学及兼职的工作经验使我一定能胜任这个职位”。

同一个面试问题并非只有一个答案，而同一个答案并不是在任何面试场合都有效。关键在于应聘者掌握了规律之后，对面试的具体情况进行把握，有意识地揣摩主考官提出问题的心理背景，然后投其所好。

2. 巧问薪酬

有一种说法是，在择业的过程中，最好不要问自己的薪酬，否则可能引起招聘者的反感。这就给求职者提出一道难题：主动问吧，怕被人看成是斤斤计较，弄不好还会遭拒绝；不问吧，心有不甘。其实，这个问题的关键并不在于该不该问薪酬，而在于问这个问题要把握好时间、理由和问话技巧。

比如，面试时，在谈到你的工作经历时，招聘者往往会问你以前的收入情况。你可以在回答了对方的问题后，及时地反问一句："这个标准与贵公司相比有多少差距?"，当然老练的招聘者不会回答准确数字，但是因为有了参照物，他的回答也许会含蓄些。比如："不会低于过去的收入"，或"目前我们可能还达不到这个水平，但差距不会很大"之类。通过这些回答，你可以推算出新的岗位的大致薪酬水平。即使对方不作正面回答，或对这个问题有反感情绪，但由于这个问题是"承前启后"的，所以也无法过分怪罪于你。

还有一些招聘单位在面试时会主动问："你期望的薪酬大约是多少?"此时，你可以以退为进地提出反问："我愿意接受贵公司的薪酬标准，不知按规定这个岗位的薪酬标准是多少?"如果你对对方的标准满意的话，那么双方可能一拍即合。你还可以作这样的表示："如果我要求××××元薪水。您认为合适吗?""我参考过一些信息，认为可以要求××××元薪水。"如果你是社会新人，可参考下面的说法："其实我第一次就业，所以很乐意接受公司的起薪标准。"

其实，要打听应聘岗位的薪酬，不但可以直接从招聘者口中问到，你还可以通过各种社会关系间接打听到你的应聘企业、应聘岗位的大致薪酬水平。这个就可以根据了解到的薪资行情，再就本身的经验、能力及过去的薪水，推算出一个合情合理的数字。

3. 观察主考官

在进行面试当中，如果你能察言观色、知道主考官的身体语言在传达些什么信息，然后灵活应对，就可以深得主考官的心。

当主考官的坐姿向前倾靠近你时，表示对你所说的话题感兴趣，很乐意继续听下去。这时幸运之神已经降临在你身上，最好乘胜追击，尽量施展自己的口才。

若是主考官有明显改变坐姿、身体往后靠或双手胸前交叉等动作时，他可能已经不愉快了，应回想刚刚说话或态度是否有不当的地方，也许可以及时挽救。

主考官表现出一副坐立不安的模样，手指头轻敲桌面，或拿起桌上的小东西把玩，都是他感到厌烦的征候，这时你可以试着转换话题，打破尴尬的场面，重拾他的兴趣。眼睛左顾右盼，视线在你身上游移，或看着办公室上的东西不动声色，那表示主考官心已飞走了，你说的话他没听进去。应付这种状况，你可以主动提出问题，把主考官再引导回面谈中。

4. 模仿练习回答与提问

面试就好比自我推销，求职者要把自己当做是最好的产品推销出去，这就须靠充分的准备，将面试可能发生的情况事先充分考虑，制定预案，进行"排练"，多一分准备，临场便少一分失误的可能。面试之前，全面评估自己的条件，准备一份具有说服力的自我介绍说词，恰到好处地说明自己的优点和缺点。将面试中可能遇到的提问事先经过排演或角色仿真，就好比经过预演再去演讲，有利于达到最佳效果。

求职者还应当积极提出问题，这样公司才能知道求职者的水准及真正想了解的问题，如果求职者只是等着面试职员提出问题，便不可能给人留下深刻印象。如果只是打听待遇、保险、上下班时间等问题，就说我没有什么要问的了，主考官会觉得你只关注自己的利益。

面试时，要学会提问

面试时，应对主考官咄咄逼人的提问，你已经感到紧张万分，只盼能早点结束，根本无暇去提什么问题。事实上，接受面试者想对面试单位提的问题应该有很多，无论是出于对自己负责，还是对用人单位负责，你都可以提出问题。有时，你不提问题，是因为不敢问、不知问什么。其实，只要把握得当，一定会给用人单位留下好的印象。以下问题会对你有启发：

1. 贵公司认为这份工作最重要的要求是哪些？
2. 贵公司是如何进行工作业绩考核的？
3. 我的专长是在产品研发上，请问研发部门在贵公司占有什么样的地位？
4. 贵公司经营多角化，对其他项目的投资相当积极，今后将会把重点放在哪些项目上？
5. 贵公司在人才招募上似乎偏向有经验的求职者，对于没有相关经验的人在录用上会有什么考虑吗？
6. 我有计划想要取得××资格，这个证书对将来公司希望我担任的工作有实质性的帮助吗？
7. 稍后能请您带我参观一下公司吗？

如果面试时你能提出一些这样的问题，主考官会认为你是成熟的，并且是一心想做好工作的。

5. 以积极的心态展示自己

面试时，不管面对哪些类型的主考人员，也无论面谈的内容为何，都应当把自己最优秀的方面展示出来，这样才能给他们留下深刻的印象，在面试中脱颖而出。比如，说明自己拥有明确的人生目标；对工作积极进取，并有旺盛的精力，应当受到企业的赏识和任用；强调自己的团队合作精神，善于与人沟通协调等。

也许过去的失败和自身的缺点，会在面试中给你带来阴影。但是所有的事情都有正反两个方面，关键看你如何理解和解释，如果你对某件事抱有消极的看法，并在言词间流露出来，那么主考人员会认为你做了不该做的事。所以应当用积极的心态去看待所有的事情，并用积极的语言表述。其原则是：第一，不要把话题放在消极的事情上，最好不要说有损自己形象的话；第二，用积极的事情抵消消极的事情，不必表示歉意或做过多的解释。

总之，在面试时要尽量充分展示自己的优势，特别要表现出自己适合招聘单位要求的方面，包括个人的专业知识、人格特质及临场反应能力等。一般说来，规模较大的公司，用人常以忠诚度为标准，不喜欢稳定性低的人。而规模较小的公司，少有完善培育人才的计划，通常以有经验、立即可用的人才为录取原则。因此，面对不同的企业，求职者所强调的信息，或自我推销的重点亦应有所不同。

第三节 求职电话、求职电子邮件礼仪

面试结束并不意味着求职过程的结束。许多求职者只留意应聘面试时的礼仪，而忽略了应聘后的进一步工作，其他方面的礼仪同样重要。求职者与招聘单位的联系沟通，可以通过电话、电子邮件等方式进行，如果这些方面礼仪到位，可以加深你在别人心目中的良好印象。

一、求职电话礼仪

当前招聘工作中，用人单位都希望先了解应聘者的情况和资料。在此之前，求职者电话联系用人单位，一般都是就收集资料中的疑问来沟通。如对应聘者资格有何限制，大致薪酬情况。人事部门职员也不会对此时打入电话者的礼数太挑剔。面试以后，则情况不同。一方面，招聘人员对入围人员有比较深的印象；另一方面，应聘者又急于知道面试结果。此时打电话询问面试结果，有两个礼仪细节必须要注意。

1. 打电话的时间

一般来说，面试结束之后的两星期左右，如果还没有得到任何回音，就可以给负责招聘的主管打个电话，询问一下面试结果。从礼仪角度来说，打电话最得体的时间，应该是对方方便的时间。以下时间之外，都可以认为是方便的时间：工作繁忙时间、休息时间、用餐时间、身体疲倦时。因为询问面试结果是公事，所以当然必须是在正常工作的时间段内打这个电话。

工作繁忙时间：一般是周一上午和周五下午，因为这两个时间段，很多单位都有开例会的习惯。即使不开例会，因为周一早上是新的一周的开始，心理上往往还处于适应期，而且还有工作上的事宜需要安排；周五下午又要面临周末，所以从心理上自然会“排斥”给他添麻烦的事情。还有，就是每天刚上班的一个小时和下班前的一个小时，这个时间段内不是要忙着安排一天的工作，就是没法再集中精力处理公事。

休息时间：一般是指工作日的中午一小时左右的时间。

用餐时间：在用餐的时间，给人打电话是不礼貌的，而且往往在这个时间打电话会找不到人，当然影响打电话的效果了。

身体疲倦时间：这个时间段一般都是每天下班前的一小时左右，中午下班前的半小时左右。

2. 怎么问

在电话里，同样的一句话，问话方式不同，虽然不至于有不同的结果，最起码会给人不同的印象：或有礼貌，或显唐突。所以在通话的过程中，自始至终都要尊重对方，待人以礼，表现得有礼有节。

接通电话后，首先说一声：“您好！”接下来要自报家门，让对方知道自己是谁。自报家门的内容应该包括自己的全名、何时去面试的哪个职位。这样，方便对方知道你是谁。在电话中要表明自己对应聘公司的向往和愿意为公司的发展作贡献。如果遇上要找的人不在，需要接听电话的人代找，态度同样要文明、要有礼貌，并且还要用“请”、“麻烦”、“劳驾”、“谢谢”之类的礼貌用语。留言或转告，都不是询问面试结果的首选方式。可以打听要找的人什么时间在，然后到时候再打。

如果知道自己没有被录用，就应请教一下原因，此时你的情绪要尽量稳定。同时冷静地、仍然热情地请教一下没有录用的原因，可以说“对不起，我想请教一下我没有被录用的原因，我好再努力”。谦虚有可能赢得对方的同情，同时给你留下其他可能的机会。

需要说明的是，打电话询问面试结果，最多打三次电话询问就可以了。因为即使再研究，经过前后三个电话询问的周期，再复杂的研究程序也早该确定。而且，三次的电话询问也会对你有足够的印象了。如果想聘用你，就会直接告诉你或及时和你联系。再多的电话，反而会适得其反，甚至会给人“骚扰”、“无聊”的感觉。

二、求职电子邮件礼仪

通过电子邮件的方式发送个人求职材料，已经被越来越多的求职者所采用。目前国内招聘网站一般都是免费向求职者开放的，求职者只需要注册为会员，就可以查询相关的招聘信息。E-mail 发送简历的时候，邮件正文应该是一封简单的求职信，简历作为附件。

求职邮件应该简明扼要、重点突出。既要把自己在某一方面的特长讲清楚，又不要过于冗长。应该在邮件的主题里或邮件正文中注明申请的职位。许多用人单位同时招聘多个职位，如果求职者没有写明自己的求职目标，会导致工作人员不知所以而失去机会。

需要注意的是，由于病毒防范和收信人使用软件的缘故，如果不是招聘单位特别要求，不要把简历贴在附件里发送。一是因为邮件太多，有时看邮件的工作人员不愿意打开；二是因为电子邮件病毒流行，许多用人单位不愿打开电子邮件的附件；三是因为格式的不同，有些附件在用人单位那里是打不开的。同时，要注意把简历转化为文本文件，不要出现字词及语法类的错误。可以把简历直接粘贴到求职信文字的下面。当然，这样对简历格式会有一定影响。求职信和简历都应该用文本格式 txt 来写，这样虽然会限制一些文本修饰功能，如粗体、斜体等，但是你可以用一些符号来突出重点，如“+”、“-”、“△”等；还要注意措辞，信中千万不可有错别字。求职者可以在电子邮件的草稿箱里创建并保存一个求职信样式，这样稍加修改就可以用它来申请其他的职位。

最重要的还是让求职者的简历能够被别人看到。求职者可以登录招聘网站注册个人资料，搜索相应信息，发送求职信与个人简历。还应注意及时更新网站上登记的个人资料，保存网上简历的时效性。

搜索到感兴趣的职位信息后，求职者就可以及时将自己的个人求职资料（求职信和简历）发给用人单位，有的网站有在线提交的功能，有的则需要求职者记下企业的招聘邮箱，将资料发到用人单位的邮箱里面。求职者一定要看清楚用人单位的招聘要求，比如有的是要求直接上门面试的，有的是要求电话联系的，这样的情况下发邮件过去就会失去机会。

一封电子邮件应聘一个职位，不要同时在一家公司应聘数个职位。一般来说，在用人单位看来，求职者如果对某一职位志在必得，他们会感觉求职者是认真的，这样应聘的成功率自然也就比同时应聘几个职位的要高。

求职信发出后，可以在适当的时间向用人单位询问结果，向用人单位表示诚意，也让自己心中有数。询问的时候应该表示出对公司的职位仍然感兴趣，并再介绍一下自己的专业特长和工作经验。但是，不要反复询问结果，这样是不受欢迎的，许多公司每天都会收到上百份个人简历，他们是不愿意被求职者反复打扰的。

●习题与实训

一、简答题

1. 求职之前首先要了解就业市场的信息，简述一下这个收集信息的调查研究过程。

2. 为了使雇主对自己青睐，在面试时表现出对自己的能力、个性及就业倾向有所了解，以给人留下深刻印象，我们应怎样促进自我了解？

二、实训

综合实训案例：面试礼仪模拟

应聘职位：××科技公司营销企划专员

应征者：××大学市场营销专业应届毕业生刘强（A），男 22 岁

面试官：人力资源部招聘经理陈小姐（Q）

情景 1：

接到面试通知的刘强提前做好了各种准备。面试当天一大早，刘强穿上早已准备好的衬衣和西裤，精心打好领带，外面是一身深灰色的西装，显得大方而稳重。刘强又对着镜子将头发梳理整齐，他想人家是著名的高科技合资公司，很注重员工形象，在这方面也不能逊色。他又换上灰色的袜子，黑色的皮鞋，整个人看起来精神抖擞，神清气爽，显得年轻精干、信心百倍。出发前，刘强再次检查了所有应聘时应携带的文件，确定没有一样东西遗漏。上午 9 点 20 分，刘强提前 10 分钟抵达公司总部。9 点 30 分，刘强被前台小姐领进人事部，面试开始。

Q：你好！请坐，我是人力资源部负责招聘的经理，我姓陈。

A：陈经理，您好！很高兴能够有机会与您见面。

小提示：

1. 第一印象是关键性的因素。

2. 注意礼貌。注意眼神接触，保持微笑。

情景 2：

Q：为什么想到我们公司工作呢？

A：我在报纸上看到贵公司的招聘广告，对贵公司刊登的职位信息做了一些了解，觉得我所学的专业与贵公司的职位要求相符。我还在贵公司的网站上看到贵公司将在两年内大幅度扩大营销队伍的信息……

Q：如果你获得这个工作机会的话，你可不可以想象一下 5 年后的自己？你有没有考虑过自己的职业生涯规划？

A：虽然这个社会有很多不可预测的事情，但我还是会认为自己在这 5 年里会随着公司一起成长，我在技术领域的知识一定会紧紧跟随公司的最新进展，而我在营销策划上也一定会在较高层次上取得进展……

小提示：

充分表达出自己对工作的热忱和对未来的信心。这是任何个性化的人力资源经理都喜欢的。

情景3：

Q：你觉得你有足够的能力来完成这份工作吗？

A：有。即使有某些经验不完善的地方，但我相信当我逐渐熟悉公司的情况后，我一定能……

小提示：

回答这类问题时一定要表现出高度的自信心及魄力。

情景4：

Q：你所期望的待遇可能超过了我们公司的预期，我们无法满足你的要求，你能接受吗？

A：我所提出的期望待遇与国内这个行业的职位薪酬标准相比是属于中等偏上的，当然具体的待遇标准还要由贵公司评估我的表现及资历来最后确定。我愿意在双方达成一个共识的基础上，在一定时期内按贵公司新进入公司的员工待遇标准工作……

小提示：

回答这类问题的方法有很多种，要根据当时面谈的气氛和具体情境来灵活回答，但基本原则是：

1. 勇于为自己争取公正的待遇，态度真诚。
2. 表达出争取工作的决心，搞清楚需要了解的问题。

情景5：

Q：由于时间的关系，今天的面试就到此为止了。我们要对所有参加面试的候选人进行全面比较衡量后，才决定合格的人选。有进一步的消息，我们会及时通知你的。谢谢你。

A：十分感谢陈经理抽出宝贵的时间和我面谈，我从中受益匪浅。希望下次有机会再当面请教，再见。

（与陈经理握手道别，并将椅子放回原处后离开。经过前台时，和引导他进入认识的李小姐说："谢谢你，再见"。）

小提示：

1. 直到离开公司所有人的视野后，你的面试才结束。
2. 如果公司门口有张纸片或小杂物等，不要视而不见地走过，而要将它捡起来扔到垃圾桶。因为这很可能是公司故意设计的面试细节，看看每个候选人是不是具有过人的观察力和从我做起的精神。

情景6：

当天下午，刘强按照××科技公司的地址给人力资源部陈经理发了一份感谢信，表示通过面试更进一步了解了××科技公司的企业文化和高效率，表达了仍然很想为该公司服务的愿望，也有信心做好营销企划的工作，希望有机会向陈经理多多学习。

小提示：

这是不可缺少的环节。

认真阅读上述案例，试回答以下问题：

1. 请试着收集你所感兴趣的某个行业或企业的相关信息。

2. 请尝试用各种方法为自己做一个职业测试，并进而为自己设计几种可能选择的职业及岗位。

3. 假如你要到一家外资企业去面试，岗位是市场推广部经理，你将如何设计自己的仪表与妆饰？如果是私营企业的文职人员，你又将如何？

4. 请为应聘上述企业的职位准备一封求职信，重点说明你之所以能够胜任的理由。

5. 在求职时应做好怎样的心理准备？

6. 请设计特定的场景，练习在面试时向主考官作简短的自我介绍。

7. 模拟面试时与主考官的对话。

第八章 涉外商务礼仪

●技能目标

1. 学会涉外商务迎送、会见、洽谈的工作安排
2. 学会涉外商务宴请西餐的基本礼仪
3. 掌握涉外商务宴请需要准备的工作事项

●知识目标

1. 熟悉涉外商务礼仪的原则
2. 掌握涉外商务礼仪的基本要求
3. 了解涉外商务宴请的基本常识

●导入案例

小陈迎宾

迎宾员小陈第一次独立站在五星级酒店迎宾员的岗位，心里想着，一定要做到让宾客满意。这时，一辆白色高级轿车向门口驶来，司机动作熟练、姿势优美，规范而准确地将车停靠在酒店豪华大转门的雨棚下。小陈看到后排坐着两位身份高贵的外国男士，前排副驾驶座位上坐着一位漂亮的外国女宾。小陈一步上前，以优雅的姿态和职业性动作，先为后排客人打开车门，做好护顶关好车门后，小陈迅速走向前门，准备以同样的礼仪迎接那位女宾下车，但是那位女宾满脸不悦，使小陈茫然不知所措。通常，后排座为上座，一般有身份者皆在此就座。优先为重要客人提供服务是酒店常规的服务程序，小陈做错了吗？

第一节 涉外商务礼仪的原则

涉外礼仪的原则是企业在进行商务活动中需要遵循的准则，这些原则涉及涉外活动的方方面面，如果不能很好地遵守这些原则，对这些原则不熟悉，就可能在商务活动中处于被动的地位。这些原则主要包括以下几个部分：

1. 维护形象

在国际交往之中，人们普遍对交往对象的个人形象倍加关注，并且都十分重视遵照规范的、得体的方式塑造、维护自己的个人形象。个人形象在国际交往中深受人们的重视，在涉外交往中，每个人都必须时时刻刻注意维护自身形象，特别是要注意维护自己在正式场合留给初次见面的外国友人的第一印象。个人形象在构成上主要包括六个方面，亦称个人形象六要素：第一，是仪容。仪容，是指一个人个人形体的基本外观。第二，是表情。表情，通常主要是一个人的面部表情。第三，是举止。举止，指的是人们的肢体动作。第四，是服饰。服饰，是对人们穿着的服装和佩戴的首饰的统称。第五，是谈吐。谈吐，即一个人的言谈话语。第六，是待人接物。所谓待人接物，具体是指与他人相处时的表现，亦即为人处世的态度。

2. 不卑不亢

不卑不亢，是涉外礼仪的一项基本原则。它的主要要求是：每一个人在参与国际交往时，都必须意识到自己在外国人的眼里，是代表着自己的国家、代表着自己的民族、代表着自己所在单位的。因此，其言行应当从容得体、堂堂正正。在外国人面前既不应该表现得畏惧自卑、低三下四，也不应该表现得自大狂傲、放肆嚣张。周恩来总理曾经要求我国的涉外人员“具备高度的社会主义觉悟、坚定的政治立场和严格的组织纪律，在任何复杂艰险的情况下，对祖国赤胆忠心，为维护国家利益和民族尊严，甚至不惜牺牲个人的一切”。江泽民同志则指出：“涉外人员必须能在变化多端的形势中判明方向，在错综复杂的斗争中站稳立场，在大的风浪中也能顶住，在各种环境中都严守纪律，在任何情况下都忠于祖国，维护国家利益和尊严，体现中国人民的气概。”这些具体要求应当成为我国一切涉外人员的行为准则。

3. 求同存异

第一，应当如何对待中外礼仪与习俗的差异性？第二，在国际交往中，到底应当遵守何种礼仪为好？首先，对于中外礼仪与习俗的差异性，是应当予以承认的。再者，在涉外交往中，对于类似的差异性，尤其是我国与交往对象所在国之间的礼仪与习俗的差异性，重要的是要了解，而不是评判是非、鉴定优劣。在国际交往中，究竟遵守哪一种礼仪为好呢？一般而论，目前大体有三种主要的可行方法：其一，是“以我为主”。所谓“以我为主”，即在涉外交往中，基本上采用本国礼仪。其二，是“兼及他方”。所谓“兼及他方”，即在涉外交往中基本上采用本国礼仪的同时，适当地采用一些交往对象所在国现行的礼仪。其三，是“求同存异”。所谓“求同存异”是指在涉外交往中为了减少麻烦、避免误会，最为可行的做法是既对交往对象所在国的礼仪与习俗有所了解并予以尊重，更要对国际上所通行的礼仪惯例认真地加以遵守。

4. 入乡随俗

入乡随俗，是涉外礼仪的基本原则之一，它的含义主要是：在涉外交往中，要真正做到尊重交往对象，首先就必须尊重对方所独有的风俗习惯。之所以必须认真遵守“入乡随俗”原则，主要是出于以下两方面的原因：原因之一，因为世界上的各个国家、各个地区、各个民族在其历史发展的具体进程中，形成了各自的宗教、语言、文化、风俗和习惯，并且存在着不同程度的差异。这种“十里不同风、百里不同俗”的局面，是不以人的主观意志为转移的，也是世间任何人都难以强求统一的。原因之二，是因为在涉外交往中注意尊重外国友人所特有的习俗，容易增进中外双方之间的理解和沟通，有助于更好地、恰如其分地向外国友人表达我方的亲善友好之意。

5. 信守约定

作为涉外礼仪的基本原则之一，所谓“信守约定”的原则，是指在一切正式的国际交往之中，都必须认真而严格地遵守自己的所有承诺。说话务必要算数，许诺一定要兑现，约会必须要如约而至。在涉外交往中，要真正做到“信守约定”，对一般人而言，尤须在下列三个方面身体力行，严格地要求自己：第一，在人际交往中，许诺必须谨慎；第二，对于自己已经作出的约定，务必要认真地加以遵守；第三，万一由于难以抗拒的因素，致使自己单方面失约，或是有约难行，需要尽早向有关各方进行通报，如实地解释，并且还要郑重其事向对方致以歉意，按照规定和惯例，主动地负担因此而给对方所造成的某些物质方面的损失。

6. 热情有度

热情有度，是涉外礼仪的基本原则之一。它的含义是要人们在参与国际交往、直接同外国人打交道时，不仅待人要热情而友好，更为重要的是，要把握好待人热情友好的具体分寸。否则就会事与愿违，过犹不及。

7. 不必过谦

不必过谦的原则的基本含义是：在国际交往中涉及自我评价时，虽然不应该自吹自擂，自我标榜，一味地抬高自己，但是也绝对没有必要妄自菲薄，自我贬低，自轻自贱，过度地对外国人谦虚、客套。

8. 不宜先为

所谓“不宜先为”原则，也被有些人称作“不为先”原则。它的基本要求是，在涉外交往中，面对自己一时难以应付、举棋不定，或者不知道到底怎样做才好的情况时，如果有可能，最明智的做法是尽量不要急于采取行动，尤其是不宜急于抢先，冒昧行事。也就是说，若有可能的话，面对这种情况时，不妨先按兵不动，然后再静观一下周围人的所作所为，并与之采取一致的行动。

“不宜先为”原则具有双重的含意。一方面，它要求人们在难以确定如何行动时，应当尽可能地避免采取任何行动，免得出丑露怯；另一方面，它又要求人们在不知道到底怎么做才好，而又必须采取行动时，最好先观察一些其他人的正确做法，然后加以模仿，或是同当时的绝大多数在场者在行动上保持一致。

9. 尊重隐私

中国人在涉外交往中，务必要严格遵守“尊重隐私”这一涉外礼仪的主要原则。一般而论，在国际交往中，下列八个方面的问题，均被视为个人隐私问题：第一，是收入支出。第二，是年龄大小。第三，是恋爱婚姻。第四，是身体健康。第五，是家庭住址。第六，是个人经历。第七，是信仰政见。第八，是所忙何事。要尊重外国友人的个人隐私权，首先就必须自觉地避免在和对方交谈时，主动涉及这八个方面的问题。为了便于记忆，它们亦可简称为“个人隐私八不问”。

10. 女士优先

所谓女士优先，是国际社会公认的一条重要的礼仪原则，它主要适用于成年的异性进行社交活动之时。“女士优先”的含义是：在一切社交场合，每一名成年男子都有义务主动自觉地以自己实际行动，去尊重女士、照顾女士、体谅女士、关心女士、保护女士，并且还要想方设法、尽心竭力地去为女士排忧解难。倘若因为男士的不慎，而使女士陷于尴尬、困难的处境，便意味着男士的失职。女士优先原则还要求在尊重、照顾、体谅、关心、保护女士方面，男士们对所有的女士都一视同仁。

11. 爱护环境

作为涉外礼仪的主要原则之一，爱护环境的主要含义是：在日常生活里，每一个人都有义务对人类所赖以生存的环境自觉地加以爱惜和保护。在涉外交往中，之所以要特别讨论爱护环境的问题，除了因为它是作为人所应具备的基本的社会公德之外，还在于，在当今国际舞台上，它已经成为舆论倍加关注的焦点问题之一。在国际交往中，需要特别注意的问题有两点：第一，要明白，光有爱护环境的意识是远远不够的，更为重要的是要有实际行动。第二，与外国人打交道时，在爱护环境的具体问题上要好自为之，严于自律。具体而言，中国人在涉外交往中特别需要在爱护环境方面倍加注意的细节问题，又可分为下列八个方面：第一，不可毁损自然环境。第二，不可虐待动物。第三，不可损坏公物。第四，不可乱堆乱挂私人物品。第五，不可乱扔乱丢废弃物品。第六，不可随地吐痰。第七，不可到处随意吸烟。第八，不可任意制造噪声。

12. 以右为尊

正式的国际交往中，依照国际惯例，将多人进行并排排列时，最基本的规则是右高左低，即以右为上，以左为下；以右为尊，以左为卑。大到政治磋商、商务往来、文化交流，小到私人接触、社交应酬，但凡有必要确定排列时的具体位置的主次尊卑，以右为尊都是普遍适用的。

第二节　涉外商务礼仪的基本要求

1. 遵守时间，不得失约

这是国际交往中非常重要的礼节。参加各种外事活动，都要按时抵达。过早抵达，会使主人因准备未完毕而难堪；过迟到达，则会使主人与客人空等过久而失礼。如确因故迟到时，应诚恳地向主人和客人致歉并说明原因。万一因故不能应邀赴约，要提前礼貌地告知主人，并表示歉意。

遵守时间的原则，重要的是要做好如下几点：一是在有关时间问题上，不可以吞吞吐吐、含含糊糊、模棱两可。二是与他人交往的时间一旦约定，即约会一经订立，就应千方百计予以遵守，而不宜随便加以变动或取消。三是在约会之中，不允许早退。四是万一失约，务必要向约会对象尽早通报，解释缘由，并为此而向对方致歉。绝不可以得过且过，或者索性避而不谈，显得若无其事。

2. 注重形象，仪表得体

当今世界，尽管各国社会形态各不相同，经济发展水平不一，民族人口有多寡之别，国家也有大小之分，但有一点是共同的，即文明的民族都很注重礼貌礼节。一个国家或民族的文明程度越高，其国民就越讲礼貌懂礼节，其国际形象也越佳。在交往中，人们普遍对交往对象的个人形象倍加关注，不仅因为个人形象真实地体现着个人的教养和品德、精神风貌和生活态度，还因为个人的形象总是与国家形象、民族形象、企业形象密切相关，通过个人形象可以如实地体现出对交往对象的重视程度。在对外交往中，一般的外国人对中国的了解和看法，主要来自他有机会接触到的某些中国人。一个中国人在对外交往中，如果不注意维护自身形象，在某种程度上，就有可能会损害国家的国际形象和你所在的企业的形象。

具体要求有：注意个人卫生。衣着要整齐美观，衣领袖口要干净，皮鞋要上油擦亮，穿西装要打好领带，穿中山装要扣好领扣、领钩，梳理好头发，刮净胡子，修剪好指甲。

举止要落落大方，端庄稳重，表现自然，和蔼可亲，站有站相，坐有坐相。另外，参加活动不能吃葱、蒜等带有刺激性的食物，注意吸烟的场所及烟量。

言谈的态度要诚恳、自然、大方，语气要和蔼可亲，表达要得体，谈话内容要事先有所准备，要留给别人说话的机会，言谈中手势不要过大，讲求倾听的艺术。不要询问妇女的年龄、婚否、工资收入等私人生活方面的问题，不要随意谈论当事国的内政、外交、宗教等问题。

要养成在公共场所遵守公共秩序、自觉礼让的习惯，以不妨碍他人、不打扰他人为基本行为规范。如在车站、机场、港口、商店、餐厅、俱乐部、体育馆、图书馆这类与陌生人相处的公共场所，说话的声音应以低到不引起他人的注意为宜，手势也不宜过多。那种高谈阔论、指手画脚的行为是自身修养不够的体现，也是对他人的轻视。

3. 尊重老幼，尊重女士

尊重老幼、尊重女士是我国的一项传统美德，也是涉外交往中应遵守的基本礼仪。其中，在西方社会更突出“女士优先”，这被认为是男子具有高雅风度的表现。有人认为讲究女士优先是华而不实的形式主义，这实际上是一种偏见。从根本上说，妇女是人类的母亲，尊重女性就是尊重人类的过去与未来。

尊重女士的具体体现是：在任何时候，男士要从各个方面尊重女士，照顾女士，保护女士，体谅女士，尽心尽力地为女士排忧解难。比如在社会场合作介绍时，先把男士介绍给女士；参加社交聚会时，宾客见到在一起的男女主人时，也应先与女主人打招呼，而女士进入聚会场所时，先到的男士应站起来迎接；当男女双方握手时，也只有等女士伸出手之后，男士方可与之相握；上下车、进出电梯，均让女士先行；在旅途中，遇到携带行李的女士，男士应帮助提携并放好行李；如果男女并排行走，男士应当自觉请女士走在人行道的内侧，自己走在外侧；在同时需要称呼多人时，合乎礼仪的称呼方法是：“女士们，先生们”；男士不得当着女士的面讲粗话、脏话或开低级下流的玩笑，言辞必须文明高雅、表达分寸得当等。

4. 通晓习俗，知书达理

在涉外交往中，人们总认为语言不通是交往中的唯一障碍，其实在某些时候，对交往对象所在国的风尚习俗不了解才是最大的障碍。当你欲往国外访问、经商、探亲或旅游观光时，当你要在国内接待外宾、与外宾洽谈生意和共同工作时，事先了解对方的习俗礼仪显得尤为重要。如果你预先了解了对方的习惯禁忌，你就可以尽量遵从对方的行为习惯，避免误会，从而表现出对对方的尊重，成为一个彬彬有礼、受人欢迎的客人或是一个知书达理、体贴周到的主人。

许多礼仪习俗在我们眼里常常会有些不理解，实际上同样外国人也对我们的礼仪习俗感到不理解。“你吃了吗?”在外国客人听来就觉得很奇怪：“我吃不吃饭，与你有什么相干”、“干吗打听我吃没吃饭”。还有朋友间讲究以诚相待，对于朋友的一些不合适的举止我们会主动地提出来，这在西方人际交往中是不允许的，因为他们更讲究礼仪中的面子。由此可见，国内外人士在许多问题的看法上，“是”、“非”的界限是不一致的。再者，在涉外交往中，讲究的是互相尊重，以自己的标准去评判他人的做法，当众指出对方过失，会让人难以下台，受到伤害，也显得自己做人过于刻薄。

5. *小心谨言，不得犯忌*

国际礼仪强调以人为本，要求尊重个人隐私，维护个人尊严，并以此作为一个人在社交活动中有无教养、能否尊重和体谅交往对象的重要标志。对于西方人来说，凡涉及经历、收入、年龄、婚恋、健康状况、政治见解等均属于个人隐私，别人不应查问。西方人，特别是女士，一般不把自己的年龄告诉别人，询问年龄、打听异性婚否，会让人觉得讨厌。西方人还不喜欢随便给人留自己的家庭住址，也不随便请人到家里做客。关于宗教信仰和政治派别，在西方人看来是非常严肃的事，不可随便谈论。因此，自觉地、有意识地回避对方的隐私显得至关重要。

因此，在跟外国人打交道时，千万不要没话找话，信口打探对方的个人情况。尤其是当发现对方不愿回答时，就应当适可而止。必要时，可以谈一些天气、交通、体育之类的中性话题，也有助于良好谈话气氛的建立。

6. *保护环境，爱护动物*

环境，通常是指人类生存的外部条件，是人类社会赖以生存和发展的基础，与人类的生活质量息息相关。爱惜和保护环境，从本质上讲，就是对整个人类的爱惜和保护，因此每个人都有义务对环境加以爱惜和保护，不论是为了发展经济还是为了提高生活质量，都不能以牺牲环境为代价。注重环保作为涉外礼仪的主要原则之一，是国际舞台上备受关注的焦点话题。在日常生活里，能否以实际行动“爱护环境”，也被视为一个人有没有教养、讲不讲社会公德的重要标志。

保护环境的原则，具体讲包括三重含义：其一，是要求保护人类的生存环境。其二，是要求保护地球的自然环境。其三，则是要求维护公共场所的卫生环境。作为与环境荣辱与共、唇齿相依的人类社会的一名成员，保护环境是责无旁贷的。

要遵守这项原则，不仅要具有保护环境的意识，而且还要在日常生活中严格要求自己。不要在他人面前吸烟、不要随手乱丢废弃物品、不要采折花卉等，都是保护环境的具体表现。

另外，在对外交往中，还应当爱护动物。动物是维持自然界生态平衡不可缺少的成员。它与农、林、牧、渔、医等各方面关系非常密切，为人类衣食住行提供了宝贵的资源，也为美化人们的生活提供了丰富的内容。所以应当爱护动物，遵守各国有关动物的规定或条例。

在西方，狗、猫一类的宠物是受青睐的。与西方人交谈时，“狗肉味道好极了”一类的话语是很不合适的。此外，还要尊重主人的宠物，不能称之为“母狗”、“懒猫”。

我们有些人在国内接待外宾时，为了向外宾表现得热情好客，不惜花巨款买珍禽异兽款待，而重视环保的外宾却往往拒绝，丝毫不领情。实际上，这种“好客”违背了人类生存的共同利益，违背了当前爱护环境、保护环境的主旋律，所以必将招致有识之士的唾弃。

第三节　涉外商务迎送、会见、洽谈礼仪

一、涉外迎送礼仪

迎来送往是常见的社交礼节。在国际交往中，对外国来访的客人，通常均视其身份和访问性质，以及两国关系等因素，安排相应的迎送活动。

然而，对应邀前来的访问者，无论是官方人士、专业代表团还是民间团体、知名人士，在他们抵达或离开时，均应安排相应身份的人员前往机场（车站、码头）迎送。对长期在本国工作的外国人士和外交使节、专家等，当他们到任、离任时，各国有关方面亦应安排相应人员迎送。

1. 确定迎送规格

对来宾的迎送规格各国做法不尽一致。确定迎送规格，主要依据来访者的身份和访问目的，适当考虑两国关系，同时要注意国际惯例，综合平衡。主要迎送人通常都要同来宾的身份相当，但由于各种原因（如国家体制不同、当事人年高不便出面、临时身体不适或不在当地等），不可能完全对等。遇此情况，可灵活变通，由职位相当的人士，或由副职出面。总之，主人身份总要与客人相差不大，以同客人对口、对等为宜。当事人不能出面时，无论作何种处理，应从礼貌出发，向对方作出解释。其他迎送人员不宜过多。也有从发展两国关系或当前政治需要出发，破格接待，安排较大的迎送场面。然而，为避免造成厚此薄彼的印象，除非有特殊需要，一般都按常规办理。

2. 掌握抵达和离开的时间

必须准确掌握来宾乘坐飞机（火车、船舶）抵离时间，及早通知全体迎送人员和有关单位。如有变化，应及时通知。由于天气变化等意外原因，飞机、火车、船舶都可能不准时。一般大城市，机场离市区又较远，因此，既要顺利地接送客人，又不过多耽误迎送人员的时间，就要准确掌握抵离时间。

迎接人员应在飞机（火车、船舶）抵达之前到达机场（车站、码头）。送行则应在客人登机之前抵达（离去时如有欢送仪式，则应在仪式开始之前到达）。如客人乘坐班机离开，应通知其按航空公司规定时间抵达机场办理有关手续（身份高的客人，可由接待人员提前前往代办手续）。

3. 献花

如安排献花，须用鲜花，并注意保持花束整洁、鲜艳，忌用菊花、杜鹃花、石竹花和黄色花朵。有的国家习惯送花环，或者送一两枝名贵的兰花、玫瑰花等。通常由儿童或女青年在参

加迎送的主要领导人与客人握手之后，将花献上。有的国家由女主人向女宾献花。

4. 介绍

客人与迎接人员见面时，应互相介绍。通常先将前来欢迎的人员介绍给来宾，可由礼宾工作人员或其他接待人员介绍，也可以由欢迎人员中身份最高者介绍。客人初到，一般较拘谨，主人宜主动与客人寒暄。

5. 陪车

客人抵达后，从机场到住地，以及访问结束，由住地到机场，有的安排主人陪同乘车，也有不陪同乘车的。如果主人陪车，应请客人坐在主人的右侧。如是三排座的轿车，译员坐在主人前面的加座上；如是二排座，译员坐在司机旁边。上车时，最好客人从右侧门上车，主人从左侧门上车，避免从客人座前穿过。若客人先上车，坐到了主人的位置上，则不必请客人挪动位置。

6. 对一般客人的迎接

迎接一般客人，无官方正式仪式，主要是做好各项安排。如果客人是熟人，则可不必介绍，仅向前握手，互致问候即可；如果客人是首次前来，又不认识，接待人员应主动打听，主动自我介绍；如果迎接大批客人，也可以事先准备特定的标志，如小旗或牌子等，让客人从远处就能看到，以便客人主动前来接洽。

7. 迎送工作中的几项具体事务

（1）迎送身份高的客人，应事先在机场（车站、码头）安排贵宾休息室，准备饮料。

（2）安排汽车，预定住房。如有条件，在客人到达之前将住房和乘车号码通知客人。如果做不到，可印好住房、乘车表，或打好卡片，在客人刚到达时，及时发到每个人手中，或通过对方的联络秘书转达。这既可避免混乱，又可以使客人心中有数，主动配合。

（3）客人抵达后，一般不要马上安排活动，应稍事休息，起码应给客人留下更衣时间。

（4）整个活动应安排得热情周到，有条不紊，不要出现因冷淡、粗心而怠慢客人的现象。

周总理送客

1957年国庆节后，周总理去机场送一位外国元首离京。当那位元首的专机腾空起飞后，外国使节、武官的队列依然整齐，并对元首专机行注目礼。而我国政府的几位部长和一位军队的将军却疾步离开了队列。他们有的想往车里钻，有的想去吸烟。周总理目睹这一情况后，当即派人把他们叫回来，一起昂首向在机场上空盘旋的飞机行告别礼。随后，待送走外国使节和武官，总理特地把中国的送行官员全体留下，严肃地给大家上了一课：外国元首的座机起飞后绕机场上空盘旋，是表示对东道国的感谢，因此，东道国的主人必须等飞机从视线里消失后才能离开，否则就是礼貌不周。我们是政府的工作人员和军队的干部，我们的举动代表人民和军队的形象，虽然这只是几分钟的事，但如果我们不加以注意，就很可能因小失大，让国家的形象受损。

周总理对外事礼仪的细心与认真可谓至深至真。外事无小事，事事是大事，也只有充分表示自己对外宾的热忱与礼节，才会赢得对方的好感与认同，这也是周总理的人格魅力之所在。

二、涉外会见、洽谈礼仪

会见，国际上一般称接见或拜会。凡身份高的人士会见身份低的，或是主人会见客人，这种会见一般称为接见或召见。凡身份低的人士会见身份高的，或是客人会见主人，这种会见，一般称为拜会或拜见。拜见君主，又称谒见、觐见。我国国内不作上述区分，一律统称为会见。接见和拜会后的回访，称回拜。

会谈是指双方或多方就某些重大的政治、经济、文化、军事问题，以及其他共同关心的问题交换意见。会谈也可以是指洽谈公务，或就具体业务进行谈判。会谈，一般说来内容较为正式、专业性较强。我们在此主要以商务会谈为主。

东道国对来访者，从礼节及两国关系上考虑，一般均根据对方身份及来访目的，安排相应公司领导和部门负责人会见。来访者亦可根据国家关系和本人身份以及业务性质，主动提出拜会东道国相关公司领导和部门负责人。一般说来，礼节性拜会，身份低者拜见身份高者，来访者拜见东道主，如是正式访问或专业访问，则应考虑安排相应的会谈。

1. 会见座位的安排

会见通常安排在会客室或办公室，宾主各坐一边。我国习惯在会客室会见，客人坐在主人的右边，译员、记录员安排坐在主人和主宾的后面。其他客人按礼宾顺序在主宾一侧就座，主方陪同会见的人在主人一侧就座。座位不够可在后排加座。

2. 会谈座位的安排

双边会谈通常用长方形、椭圆形或圆形桌子，宾主相对而坐，以正门为准，主人占背门一侧，客人面向正门，主谈人居中。我国习惯把译员安排在主谈人右侧，但有的国家亦让译员坐在后面，一般应尊重主人的安排。其他人按礼宾顺序左右排列。记录员可安排在后面，如参加会谈人数少，也可安排在会谈桌就座。

小范围的会谈，也可不用长桌，只设沙发，双方座位按会见座位安排。

3. 会见和会谈中的几项具体事务

（1）提出会见要求，应将要求会见人的姓名、职务以及会见什么人、会见的目的告知对方。接见一方应尽早给予回复，约妥时间。如因故不能接见，应婉言解释。

（2）作为接见一方的安排者，应主动将会见（会谈）时间、地点，主方出席人，具体安排及有关注意事项通知对方。作为前往会见一方的安排者，则应主动了解上述情况，并通知有关的出席人员。

（3）准确掌握会见、会谈的时间、地点和双方参加人员的名单，及早通知有关人员和有关单位做好必要安排。主人应提前到达。

（4）会见、会谈场所应安排足够的座位。如双方人数较多，厅室面积大，主谈人说话声音低，宜安装扩音器。会谈如用长桌，应事先排好座位图，现场放置中外文座位卡，卡片上的字体应工整清晰。

（5）如有合影，事先排好合影图，人数众多应准备架子。合影图一般由主人居中，按礼宾次序，以主人右手为上，主客双方间隔排列。第一排人员既要考虑人员身份，也要考虑场地大小，即能否都摄入镜头。一般来说，两端均由主方人员把边。

（6）客人到达时，主人在门口迎候，可以在大楼正门迎候，也可以在会客厅门口。如果主人不到大楼门口迎候，则应由工作人员在大楼门口迎接，引人会客厅。如有合影，宜安排在宾主握手之后。合影后再入座。会见结束时，主人应送至车前或门口握别，目送客人离去后再回室内。

（7）领导人之间的会见或是会谈，除陪见人和必要的译员、记录员外，其他工作人员安排就绪后均应退出。如允许记者采访，也只是在正式谈话开始前采访几分钟，然后离开。谈话过程中，旁人不要随意进出。

（8）会见时招待用的饮料，各国不一。国内一般只备茶水，夏天加冷饮。会谈如时间过长，可适当上咖啡或红茶。

一般官员、民间人士的会见，安排大体上相同，也要事先申明来意，约妥时间、地点，通知来人身份和人数，准时赴约。礼节性的会见，一般不要逗留过久，半小时左右即可告辞，除非主人特意挽留。日常交往，客人来访，相隔一段时间后，应予回访。如果客人为祝贺节日、生日等喜庆日来访，则可不必回访，而在对方节日、生日时应前往拜望，表示祝贺。

三、涉外参观游览礼仪

外国客人来访，应考虑安排参观游览活动，通过参观游览，可使其了解我国的历史文化、风土人情和经济发展情况，也是树立国家、部门、企业形象，扩大对外宣传和搞好开放工作的大好机会。

1. 项目安排礼仪

选定参观游览项目，主要考虑以下因素：

（1）来访的目的和性质。

一般参观游览都有相对的针对性。根据其目的和性质，安排有针对性的游览活动，是一个基本准则。

（2）来宾的意愿、兴趣。

安排参观游览的内容应考虑客人的意愿、兴趣。对一般代表团来说，待其到达后，提出参观游览方案，应共同商定，对重要的、身份高的代表团，可事先通过外交途径了解其要求，再予以适当安排。

（3）当地条件的可行性。

参观游览要注重当地实际情况，做到力所能及、切实可行，综合考虑多种因素，比如安全设施、保密设施及接待条件等。

（4）季节与时间的可能性。

有些游览项目和季节时令关系很大，安排时理应把气候因素考虑进去。同时，参观时间和路途时间的搭配也应充分考虑好。

2. 技术指导安排

项目选定后，如果数量很多，就应制订出一个较为详细的计划或日程安排，内容应包括目标、路线、日程、时间、车辆等。待确定了这些细节和具体内容后，应向各级接待方交涉清楚，并通知相关人员，以便大家提前准备，即使出现问题，也能及时得到解决。按照国际交往礼节，参观游览时，应有身份相当者陪同前往，接待单位也要有一定的人员出面，并根据情况安排人员负责解说、翻译；游览时则应安排导游人员陪同，导游人员不宜过多，但业务素质和文化素养要高。

参观游览时，接待单位或导游人员要介绍一些情况。介绍情况时要注意：一是要实事求是，故意夸大或贬低都会给对方留下不诚实的印象，此乃涉外礼仪中的大忌；二是要掌握时间，让客人多看，只需抓住时机略作介绍，不要喋喋不休，唯恐外宾不了解我们的光荣历史，必要时，应将参观游览处的情况以书面材料形式先作介绍，以加深其印象；三是介绍时要掌握分寸，随机应变；四是要尽量使所有参观者都能听得懂、听得清，可以分批介绍或使用扩音器。

在风景游览区、公共活动场所以及允许外宾参观的地方，原则上都应准许外宾拍摄，对其行为不应干涉。对一些不准拍摄的项目，如文物、专利设备等则应设有警告牌或中外文说明标志，若无此类标志，一定要向外宾说明，以免引起误解。

3. 接待参观礼仪

外宾到达前，接待单位一般应事先准备好相应语种的中外文对照的情况介绍材料。如果外宾所属国家地区所用语种不甚通用，或准备起来有一定难度，也可准备中英文对照的材料。介绍材料力求简明扼要、实事求是。

陪同参观人员不宜过多，但应该有能够回答技术问题的人员，对可能涉及的技术问题要求事先有充分的准备，不能临时抱佛脚，以免出现应答失误，或者时间耽搁。

引导外宾参观的人，要走在左前方，如果为了表示尊重而让外宾走在前面的话，反而会使他感到不知如何是好。上下楼梯时，引导的人应该靠扶手走，而让外宾靠墙走。

有时，为了对具有一定身份的外宾表示欢迎，应该在被参观企业或其他单位的适当地方，竖起参观客人所属国家的国旗和我国国旗。

在参观途中，如果碰巧到了午餐时间，不必特意从外面叫好菜来，也不必到外面的高级餐厅去招待，在企业或单位的内部餐厅用餐就可以了，招待过于豪华，有时反而会使外宾产生不良的印象。

应当注意的是，在接待外宾的过程中，要内外有别，注意保密。属于保密产品的，不要引导外宾参观，没有把握的不要轻易表态，更不要随意允诺送给外宾产品、资料等。

第四节　涉外商务宴请礼仪

●礼仪案例

吃了一半的西餐

某公司的业务员陈先生晚饭时走进一家西餐厅就餐。服务员很快便把饭菜端上来了。陈先生拿起刀叉，使劲切割食物，刀盘摩擦发出阵阵刺耳的响声，他将食物切成一块块后，接着用叉子叉起一大块、一大块的食物塞进嘴里，狼吞虎咽，并将鸡骨、鱼刺吐于洁白的台布上。中途陈先生随意将刀叉并排往餐盘上一放，顺手将餐巾放到餐桌上，起身去了趟洗手间。回来后发现饭菜被端走，餐桌已收拾干净，服务员站在门口等着他结账。陈先生非常生气，在那儿与服务员争吵起来。

问题：你认为到底是谁错了？为什么？

无论是日常生活中的欢庆佳节、婚嫁喜庆、相互往来，还是商务活动中的签订合同、联络感情、择吉开张等活动均离不开宴请。宴请不是随随便便地请人吃饭，而是有一整套特有程序的礼仪。熟练掌握宴请的礼仪规范，才能使宴请收到应有的效果。

宴请的形式有宴会、招待会和工作进餐。宴会指出较正式的招待和隆重的聚餐，如国宴、家宴等；招待会不备正餐、不排座次，较为灵活随便，如冷餐会、酒会、茶会等；工作进餐多为快餐分食的形式，卫生方便。

设宴应做好确定目的、范围、形式、时间、地点的准备，还要发请柬，安排现场桌次和席位，设计宴请的程序并礼仪接待。

一、宴请的准备组织工作

1. 列出宾客名单

宴会之前，应该按照宴请所要达到的目的，认真列出被邀请宾客的名单。谁是主客，谁是陪客，都要一一列清。做到该请的请，不该请的不请，不得遗漏。一般每次宴请的客人，都是为了一个目的，或洽谈项目，或签订合同，或接风迎客，或饯行话别等。按照常规，不宜把毫不相干的两批客人合在一起宴请，更不得把平时有芥蒂的客人请到一起吃饭、饮酒，以免发生不愉快的尴尬场面。

2. 确定时间

宴请时间的确定，有的可按主人主观的安排，如公司开业、友人聚餐等，有的随其他因素而决定，如接风送行等，系由客人的行程所定。至于具体宴请时间的确定，原则上以适应多数宾客来参加宴会为准，尤其应以主宾最合适的时间来确定，而不能只迁就主人的意思。

3. 选择场所

选择好的宴会场所，是十分重要的事情，如有的适合家宴，以显示主客之间亲密的情谊；有的则宜在星级宾馆中宴请，以表示主人对客人的敬重；有的则在清真饭店中摆席，以尊重少数民族客人的民族习惯，如此等等，无一不是主人对宴会的精心安排，充分表现出主人对客人的敬意。总之，我们要选择那些交通方便、环境幽雅、食品卫生、菜肴精美、价格公道、服务优良的饭店作为宴请的场所。

4. 菜谱的制定

宴会菜谱的确定，应该根据宴会的规格，“看客下菜”。总的原则应考虑根据客人的身份及宴请的目的来确定，做到丰俭得当。整桌菜谱有冷有热，荤素搭配，有主有次，主次分明，即一桌菜要有主菜（如鱼翅、甲鱼等），以显示菜的规格；也要有一般菜以调剂客人的口味。具体菜肴的确定，还是以合适多数客人的口味爱好为前提，尤其要特别照顾主宾的饮食习惯。在订好菜谱的同时，还要准备好酒水，包括香烟、糖果、瓜子之类等，都要一一备齐。

5. 安排座次

宴会一般是 8 ~ 12 人为一桌，人数多时则平均分配为几桌，桌次有主次之分。主桌的确定应以“面门、面南、观重点”为原则，其中“观重点”最主要，即将主桌安排在餐厅的重要位置。其他桌次按照与主桌近为主、远为次、右为主、左为次的原则安排。各桌的主位可与主桌的主位相同，也可以方向相对。

宴会的席位是指在同一桌上，座位有主次之分。一般情况下，对着门口是主位，离门口最近的为次位。有时也可按椅子的档次定，高靠背或有扶手的为主位，无靠背的为次位。其他位以离主位的远近而定主次，右主左次，也可以穿插安排，即主人的对面安排第二主人，其余的座次分别以离主人和第二主人的远近而定主次，右主左次。

按照我国习惯，商务宴会一般以职务高低安排座次。如果夫人出席，通常把女方排在一起，即主宾坐在男主人右上方，其夫人坐在女主人右上方。家庭宴会则是按照“先朋友、后亲戚、再宗族”的原则安排，这其中又以年龄的长幼为序。

二、宴会进行时的礼仪

在宾客陆续到来后，主人要热情招待，尽可能聊一些轻松的话题，保持宴会的热烈气氛，来达到预期的目的。礼仪方面应该注意以下几点：

1. 引客入座

宴会开始前，主人要对所有的客人表示热烈欢迎，必要时还可安排几个主要人员陪同迎接，不能够冷落任何一位客人。如果客人相互间有不熟悉的，主人要逐一介绍，使彼此有所了解，以增进宴会的友好气氛。然后按预先安排的座位，依次引客入座。如果客人有坐错座位的，一般应“将错就错”，或者巧妙地加以换座，要以不挫伤客人的自尊心为宜。

2. 按时开席

客人落座后，主人要按时开席。不能因个别客人迟到而影响整个宴会的进行。如系主要客人，或是主宾，到开席时尚未到达，应尽快与其取得联系，在弄清楚原因后，根据情况采取应急措施，并向其他客人表示歉意。一般来说，宴会开席延迟 10 ~ 15 分钟是允许的，万不得已时最多不能超过 30 分钟，否则将冲淡宾客兴致，影响宴会气氛。

3. 致辞祝酒

宴会开始时，主人应站起向全体宾客敬酒，并致以简短的祝酒词，如：“欢迎诸位光临！现在我向大家敬个酒，祝各位事业兴旺，合家安康”，祝酒词视宴会性质而定。

4. 介绍菜肴

当第一道热菜（主菜）上桌时，在饭店一般由服务员报菜名，并介绍这道菜在制作及色、香、味方面的特色。此时，主人应举筷请宾客品尝。当客人互相谦让、不肯下箸时，主人可站起来用公筷、公匙为客人分菜。分菜时注意先分主宾或长者，并注意分得均匀，以免有厚此薄彼、不一视同仁之嫌。如系家宴，应精心制作几道拿手菜。请大家品尝后，要虚心征求宾客的意见。

5. 亲切交谈

宴会进行中，主客双方应该就彼此都感兴趣的话题亲切交谈。交谈的范围不妨广一些，一切从增进友谊来考虑。对一方避讳的事情，特别是涉及个人隐私的话题，切不可在酒席间谈起。对一些要达到一定目的的宴会，宴会中不宜作深入具体的、实质性的交谈，要“只叙友情，不谈工作”，切不可把餐桌变成谈判桌，以免陷入窘境，使双方不快。

6. 适时结束

一般宴会应掌握在 90 分钟左右，最多不超过 2 小时。过早结束，会使客人感到不尽兴，甚至对主人的诚意表示怀疑；时间过长，主客双方都感到疲劳，反而会冲淡宴请的气氛。宴会结束最适当的时机，应是宴会达到最高潮时戛然而止，这是再美好不过的事。因此，主人应掌握最好的时机，宣布宴会到此结束，给大家留下美好的回忆。

外国人的日常宴请在女主人为第一主人时，往往以她的行动为准。入席时女主人先坐下，并由女主人招呼客人开始用餐。餐毕，女主人起立，邀请女宾与其共同退出宴会厅。然后男宾起立，尾随进入休息厅或留下吸烟。男女宾客在休息厅会齐，即上茶或咖啡。主宾告辞时，主人把主宾送至门口。主宾离去后，原迎宾人员按次序排列，与其他宾客握别。如有礼物互相赠送，应认真处理好赠礼和回礼。当众赠送的礼物，应该统一规格，以免产生误会。

如果安排有其他活动，比如卡拉 OK、舞会、打牌等，可挽留有兴趣的来宾自由参加，主随客便。

三、赴宴礼仪

宴请，作为重要的社交活动，涉及主、客双方。不仅主人要注意宴请活动中的礼仪要求，客人也应注意赴宴的礼节、礼貌，向主人和其他来宾展示自己良好的礼仪修养，塑造良好的职业形象。

1. 充分准备

出席宴会前，一般应梳洗打扮，女士要适当化妆，男士要梳理头发并剃须。衣着要求整洁、大方、美观，使仪容、仪表打扮得符合宴请场合的要求。国外宴请非常讲究服饰，往往根据宴会的正式程度，在请柬上注明着装要求。在我国虽然没有具体要求，但作为应邀者也应该穿一套合体入时的整洁服装。参加喜庆宴会，女宾可以穿着色彩鲜艳的裙子或套装，男宾可以着西装或中山装；参加丧宴时，可穿黑色或其他素色的服装，不可穿着过分华贵的服装（以不超过主人为度）。

2. 准时赴宴

接到宴会邀请后，能否出席应尽早答复对方，以便主人作出安排。接受邀请后不要随意改动。万一遇到特殊情况不能出席时，尤其作为主宾，应尽早向主人郑重解释、道歉，甚至亲自上门致歉。出席宴请活动，抵达时间的迟早、逗留时间的长短，在一定程度上反映出对主人的尊重。过早、过迟或逗留时间过短，不仅是对主人的失礼，也有损自己的形象。按时出席宴请是最基本的礼貌。一般来说，出席宴会要根据各地的习惯，正点或提前或晚于规定时间的 2 ~ 3 分钟抵达。身份高者可略晚些到达，一般客人宜略早些到达。

3. 按位落座

所谓按位落座，指的是宴会所请客人分别按主人预先的安排，准确落座。一般客人到达宴请场所时，不要急于找座位坐下，应等主人引座。如其他客人已相继坐下，而一时无人给自己引座时，可选择较下的位置先行坐下，待主人发现时，再正式引座。大型宴会一般都分主宾席和一般宾客席，被请者应考虑个人的身份，分别在主宾或一般宾客席入座。

4. 举止文明

宴会进行过程中，赴宴者要做到举止文明。这就要求做到当主人或其他宾客讲话、敬酒、介绍菜肴时，应停止进食，正坐恭听，不可和旁人交头接耳，更不要摆弄餐具。一般情况下，宴会中不要高声谈笑，更不要喧宾夺主或反客为主。要注意自己饮酒、进食时的仪态。在宴会中，主人示意举杯时，宾客才能举杯。夹菜时要待菜肴转到自己面前或主人、主客、长者先夹以后，自己再夹；吃菜、吃饭时，要细嚼慢咽；喝汤时嘴中不要发出“咕噜、咕噜”或“叭叭”的声音。饮酒要留有余地，慢酌细饮。不要逞强好胜，相互灌酒，喝得酩酊大醉，甚至口出秽言，那样是非常失礼的。一般对外商务宴会，要求掌握在自己酒量的 1/3 范围内饮用即可。不善饮酒者，主人敬酒时，可婉言解释，或用淡酒、饮料象征性地表示一下。

就餐要注意“吃有吃相”。注意中餐礼仪和西餐礼仪的区别，不清楚要问别人，或者采取“慢半拍”宴请的习俗。

5. 热情话别

当宾客酒足饭饱后，应及时向主人表示感谢与道别，使宴会能够按时结束。这时，宾客不得因贪杯而拖延不散，也不能因余兴未尽而迟迟不走。那样做不仅是对主人的失礼，也是对众宾客的不敬。在宴会结束时，应热情与主人话别，也要与其他客人道别。如果主人有一般礼物馈赠，应十分高兴地将礼物收下，并表示感谢，绝不能不屑一顾。

有时为使礼数周到，可在宴会后发出致谢信，最好是第二天就发出，一般有一个星期的时限。信中应再次对主人的盛情表示感谢，特别是应该把自己的愉快心情表达出来。这样礼貌的表示会使主人铭记在心。

四、西餐礼仪

西餐的餐具使用方法复杂，一般应左手持叉、右手持刀。当餐桌上有多副刀叉并排时，要按照先外后内的顺序，先使用摆在最外边的一副刀叉，然后依次向内，因为西餐餐具摆放与上菜的先后是直接衔接的，顺序错了，就可能导致“物不尽其用”。而大多数情况下，是需要刀叉平行放在盘子上的。

西餐中的汤匙是专门用来喝汤的（喝咖啡的匙的样式与汤匙不同），因此不宜用来进食，但可以与叉并用，帮助叉取食物。匙叉并用取食物与刀叉取食物有一点相同，即匙将食物拨拉到叉的内侧，而不是外侧。

用匙喝汤有一定礼仪范围。喝汤时，右手扶着盘子，由桌沿朝着中心的方向慢慢舀去，喝剩少许时，用左手把汤盘靠自己的一边稍稍提起，再用匙轻轻地由里向外舀去。喝光汤，匙应放在盆里，匙心向上，匙柄置盘子右边缘外。

遇到吃面包时，应将面包掰成小块，用专用的小刀抹上黄油和果酱，抹一块吃一块。遇到有烤鸡、龙虾时，也可用手撕着吃。

用手取食物，有时会送上一个小水盆，水上漂有玫瑰花瓣或柠檬片，这是专供洗手用的。洗手时两手轮流沾湿指头，轻轻刷洗，然后用餐巾或小毛巾擦干。

用餐完毕，用餐巾擦拭嘴唇和嘴角，然后置于盘子右方。一般在众人面前不宜使用牙签，必须用时，应将双手挡在嘴前轻轻地剔，用过的牙签放在盘内，勿置于桌布上。

有的西餐餐后或席间还配有咖啡和茶。全套咖啡用具包括咖啡杯、托盘、小匙、牛奶缸、糖缸等。喝咖啡时，先用专用的糖夹或糖勺往咖啡里加适量的糖，再加奶，然后用小匙搅拌。搅毕，将小匙置于托盘上，也可根据个人习惯不加糖和奶。此时就可左手托盘，右手持杯耳，将托盘置于齐胸的位置，然后将咖啡杯端离托盘，慢慢饮用。喝完以后，再将咖啡杯置回托盘中，放于桌上。勿将小匙放在杯中。

在美国感受餐饮

走进西餐厅，满眼雪白的台布，银亮的刀叉，辉映着整齐清洁、安静舒适的氛围，让你感觉犹如轻风扑面。在一位中年男侍应生的引导之下，我们一一就座，女儿接过上来的菜单，开始点菜。我环顾一下四周，上座的客人不过四五人。他们大都两人一桌，三人、四人共餐的很小，上菜之后那种一手持刀，一手握叉，轻拿轻放，细嚼慢咽，促膝交谈，细声慢语的翩翩风度，确实让我欣赏到了一份雅气。

走进中餐馆，一眼看去，和西餐馆没有什么两样。服务人员一样迈着轻盈的小碎步，一样彬彬有礼地引导客人入座，然后递上菜单。唯一一点不同的就是，中餐馆的服务员和国内餐馆一样，以年轻女性为多，而稍上档次的西餐馆里的侍应生，却多以中年男性为主。

在西餐馆吃饭，菜是一道一道地上，吃完一道，撤去盘子，再上第二道，餐桌上永远保持清爽和整洁。在这种气氛下进餐的人，说话自然细声细气、温文尔雅，彼此享受着那一分温馨和从容。然而在中餐馆吃饭，这些戒律清规一概没有了，用不惯刀叉的，桌边有筷盒，一次性筷子任你取用，所点的菜也无须吃完一道上一道，可以摆满一桌子，让你比较，细细品味。在这种无拘无束的氛围下进餐，说笑自然也就随便多了。这种场所不仅中国人爱来，不少美国人也爱来。在我看来，在这里吃饭的美国人，除了拿筷子远不如中国人好看之外，无拘无束的样子却不比中国人差到哪里去，真和他们在西餐馆的举止判若两人，可见环境氛围确实是很影响人的。

●习题与实训

一、简答题

1. 涉外商务礼仪应遵循的基本原则有哪些？
2. 涉外商务礼仪应遵循的基本要求有哪些？

3. 赴宴时应注意哪些礼仪要求?

4. 中餐和西餐有哪些差别?

二、实训

技能题:

1. 赠送礼物时应注意哪些技巧?

2. 掌握送花的基本形式。

3. 找出自己在使用中餐具时有哪些习惯不合规范，并加以改正。

实训题:

1. 结合现实生活中的送花，练习插花并掌握鲜花搭配、数量的寓意。

2. 在正式的宴会中，应按礼宾次序的大小入座，请依次用1~8的序号，在圆桌上摆好座位，并简要说明这样安排的原因。

第九章　国际商务礼俗与禁忌

●技能目标

1. 学会国际商务交往时的各种方式

2. 规避国际商务交往中的禁忌事项

●知识目标

1. 熟悉国际商务交往中的礼仪

2. 了解各国社会文化、习俗、风土人情

●导入案例

一个真实的故事

日本青年加藤代表公司到我国一日资公司任职，其间结识了何小姐，并深深地爱上了她。在征得小何父母的理解和认可后，加藤带小何回日本与自己父母见面。就在全家共同进餐时，小何的未来公公夹菜到小何面前，小何立刻伸出筷子去夹，谁知加藤立即火冒三丈地拍掉了小何的筷子，并怒气冲冲地回了房间，加藤的父母也相继离开了饭桌，小何既委屈又伤心……你知道是怎么回事吗?

显然这是不懂礼仪习俗之过，在日本用筷子夹菜和夹骨灰、接骨头的意思相同，是一件极为禁忌的事。

第一节　亚洲国家商务礼俗与禁忌

亚洲位于东半球的东北部，东濒太平洋，北临北冰洋，南靠印度洋，西靠大西洋的属海地中海和黑海。面积4 400万平方公里，约占世界总面积的29.4%，是世界第一大洲。

亚洲共有49个国家和地区。地理上习惯分为东亚、东南亚、南亚、西亚和中亚等，亚洲人口大约占世界总人口的60%。人口在1亿以上的国家有中国、印度、印度尼西亚、日本、孟加拉和巴基斯坦。亚洲种族多属于黄种人，大约占全洲3/5以上，其次是白种人，黑种人很少。

亚洲是佛教、伊斯兰教和基督教三大宗教的发源地。中南半岛各国居民多信仰佛教；马来半岛和马来群岛上的居民主要信仰伊斯兰教，部分居民信仰天主教和佛教；南亚各国居民主要信仰印度教、伊斯兰教和佛教；西亚各国居民主要信仰伊斯兰教。

一、日本

日本人办事显得慢条斯理，对自己的感情常加以掩饰，不轻易流露，不喜欢伤感的、对抗性的和针对性的言行。所以，在与日本人打交道的过程中，没有耐性的人，常常会闹得不欢而散。

爱面子是日本人的共性。它是一个人荣誉的记录，又是自信的源泉。一句有伤面子的言语、一个有碍荣誉的动作，都会使事情陷入僵局。因此，与日本人相处，应时时记住给对方面子。日本人讲道义，重恩情，在他们看来，“一个人永远报答不了万分之一的恩情”。知恩图报，对他们而言是普通而又相当重要的事情。

送礼在日本更是习以为常，同事的荣升、结婚、生孩子、生日、过节等都会赠送礼物，这种礼仪既是历史的遗风，又被赋予了时代的新意。送礼之习，在商务交往中同样风行。给日本客人送一件礼物，即使是小小的纪念品，他都会铭记心中，因为它不但表明你的诚意，而且也表明彼此之间的交往已超出了商务的界限。日本人不喜欢在礼品包装上系蝴蝶结，通常用红色的彩带包扎礼品，象征身体健康，不要给日本人送有动物形象的礼品。

接受日本人的邀请也有一定的讲究，例如应邀参加正式的宴会，应郑重其事，仪表整洁，西装革履。但如果是参加郊游或其他的文娱、体育活动，即使是首次见面，只要着装自然，能够显示出你的热情大方，就礼到人不怪了。

禁忌：颜色：忌黑白相间色、绿色、紫色、深灰色；数字：忌“4”，因为“4”在日语中与“死”谐音；鲜花：忌送菊花、荷花。16瓣菊花是日本皇室专用花，荷花是用来祭奠死者的；忌三人合影，日本人认为，中间人有受制于人的兆头；忌头朝北睡觉，在日本，人死后，停尸时死者头朝北。忌“八筷”，就餐使用筷子有八种忌讳：舔筷，用舌头舔筷子；迷筷，手持筷子犹豫不定；移筷，筷子动了菜却中途移开；扭筷，扭动筷子；掏筷，用筷子从中间掏菜吃；架筷，把筷子架在碗或盘子上；插筷，将筷子插在饭菜中或插着菜吃；剔筷，用筷子剔牙。

二、韩国

大韩民国位于亚洲朝鲜半岛南部，东、南、西三面环海，面积9.9万平方公里，约占朝鲜半岛总面积的45%。韩国人口4 352万，全国为单一的朝鲜族，华人大约有3万多。国语为朝鲜语，居民多信仰佛教，另外还有儒教、基督教、天主教。

韩国人注重礼节，讲究尊卑。韩国素有礼仪之邦的美称，他们在社会上和家庭中，无不对长辈表示尊重，不敢稍有怠慢。在人际交往上注重礼节，讲究谦让，这一点与韩国文化受到我国儒家思想的影响不无关系，韩国人把儒家思想作为一种宗教来信奉。韩国人对自己国家悠久的文化和在现代社会的成就都有一种自豪感，有时甚至表现出一种自傲。韩国人重视对交易对象的印象，认为能否给对方留下一个好印象直接关系到交易的成败。如遵守他们的生活方式，注重仪表和礼节等都很重要。

韩国人见面时通常行握手礼并鞠躬，在韩国家庭中，还要保留着小孩向尊贵的客人行跪拜礼的习俗。社交中女士一般不握手，晚辈与长辈握手时，常以左手置于对方右手之上，表示尊敬。对长辈、上级和初次见面的客人要用敬语问候。社交中乐于交换名片，韩国有一半以上居民姓金、李、朴。称呼时，为便于区别最好以头衔相称。

韩国人重视业务交往中的接待。到韩国人家中做客或进饭馆都要脱鞋。上门做客，宜带上鲜花或其他礼物，进门后双手递给主人，韩国家庭中的餐桌为矮腿方桌，宾主盘腿席地而坐，不可双腿伸直或叉开，否则会被视为无教养。与长辈同行，韩国人总是保持一定的姿势，不敢掉以轻心，抽烟时一定要得到长辈的允许。

在韩国从事商务活动，宜穿西服。韩国本民族的服装，男士为高雅的长袍，女士则为轻盈的阔裙，服装颜色以白色为主，有“白袍之国”之称。

韩国人饮食习惯有以下特点：口味偏清淡不喜油腻，爱吃辣味菜肴，辣泡菜是韩国传统菜肴。韩国人用餐时，不可以边吃边谈和发出很响的声音。如有长辈同桌，则晚辈不可先动筷子，小孩子吃饭不可以比父母快，韩国人宴请客人，一般在饭馆进行。

禁忌：忌讳“4”这个数字，“4”在朝鲜语中与“死”的拼写和发音相同，韩国扇子无四号，宴会无四桌，医院无四号病房，吃东西不吃四碗，喝酒绝不喝四杯。逢年过节，忌讳说不吉利的话，更不能生气、吵架；正月头三天不能杀生，不能扫地倒垃圾，生肖相克者忌婚配。

三、泰国

泰国商人十分注重人际关系，在他们看来，与其费尽心思才获得一些利益，倒不如把这些利益让给那些诚实而富于人性的对手。对于商品，他们重视质量甚于牌子，只要商品货真价实，即使是名不见经传的产品，也能获得认可。此外，同大部分的华人一样，他们同样很爱面子，十分重视别人对自己的看法，如能让其获得心理上的满足，无疑是他们愿意看到的事情。

在泰国，众目睽睽之下与人发生争执，咄咄逼人的表现会被泰国人认为是最可耻的行为。由于左手被视为不洁净，所以交换名片、接受物品，都必须使用右手。

访问政府办公人员宜穿西装。商界见面着衬衫、打领带即可。拜访大公司或政府办公人员须预约，准时赴约是一种礼貌。宜持有英文、泰文、中文对照的名片，在当地两天即可印妥。泰国人不是按姓来称呼对方，如“陈先生”、“李先生”、“张女士”，而是称“建国先生”、“章达先生”、“秀兰女士”。到泰国人家做客，进屋时先脱鞋。在和泰国人的交往中，可以送一些小的纪念品，送的礼物事先应包装好，送鲜花也很合适。

除非在相当西化的场合，否则泰国人见面时一般不握手，而是双手合十放在胸前。初到泰国，要注意当地人所行的合掌见面礼，外人也可以照样行礼，双手抬得越高，表示越尊重客人，但双手的高度不能超过双眼。

泰国人很难对一件事作出决断，外人千万不要表现出不耐烦。和泰国商人相处，不要夸耀自己国家的经济，不要盘问对方的婚姻状况。在泰国最好携带旅行支票或本票，少用现金。在泰国，游客如果对寺庙、佛像等作出轻率的举动，会被视为“罪恶滔天”。进入泰国的寺庙，务必脱鞋。从进入寺庙的门口开始，需赤脚而行。到当地人家做客，如果发现室内设有佛坛，应立即脱掉脚上穿的鞋和袜，戴帽子的人也必须立刻脱去帽子。和尚在泰国的地位很高，因此客商必须“入境随俗”，不能大意。在泰国观光，到处可见卖佛像的工艺品店，对买到的佛像要十分敬重，切不可随意放置或粗手粗脚地动它，这种行为会引起泰国人的不快。

四、越南

越南社会主义共和国，位于中南半岛东部，东面和南部临海，北部与西部背依大陆，面积近 33 万平方公里。越南人口中京族（越族）占总人口 90% 左右，此外还有岱、泰、芒、侬、苗、瑶、土、高棉等 60 个民族，主要宗教有佛教、天主教、基督教，还有和好教、高台教，国语为越南语。

越南是一个多种宗教并存的国家，在商务活动中必须了解其守教礼仪，否则往往会因一件小事而影响生意的成功。越南商人注重信用，往往一次言而无信，对方就会拒绝进一步交往。越南人在谈生意时，喜欢试探对方的底牌，而自己的底牌不轻易亮出。因此，客商一定要有耐心。越南少数民族的共同特点是待人诚恳、直爽、守信用、重感情、讲礼貌。

越南人见面、告别行握手礼。熟人见面时，可以打招呼问好或点头致意，对长辈称大伯、大妈、叔叔、阿姨，对平辈称哥哥、姐姐之类。国家机关工作人员之间称同志。苗、瑶族见面时通常行抱拳作揖礼，高棉人行合十礼。

与越南人交往，双方约定时间后，要准时赴约，如有变化，要事先通知对方，并请对方谅解。商务交往中，可送对方一些具有纪念意义的礼物，但礼品价值不宜过大，否则有行贿之嫌，会遭到对方拒绝。越南人重友情，商务活动中宴请、聚会、郊游等都是增进了解、建立友谊的较好方式。商谈中要尽量坦诚相见、单刀直入，使对方理解自己有较大的诚意，以免产生误会。

越南气温较高，人们衣着很随意。平时工作中穿西服打领带者较少。人们大都穿衬衫，配普通西裤，穿皮鞋或凉鞋。在国家机关，女性穿传统长裙。土族男子一般穿黑色长衫，白色宽腰节裤，头缠紫色皱纱巾；女子上衣为无斜襟白短衫，下着宽腰节裙子。拉祜族男子打扮是裹黑色头巾，穿无领右开大襟衫和裤管肥大的长裤；女子喜欢裹一条一丈多长的头巾，末端垂至腰际，衣袖镶有各色布块布条，胸襟有美丽的刺绣。布依族妇女一般穿绉裙，短上衣，外罩胸衣。越族穿窄袖，开衩至腰际的长袍及黑、白色宽腿长裤。苗族姑娘爱穿色彩缤纷的紧身服装或精心刺绣的百褶花裙。

饮食方面，越南人受我国广东的影响较深。主食早点多馄饨、咸包子；午餐为米饭。喜欢吃鱼、虾、蟹、海参、鲜翅、广肚、粉丝、竹笋、通心粉等。不爱吃甜点心、羊肉、豆芽等。口味清淡，不爱辣味。常用饮料为茶和咖啡。

越南人禁忌非常多，不同民族有不同的禁忌：

（1）越族：忌当众挖鼻子、掏耳朵；忌用脚指物；席地而坐时忌腿朝向别人；忌睡在妇女的房门口和过道上；客人忌进入主人的内室；村寨口挂有绿树枝时，外人不得进村（各少数民族相同）；忌摸别人的头。

（2）泰族：屋内设有两个楼梯，一个是男人和客人用的，一个是女人用的，不可混淆；进屋要脱鞋；忌挂白色蚊帐；忌摸小孩的头；除红纸、红布可带进屋内外（但不可铺开），其他红色物品不能带入室内。

（3）苗族：忌说菜里盐不够；忌用脚踩炉灶或在炉火上烤衣物。

（4）芒族：不准站在家门口；不准从家里向外泼水；睡觉时不准脚朝厨房方向。

（5）侬族：忌外人触动烧火的铁三脚架；正月初一忌戴帽子，认为会遮住太阳而遭灾。

（6）瑶族：不准外人靠近供奉祖先的神台；家中忌挂白色的蚊帐；忌带进黄色物品；忌吃狗肉。

（7）高棉族：忌用左手行礼、进食、递接物品。

五、印度

印度是一个东西方文化共存的国度，又是一个非常讲究礼节的国家。有的印度人遇到外国人时，能用标准的英语问候“你好”，有的则用传统的佛教手势——双手合十问好。印度教徒见面和告别多施双手合十礼，并互相问好祝安。印度人在双手合十时，总是把双手举到脸部前才算合十。这种招呼，显得比握手高尚、文雅。必须注意的是，切莫在双手合十的时候同时点头（外国人在印度常有这种动作，容易引起当地人的笑话）。那就破坏了亲切和气的气氛，显得有点不伦不类了。

在印度，迎送贵宾时，主人献上花环，套在客人的颈上。男士不要和印度妇女握手，应双手合十，轻轻鞠躬。

印度人不喜欢玫瑰花，认为吹口哨是冒犯人的举动，是没有教养的表现。印度人喜欢谈论文化方面的成就、印度的传统以及外国的事和外国人的生活。在办公室和商业机关，写字台喜欢放在东北角或西南角。若邀请印度人参加社交活动时，也应邀请他们的妻子。

在印度，若要进入印度教的寺庙，身上绝不可穿以牛皮制造的东西，穿上牛皮制造的东西，会被视为犯了禁戒，皮鞋、皮表带、皮带、手提包等牛皮制品，都不得入其寺门。印度人走进寺庙之前，先要脱鞋。他们认为，若穿鞋进去，既不礼貌，也不圣洁。不论男女老幼，统统把鞋放在门口，赤脚进去。在印度的孟买，60% 的人是素食主义者。因此，宴请印度商人时，事先必须确认对方的习俗。

在印度约会要事先预约，并尽量按时赴约。在孟买入海关者，宜在海关申请饮酒许可，因为孟买市面无酒可购。印度人往往会带你到私人俱乐部内饮酒。

最容易引人误会的是，印度人平常表示同意或肯定的动作是摇摇头，或先把头稍微歪到左边，然后立刻恢复原状，表示“Yes”、“知道了”、“好的”。这与我们差别很大，最易使人误会。

六、新加坡

新加坡人很乐意到中国经商，同甘共苦、不畏强暴是他们代代相传的民族风格，但很顾面子。所以，在商谈中，“面子”对谈判起很重要的作用，常常在磋商重大的实质性问题时，要求签字立据，似乎有一种“口说无凭”的意思。但“面子”的另一方面，是他们在签订合同以后，总是恪守信誉、认真履约。因而在国外商人的眼中，新加坡籍商人一向有勤奋、诚实、谦虚、可靠的美德。与新加坡人谈判，不仅必须以诚相待，更重要的是考虑给对方面子，不妨多说几句“多多指教”、“多多关照”之类的谦言。值得一提的是，与海外华人进行贸易时，采用方言洽谈，可以起到一种独特的作用。碰上说潮州话的商人，首先献上一句“自己人，莫客气”的潮州乡音，给人一种宾至如归的感觉，其他像粤语、滇语等同样有助于谈判的进行和成功。

由于过去受英国的影响，新加坡已经西方化，但当地人仍然保留了许多民族的传统习惯。所以，打招呼的方式各有不同，最通常的是人们见面时握手，对于东方人可以轻轻鞠一躬。新加坡人接待客人一般是请客人吃午饭或晚饭。和在新加坡居住的印度人或马来人吃饭时，注意不要用左手。到新加坡人家里吃饭，可以带一束鲜花或一盒巧克力作为礼物。谈话时，应避免谈论政治和宗教。可以谈谈旅行见闻、你所去过的国家以及新加坡的经济成就。

商务活动一般穿白衬衫、打领带、着长裤即可。访问政府办公人员仍应着西装、穿外套。应邀赴宴宜注意言行，给予对方稳重、可信赖之感。商务走访最好选择3～11月，避免在圣诞节及中国农历新年前后进行。

新加坡人非常讨厌男子留长发，对蓄胡子者也不喜欢。新加坡居民对色彩的想象力很强，一般红、绿、蓝色很受欢迎，视紫色、黑色为不吉利，黑、白、黄为禁忌色。在商业上反对使用如来佛的形态和侧面像。在标志上，禁止使用宗教词句和象征性标志。喜欢红双喜、大象、蝙蝠图案。数字禁忌4、7、8、13、37和69。

七、马来西亚

马来西亚，位于东南亚马来半岛，由马来西亚、沙捞越和沙巴三大部分组成。面积32万平方公里。

马来西亚人口中马来西亚族占53%，华人占35%，印度、巴基斯坦人占8.8%。官方语言为马来语，通用语言为英语、华语、泰米尔语。伊斯兰教为国教，华人多信佛教。马来西亚属热带雨林气候，常年炎热多雨，年平均气温为29℃。

首都吉隆坡是一座典型的热带风光的都市。市内穆斯林式的建筑和中国式建筑以及现代化大厦融为一体，交相辉映，十分美观，街道清洁整齐，绿树成荫，气候宜人，空气清新。

马来西亚人愉快乐观，无忧无虑。马来人似乎不知忧为何物。与马来人打交道不可面无表情、一声不吭，否则会被认为不怀好意而不受欢迎。马来人爱开玩笑，认为笑口常开是一种社交礼貌。马来西亚长期处于英国殖民统治之下，并先后遭受过葡萄牙、荷兰、日本的侵略。因此，他们对外国人都不轻易相信。在无人介绍的情况下，从不主动与外国人交谈。在商务会谈中，他们会提出很多问题，却很少回答别人的提问。

马来西亚人在社会交往活动中常行握手礼，但这仅限于同性之间，异性之间一般不握手。马来西亚人行摸手礼。称呼方面，华人、印度族人可称“某先生”、“某小姐”、“某太太”等，而穆斯林，则在男子名前加“恩锡克”，女子名前加“锡克”。马来西亚人没有固定的姓，通常只有本身的名字，儿子以父名为姓，父亲则以祖父名为姓，故一家几代人都不同姓。

马来西亚人爱宴请。从事商务活动，宴请是必不可少的。马来西亚人时间观念较强，会见最好事先联系，准时赴约。

马来西亚居民最具代表性的衣着是“巴迪”，一种蜡染花布做成的长袖上衣。即使在正式社交场合也可以穿着。马来西亚人还有一种传统服装：男子上身穿无领长袖外衣，下身围一大块布，叫“沙笼”；女子穿“克巴亚”，一种无领长袖连衣裙。在公共场所，马来西亚人不论男女，穿衣绝不露出胳膊和腿。

马来西亚人的食物以米饭、糯米糕、椰浆、咖喱为主，喜辣。风味品以“沙嗲”最为有名，是各种宴会不可缺少的佳肴。马来西亚人习惯用手抓饭进食，进餐时，桌上备有两杯水，一杯是饮用，一杯用于清洗手指。马来西亚人禁酒，通常以白开水为饮料招待客人。

禁忌：马来西亚人忌穿黄色服装，认为黄色象征死亡；认为左手不洁，忌用左手进食和递接物品；忌猪、狗等动物，而喜欢猫；忌谈论当地宗教、人种等问题；忌 0、4、13 等数字。

八、菲律宾

菲律宾共和国，位于太平洋西部菲律宾群岛上，面积 29. 97 万平方公里，由 7 107 个岛屿组成。菲律宾全国有 80 多个民族，其中马来族占 85% 以上，主要少数民族有华人、印尼人、阿拉伯人等。官方语言为菲语（他加禄语）和英语。居民中 93. 8% 信奉天主教，有“亚洲唯一天主教之国”之称；5. 2% 信奉菲独立教；华人多信奉佛教，其他还有伊斯兰教、新教等。首都马尼拉是一个十分美丽的海滨城市，其优美的风光在世界上负有盛名。尤其是马尼拉落日，更有一种东方世界诗情画意的恬静。现代马尼拉，不仅是重要商港，而且已成为亚洲重要的国际贸易与旅游中心。

菲律宾人和蔼可亲，善于交际，作风大方。他们工作后的应酬很多。交际中，要注意保护对方的自尊，因为菲律宾人敏感而易生气。但他们极少用生硬粗暴的口气说话，即使有批评意见，也往往说得很得体。菲律宾人都显得无忧无虑、开朗乐观。他们对新事物很好奇，总喜欢目不转睛地打量且问个不停。与菲律宾人打交道，不可面无表情或一言不发，否则会被认为你不怀好意，从而不愿意与你接触。菲律宾人时间观念不强，尤其是在社交场合，更不守时。

菲律宾人不分男女，见面都握手，男人之间有时也拍对方的肩膀，表示问候。称呼上与西方人相同，对上司称阁下，其他称先生、太太、小姐等；还可以称头衔、职称。

马尼拉治安状况较差，警察往往不管事，夜间独自外出不安全。在菲律宾不要轻易服用成药，因为常会被怀疑是吗啡之类，因此，服药者应随身携带医师处方证，以免碰上麻烦。商务活动中，对对方提出的无理要求，要明确予以回答，不能含糊。应邀宴请，应迟到 15 ~ 30 分钟，否则不礼貌。席间要尽量放松。若过于严肃，反而会使主人担心。

菲律宾人在大多数场合都衣着整洁。商务活动中，男子穿白色或花色衬衫，宽松大裤；女子穿西装和衬衣、裙子、长袜。外宾在拜访政府官员或商界人士时，宜穿保守式西装。在菲律宾，稍为正式一点的宴请，请柬上都会注明“必须穿无尾礼服等正装”。假如没有无尾礼服时，可穿当地的正装——香蕉纤维织成的巴隆塔卡乐裤和衬衫。

菲律宾饮食风味受西班牙影响较大，烹调时爱用香辣调料。代表性菜肴有咖喱鸡肉、虾子煮蒜、炭火烤小猪等。主食为大米和玉米，米饭放在竹筒里进食。不论男女，都爱喝啤酒。

禁忌：选举期间禁止喝酒，商店禁售酒。召唤人时，伸出胳膊，手掌朝下，手指上下摆动，不可弯曲一个手指召唤人。站着双臂交叉在胸前，表示生气。长时间用眼光与人对视，是粗鲁的表现，会被认为是向对方挑衅而往往引起暴力。交谈时，忌提第一次世界大战、该国政治纷争、宗教等话题。不可嘲笑天主教、政治人物或某人家庭。不可窥视主人的卧室、厨房。去卫生间应征得主人同意。

九、印度尼西亚

与印尼商人打交道，应熟悉那里的风土人情，这对于双方交往是很有帮助的。印尼人不喜欢别人问他的姓名。印尼人一个显著的特点就是重深交、讲旧情，所以与印尼人交往，一两次见面是不能抱太大的希望的，要着眼于将来，应把印尼商人当做你的朋友，充分表现出你的真诚，才能获得他的信赖。

印尼人喜欢客人到他们的家中做客访问，而且在一天中任何一个时间去拜访他们都是受欢迎的。在印尼人家中做客，可以看到，家家户户即使不是十分富裕的家庭，其客厅的摆设布置也是很讲究的。商业谈判如果能选择在印尼人的家中进行，那是最好不过的事，这可以消除主客之间的隔阂，交易洽谈的效果更佳。如果你去的印尼人家里铺着地毯，那么在进屋前要把鞋脱掉。在印尼，进入圣地特别是进入清真寺，一定要脱鞋。

印尼人很懂礼貌，绝对不讲别人的坏话，自然也不喜欢那些讲别人坏话的人。与印尼人见面可以握手，也可以点点头。在印尼，一般商务访问穿西服、打领带、穿长裤即可。访问政府办公人员应穿西装，须事先预约，准时赴约。印尼商人作决定甚慢，业务谈判的时间一般都很长，为求好结果，最好准备停留一周以上。访问时宜准备一些小礼物给商人、官员及他们的妻子。应邀做客时，可以给主人带上一束鲜花。客人也不一定非要送礼不可，但最好说几句感谢的话，或写个便条表示谢意。

商务活动最好于9月至次年6月进行，因为7月和8月多放假，12月至次年2月阴雨连绵。每年假日不同，旅行前应查问清楚。

在印尼，伊斯兰教习俗的影响很大。目前，在全国各岛屿上，共有清真寺和小礼拜寺36.9万多座。有些清真寺不准进入，须严守当地规矩。虔诚的教徒不喝酒。

印尼人最喜欢笑，心情舒坦就笑，顺利完成某件事就笑，笑是他们的另一种语言。他们也喜欢开玩笑，他们甚至认为“笑口常开”是社交上的一种礼貌。在印尼，一个具有良好教养的商人，在彼此初次相识时，应马上把自己的名片送给对方；不然，休怪对方冷眼相待。

十、沙特阿拉伯

沙特阿拉伯人打招呼的礼仪很讲究，见面时首先互相问候，有的沙特人会伸出左手放在你的右肩上并吻你的双颊。

沙特人很大方，你不要老盯着看他的手表、衬衫链扣或其他东西，否则他会当场摘下来送给你。如果你拒绝的话，就会得罪他。

按照沙特人的商务礼俗，冬日宜穿保守式样的西装，约会须先预约，但像其他阿拉伯国家一样，会见松散不守时。因此，即使是按约定的时间去拜会，也最好在日程上留一点余地。对方晚到15~30分钟是常有的事，这与各类公司上班的时间千差万别有关。最好约对方到咖啡店单独谈判。在洽谈业务时，常会被其他工作人员打断。阿拉伯人认为这是“家庭”的延伸，不认为是失礼。遇到这种情况，一是耐心等待；二是预约到外面单独洽谈。当地商人多通晓英文，名片和说明宜用阿拉伯文和英文两种文字。来往信件人名前冠以职衔，如果来函用阿拉伯文，回函亦以阿拉伯文为宜。

沙特人不相信谈判代表，总要求与制造商直接谈判。法律限定，该国商业必须由本国商人经营。沙特商人总是身兼进出口商、零售商于一身。沙特商人往往兼营多种进出口商品，且善于讨价还价，与之谈生意需要细心又耐心。

到沙特，时间最好定在11月至次年3月，那时天气较好，夜晚甚冷。每年4月至10月太热、太湿，工作时间短、放假多。3月以后至麦加朝圣者众多。麦加和麦地那不准非伊斯兰教徒进入。饮水甚少，大多喝瓶装水。

沙特阿拉伯人一般在外多以握手问候为礼。如果双方（指男子）信仰一致或比较友好，双方左右贴面三次。有时候主人为表示亲切，会用左手拉着对方右手边走边说。交换物品时，用右手或用双手，忌用左手。按穆斯林的习俗，该国以牛、羊为上品，忌食猪肉，忌食有贝壳的海鲜和无鳞鱼，肉食不带血。以前阿拉伯人多用右手抓饭，现在招待客人多用西餐具。

阿拉伯人热情好客，应邀去主人家做客时可以带些小礼品，如糖果、工艺品等。禁酒最为严格，不能送酒类礼品。另外，不能单独给女主人送礼，也别送什么东西给已婚女子。忌送妇女图片及有妇女形象的雕塑品。骑马打猎用品在沙特阿拉伯很受欢迎。但注意与阿拉伯人初次见面就送礼，很可能被认为是行贿，还有切勿把用旧的东西送给他们。不要在沙特拍摄宗教过程的照片，更不要给妇女拍照，这可能会给你带来麻烦。

要想成功地在沙特阿拉伯做好贸易工作，必须了解伊斯兰教的一些习俗与规定，否则就可能给工作带来许多不便，甚至使贸易活动失败。例如，若向该国出口冻鸡，不能用机械宰杀，更不能有血迹，否则有可能被退货。其原因不是货不好，而是对鸡的加工方法违反了古兰经的规定。

在沙特，市面虽有香烟出售，但不能在公共场合、街上及主人宴会上抽烟。到主人家时要脱鞋，除非主人提出不用脱鞋。不要随便进入清真寺，入寺必先脱鞋。忌讳用鞋底后跟面对人，忌用脚踩桌椅板凳，因为这被认为是侮辱人的表示。

十一、土耳其

土耳其共和国，位于亚洲西部，地跨亚欧两洲，大部分领土在小亚细亚半岛上，小部分在巴尔干岛的东南角。面积约78万平方公里。

土耳其大部分地区属亚热带地中海式气候。黑海沿岸为黑海式气候，最冷月均气温6℃，最热月平均气温20℃。西部沿爱琴海地区，最冷月平均气温4℃左右，最热月平均气温23℃～27℃。南部地中海沿岸，最冷月平均气温5℃～11℃左右，最热月平均气候20℃～23℃。

土耳其人口中土耳其人占80%以上。少数民族有库尔德人、阿拉伯人等，国语为土耳其语，99%的居民信奉伊斯兰教。

首都安卡拉是一座非常古老的城市。它的建城时间可追溯到三千年前。早在罗马帝国时期，它就是一座繁华的城市。但它作为土耳其首都，则始于1923年。安卡拉由新城和旧城两部分组成。新城街道宽阔、树木成荫、高楼林立、花园遍布；旧城古迹众多，如城中的古堡、奥古斯都神殿、古罗马浴室、贾斯蒂尼安石柱等。

1. 国民性格特征

（1）土耳其人大多不善做生意。他们崇尚武士精神，人称土耳其为“尚武之国”。在全国人口中，军队占有较大的比例。土耳其给人一种“武士重武，不重食”的印象。在土耳其从事商务活动的大都是希腊人和以色列人。

（2）土耳其人极其殷勤好客，认为招待好客人，在发展商务关系和建立友谊中将会起到重要作用。他们在商务谈判中，特别爱讨价还价。

2. 风俗礼仪

（1）交往礼仪。

土耳其人见面、告别时均行握手礼。与妇女也可以握手。称呼上一般姓后加“先生”、“夫人”“小姐”之类。对较熟悉的人可直呼其名，并带上一个词尾：男性通常是“××人”，女性为“××哈尼姆”。也可以以头衔、职称相称。商务活动中应交换名片。土耳其商业界人士通晓法、英、德语。

拜访土耳其人，应提前预约，并准时赴约。土耳其人爱用一种极苦的土耳其茶招待客人。会谈前总喜欢东南西北地闲聊一通，然后再进入主题。他们喜欢谈论无异议的国际问题、家庭、职业以及业余爱好。到土耳其人家中做客，可以带上一束鲜花、糖果、点心等作为礼物，也可以带上一瓶酒。土耳其人特别喜欢鲜花。做客、赴宴、探望病人都可以送花。但要注意不同的花所代表的不同含义，不可搞错。

土耳其南方小镇纳克，是当今世界唯一的一座女子镇，小镇上无一名成年男子，外地男子不准进入该镇，一切工作全由妇女承担。

（2）衣食礼俗。

在土耳其从事商务活动宜穿保守西装。妇女不可穿无袖上衣。土耳其在伊斯兰教国家中是比较开放的，许多年轻妇女出门时也可以不戴面纱。

饮食方面：土耳其人早、中餐已趋向简单化。主要是面包或大饼夹肉，肉类主要是羊肉、牛肉、鸡肉等，忌食猪肉。爱吃各种甜食。大米不作为主食，而是用来与牛奶一起做汤。饮料主要有红茶、咖啡及各种酒类，但不爱喝葡萄酒。

3. 禁忌

（1）与其他伊斯兰教国家一样，忌穿鞋进入清真寺。

（2）土耳其自古就是“多妻之国”，一夫多妻、男尊女卑现象很普遍，外宾不可对此妄加议论和大惊小怪。

（3）土耳其人喜爱绿色、白色和绯红色。禁忌紫色、黄色和花色。他们认为黄色象征死亡；花色是凶兆，绝对不可用来布置居室。

（4）土耳其人喜欢骆驼。忌猪、猫、熊猫图案。

（5）土耳其人认为自己是欧洲人，而不是中东人。与土耳其人交谈，不可涉及当地政治、土希（腊）关系等话题。

第二节　欧洲国家商务礼俗与禁忌

欧洲位于东半球的西北部，北临北冰洋，西濒大西洋，南隔地中海与非洲相望，东以乌拉尔山脉、乌拉尔河、大高加索山脉、博斯普鲁斯海峡、达达尼尔海峡与亚洲分界，西北隔格陵兰海、白令海峡与北美洲相对。面积 1 016 万平方公里，约占世界总面积 6.8%，为世界第五大洲。

欧洲有 44 个国家和地区，地理上习惯分为南欧、西欧、中欧、北欧和东欧五个地区。总人口 7.16 亿，约占世界人口的 14.3%，是人口密度最大的洲。欧洲绝大部分居民是白种人（欧罗巴人种）。

欧洲语言分别属于印欧语系（含拉丁语、日耳曼语、斯拉夫语三个语族）、乌拉尔语系（含芬语、乌格尔语、突厥语三个语族）、高加索语系。此外，还有阿尔泰语系、闪含语系。居民多信仰天主教和基督教。

一、俄罗斯

俄罗斯联邦位于欧亚大陆北部，地跨东欧北亚的大部分。土地面积 1 710 万平方公里，是世界上面积最大的国家。

俄罗斯全境多属于温带和寒带大陆性气候，仅太平洋沿岸属季风气候，冬季漫长严寒，夏季短促凉爽，春秋季甚短。气温年差较大，冬季绝大部分地区在 0℃以下，并由西南向东北递减。

俄罗斯共有 100 多个民族，其中俄罗斯民族占 83%。100 万以上人口的民族还有：鞑坦人占 3.8%，乌克兰人 3%，楚瓦什人 1.2%，巴什基人 0.9%，白俄罗斯人 0.8%，以及摩尔多瓦人、达格斯坦人等。居民多信奉东正教，俄语为主要语言。在俄罗斯英语普及率极低，即使受过中、高等教育者，也极少会英语，而德语和法语在知识界较普及。

首都莫斯科为俄罗斯最大城市。它始建于公元 1147 年，从 13 世纪起成为莫斯科公国、俄罗斯帝国的首都。莫斯科市以红场和克里姆林宫为中心，街道呈环状辐射。市内独具风格的古典建筑与现代化高楼大厦交相辉映。市区绿化面积占全市的 40%。全市有大小公园 98 座。

莫斯科还是俄罗斯科学文化中心。全市有高等院校 80 多所，科研单位 700 多个，歌、话剧院 51 座，博物馆 60 多座，大小图书馆 4 000 多座。始建于 12 世纪的克里姆林宫是莫斯科市的标志。

1. 国民性格特征

（1）感情外露，不善掩饰，不像东方人那样遇事不动声色。

（2）注意礼貌，热情好客。俄罗斯人在公共场所大都遵守公共秩序，举止文雅，衣着得体，并普遍保持着尊重女士的良好风尚。他们衡量一个男士的修养水平的标准，就是看他对待女士的态度。

（3）工作节奏慢，无论干什么事总是不急不忙。

2. 风俗礼仪

（1）交往礼节。

初次见面行握手礼，但熟悉的朋友，久别重逢时，一般要热情拥抱，甚至亲吻双颊，但男士对女士则以吻手背为宜。称呼上，过去一般以“同志”或“先生”相称，现在“同志”一词已不再时兴了。俄国人姓名由三部分构成，即本名、父名和姓氏。妇女出嫁后，一般随夫姓。在非常熟悉的朋友之间，可直呼其名（本名），在不太熟悉的朋友之间或公务社交场合，年轻人对长辈，下级对上级则必须使用尊称，即本名、父名、姓氏加“先生”、“夫人”等称呼或头衔。

在俄国人中，“您”与“你”分得非常清楚，不可任意乱用。对不熟悉的人或长辈、上司、女士、师长一律用“您”。上级对下级用“您”则表示亲切友善，长辈对晚辈用“您”，则表示不客气和愠怒，具有讽刺意味。

俄罗斯人热情好客。上门做客时要注意礼节，如进门脱下大衣、帽子，相互介绍时，先女士和长者，然后才是男士和青年人。女士未伸手之前，切不可先与她握手。想抽烟时，必须征得在座女士的允许。客人带给主人的礼物可以是一瓶酒或一束鲜花，也可以是艺术品或书籍。送花时应为红色（参加婚礼可送白色或粉色鲜花），花束必须是单数，俄国人视单数为吉祥的象征。俄国人对颜色很讲究，认为红色表示吉祥和美丽，黑色表示肃穆和不祥，白色表示纯洁和温柔，绿色表示和平和希望，粉红色表示青春，蓝色表示忠诚和信任，紫色表示威严和高贵。

（2）衣食礼俗。

俄国人爱整洁，外出时，总是衣冠楚楚，不扣好扣子或将外衣搭在肩上被认为是不文明的表现。城市居民多着现代西装，质地和式样都很讲究，春秋季喜欢在西装外套一件漂亮的风衣，冬季则以呢大衣为主。女士爱穿裙子。俄罗斯的任何公共场所都设有衣帽间，无论何人，进门后必须把大衣、帽子、围巾存放在衣帽间，否则将被视为无礼。若男女一道，无论进门或出门，男士必须先帮女士脱下或穿上外衣，这被认为是文明礼貌的表现。

俄罗斯人的食物以面包、牛奶、奶油、肉类和土豆为主。对各种甜食尤为偏爱。口味较咸，较油腻，重视早、午餐，晚餐较简单。多数人爱饮烈酒和各种饮料。俄国人也爱茶，其方式是在茶中加果酱、蜂蜜，并佐以糖果、饼干之类的点心。

3. 禁忌

黄色鲜花意味着变节，不可送人。打破镜子，意味着灵魂的破灭，个人生活出现不幸；而打破杯子和碗，特别是盆子、碟子则意味着富贵和幸福。

二、意大利

意大利人不大注重约会的准时，至少在社交活动中如此。前往拜访一定要先预约，高级主管的上班时间是不规则的，不可将约会定在一大早或午餐后一两个小时内。

意大利人的主餐在中午，一顿午餐能延续两三个小时。执意拒绝午餐或晚餐的邀请是不礼貌的。如果被邀请到意大利人家里吃饭，可以带葡萄酒、鲜花或巧克力作为礼物，但不能带菊花，菊花是葬礼上用的。送花时要注意送单数。在意大利，公事交往中通常也送礼。

在意大利，建议您穿三件式西装。意大利人对初次见面的人往往表现得很客气。因此，初次的面谈中，他们的回复都比较模棱两可，见过几次面以后，彼此间有所了解，生意的洽谈就顺利多了。通常必须经过面谈才会使生意成交，用电话来订货或接受订货的情况，可以说少之又少。

在意大利做生意，一旦取得他们的信任，生意就会持续不断，而且越做越大。意大利人大多善于交际，并很重视友谊。如果能和意大利人建立深厚的友情，就具备了扩大生意的稳固基础。从11月到次年3月，一直是天空多云的阴暗天气，因此，班机起降时刻常常变更。2月至5月、9月至11月最宜拜访。圣诞节、复活节前后两周勿去。

意大利人一般很少提国家，多提故乡的名字。林立于北部地域的大公司里的管理人员，许多都是精明的人才，商业道德的水准也很高。和他们相处，说话时必须注视对方。

意大利语是公用语，该国商人大多不会说英语，会一点法语。在威尼斯、热那亚、罗马等地英语行得通，而在亚得里亚海岸等地，每年都有大批德国观光客前来度假，因此德语也颇通行。

在意大利，不经过3~4次见面，对方一般不愿意介绍家人与你见面，也不宜邀其太太见面。意大利人晚餐时间大都拖得很长，从晚上8点才开始，一直吃到深夜，菜肴相当丰富。意大利风味的菜肴可与法国大菜相媲美，在世界上享有很高的声誉，其特点是味浓、香、烂，以原汁原味闻名。

三、希腊

按照希腊的商务礼俗，宜穿着保守式样的夏季薄料西装。在走访政府机关或工厂时，需要先订约会。希腊商人有着高度的幽默感，爱说笑，在当地谈生意，免不了得陪着喝口味浓重的希腊咖啡以及希腊烈酒。如果贸然拒绝，会被视为对对方的不尊重。

到希腊，9月至次年5月最宜往访。圣诞节前一周与后两周、希腊正教复活节前后一周均不宜前往。7月和8月商界度假者多。雅典及旅游胜地的自来水很安全，勿饮井水，瓶装矿泉水最好。

希腊人真诚待客，非常慷慨。如见到希腊人的一件东西时，千万不可大加赞赏，否则主人会执意把这件东西送给你。如果应邀到希腊人家里做客，可给女主人带上一束鲜花或一盒蛋糕。

按希腊的商业习惯，夏季5~10月，很多公司的上班时间是早上7点到下午3点，约会要提早一点。但即使约会了，也未必能准时见面，常常要等一等。谈话中，务必要静待对方把话讲完，不要中途插嘴。除非必要，否则不要随便提问题，以免交谈出问题。

希腊人的午休时间，冬季通常为下午2点至5点，夏季为下午1点至5点，此时店铺均不开门营业。这段时间保持宁静是礼貌的表现。因此，不要在休息时间打电话到希腊人家里。

希腊人斜着脖子表示肯定，仰头表示否定。当地人喜欢咋舌，借以表示欲望或打信号，不必在意。在希腊，注意手掌心不可向人。希腊人高兴时会大笑，发怒时也会大笑。希腊人喜欢黄、绿、蓝色，禁忌黑色。

希腊人信仰东正教，所以他们的很多商务礼俗和禁忌与东正教的习俗有关。

四、西班牙

按照西班牙商人的商业习惯和礼俗，建议你随时穿着保守式样西装，内穿白衬衫，打保守式样的领带。在西班牙，通常在晚间赴宴或参观剧院时不宜盛装出现。

拜会公司时，必须要预先约会。最好持印有西班牙文、中文对照的名片，这样会给会面和谈判提供方便。在首都马德里及全国最大商港和工业中心巴塞罗那的西班牙商人作风一般较保守。你的作风、举止最好也显得保守、正式、讲究一些。西班牙人好朋友相见时，通常情况下男的要相互抱一抱肩膀，女的要轻轻搂一搂并亲吻双颊。商务活动见面和道别时，务必以额首、握手为礼。

许多西班牙商人不太守时。午餐一般在下午 1 点半以后，晚餐吃得很晚，得到晚上 10 点左右才开始。初抵西班牙，赴约前还是先吃点东西为妙。饭馆一般晚上 9 点才开门营业，到晚上 11 点才有大批吃饭的人光顾。

在西班牙，商人和实物不可分离，只要有可能，客人应将产品的样品或者服务项目递送或者介绍给主人。到西班牙做贸易的商人，在办公时间以穿黑色皮鞋为宜，不要穿棕色皮鞋，尤其在日落之后，一定要穿黑色的鞋子，因为西班牙人历来就喜欢黑色，喜欢狮子、鹰、花卉、石榴，而不喜欢山水、亭台、楼阁。

每年 10 月至次年 6 月最宜拜访。圣诞节前后两周及复活节前后一周免访。7 月至 8 月商人多在度假。

西班牙人喜欢谈论政治，但不要把西班牙政治和本国政治进行比较。他们喜欢谈体育和旅行，避免谈论宗教、家庭和工作。不要说有关斗牛的坏话。

五、英国

英国商人一般不喜欢邀请客人至家中饮宴，聚会大都在酒店、饭店进行。英国人的饮宴，在某种意义上说，以俭朴为主，他们讨厌浪费的人。比如说，要泡茶请客，如果来客中有三位，一定只烧三份的水。英国人对饮茶十分讲究，各阶层的人都喜欢饮茶，尤其是妇女嗜茶成癖。英国人还有饮下午茶的习惯，即在下午 3 点至 4 点钟的时候，会放下手中的工作，喝一杯红茶，有时也吃块点心，休息一刻钟，称为“茶休”。主人常邀请你共同喝下午茶，遇到这种情况，大可不必推却。

在英国，邀请对方午餐、晚餐，到酒吧喝酒或观看戏剧、芭蕾舞等，会被当做送礼的等价。主人提供的饮品，客人饮量以不超过 3 杯为宜，如果感觉喝够了，可以将空杯迅速地转动一下，然后交给主人，这表示喝够了、多谢的意思。酒馆开门时间一般是上午 11 时至下午 3 时，下午 5 时半到晚上 11 时。

英国商人衣着讲究，好讲派头，出席宴会或晚会时，习惯穿黑色礼服，衣裤须烫得笔挺。访问英国要注意他们的一些忌讳：忌谈个人私事、家事、婚丧、年龄、职业、收入、宗教问题。由于宗教的原因，他们非常忌讳13这个数字，认为这是个不吉祥的数字。日常生活中尽量避免13这个数字，用餐时，不准13人同桌，如果13日又是星期五的话，则被认为是双倍的不吉利。上街走路，千万要注意交通安全，所有车辆都靠左行驶。

商务活动在2月至6月、9月中旬至11月最宜。圣诞节及复活节前后两周最好勿去。英国有银行春假（圣灵降临）节，在6月（第一个周末）；银行暑假节，在8月（最后一个周末）。

在正式的宴会上，一般不准吸烟，否则被视为失礼。

六、荷兰

在荷兰从事商务活动，宜穿保守式样西装。拜访前需预约。荷兰商人尤其爱旅行，千万要先约好再前往。荷兰人虽然像法国、德国商人那样爱握手，但也较正式、保守。访谈不要涉及对方私生活。大企业常有“后备订单”对象，所以切记直接拿出最好的谈判条件，以免生意做不成。荷兰商人喜欢相互招待宴请，往往早餐丰富。上午10时休息吃茶点，中午大吃一顿，下午4时又休息吃茶点，晚上7时正式吃晚餐，睡前还有一次消夜。如果荷兰人邀请你到他家坐坐，大多只请你喝几杯酒，然后出去上饭馆吃饭。记得带花送给他太太，务必是单数，5朵或7朵最好。

荷兰人倒咖啡有特别的讲究，只能倒到杯子的三分之二处，倒满是失礼的行为，被视为缺乏教养。早餐习惯吃乳酪、火腿、香肠、果酱。

往访荷兰，时间最宜定在3月至5月、9月至11月。

七、法国

在法国从事商务活动宜穿保守式西装，访问公司时要先预约。在法国，客人在拜访并参加晚宴的前夕，总是喜欢送花给主人。商务交往中需表现得格外正式，处处勿忘握手，多握几次更好。不可问对方家事。法国人对商业机密也很敏感。

法国大部分人为早睡早起型，工作强度很高，工作态度也极为认真。法国人很珍惜人际关系，在尚未交成朋友以前，一般是不会跟你做大宗生意的。在法国，要注意商务礼俗，法国人忌讳13，他们不住13号房间，不在13日这天外出旅行，不坐13号座位，更不准13个人共进晚餐。

法国人在贸易谈判中被认为有如下一些特点：第一，立场极为坚定；第二，坚持在谈判中使用法语；第三，明显地偏爱横向式谈判。这也就是说，他们喜欢先为协议勾画出一个轮廓，然后再达成原则协议，最后确定协议上的各个方面。

在法国，商务活动应该严守时间，学几句法语会话，则更能行动自如。法国人爽朗、热情，比较幽默、诙谐，喜欢交谈，特别爱好音乐、舞蹈。商务活动在圣诞节及复活节前后两周不宜进行。7月15日至9月15日为当地人的度假期。

法国人喜欢花，生活中离不开花，特别是探亲访友、应约赴会时，总要带上一束美丽的鲜花。赏菊是中国人的一种雅兴，但法国人却不同，切记不要送菊花，因为在法国（或其他法语区）菊花代表哀伤，只有在葬礼上才送菊花。另外也忌摆菊花、牡丹花及纸花。

在法国，男士不宜向女士赠送香水，也不可送刀、剑、餐具之类。送花通常要逢单数，但别逢不吉利的13。法国本土出产的奢侈品，如香槟酒、白兰地、香水等，也是好礼品。在法国，一些有艺术性和美感的礼品，如唱片、画或一些书籍（传记、历史、评论及名人回忆录等）很受欢迎。

八、德国

德国商人的礼俗，宜穿着三件式西装。往访北部，戴帽子更佳。当地可快印英、德文对照名片。上午10时前、下午4时后，不宜订约会。每周5天工作日，营业时间通常为早晨9时至下午5时，中间有1小时午餐时间。一些商店星期六开业，银行周末都休息。8月份是多数公司的夏季休闲时间。

交谈时尽量说德语，或携同翻译同往。商人多半会说一些英语，但使用德语会令对方高兴，尽量以握手为礼。握手要用右手，伸手动作要大方。称呼对方多用“先生”、“女士”等。如果对方身份高，须得他先伸手，再与之握手。对方多半会为你穿、脱外套，不妨接受，再说声“谢谢”。

德国商人不愿浪费时间，所以宜先熟悉问题，单刀直入。如果你被邀到德国人家中做客，通常宜带鲜花去，鲜花是送给女主人的最好礼物，但必须要单数，5朵或7朵均可。

德国人对礼品的包装纸很讲究，忌用白色、黑色或咖啡色的包装纸装饰礼品，更不要使用丝带做外包装。此外，在德国，送上一束包好的花也是不礼貌的。

应邀到德国人家中做客，千万不可带葡萄酒去，因为此举足以显示你认为主人对选酒品味不够好。威士忌酒可以做礼物。餐后，喝完咖啡如果桌上根本没有烟灰缸，那就忍着别吸。德国人从国家意识出发，视浪费为“罪恶”，讨厌凡事浪费的人。所以，一般人都很注重节约，与德国人相处，务必遵守这个习惯，才能跟他们合作愉快。

第三节　美洲主要国家商务礼俗与禁忌

美洲，地理上分为南美洲和北美洲。北美洲位于西半球北部，东濒大西洋，西临太平洋，北濒北冰洋，南以巴拿马运河与南美洲分界。除北美洲大陆外，还包括加勒比海中的西印度群岛。总面积2 422.8万平方公里，是世界第三大洲。南美洲位于西半球南部，东濒大西洋，西临太平洋，北滨加勒比海，南隔德雷克海峡与南极洲相望。总面积1 797万平方公里。

南、北美洲共有51个国家和地区。主要有欧洲移民后裔（白种人）、印第安人、黑人、混血种人，此外还有因纽特人、波多黎各人、犹太人、日本人、华人。居民主要信仰天主教和基督教。语言主要有英语、西班牙语，其次为法语、葡萄牙语、荷兰语及印第安语。

一、加拿大

按照加拿大商务礼俗，宜穿保守式样西装。一般而言，加拿大商人颇保守，商业要求宜通过正式方式提出，态度需谨慎。

加拿大的商人中，90%为英国和法国后裔。在加拿大做生意时，应该注意他们不同的商谈风格。例如，和英国后裔商谈时，从进入商谈到决定价格这段时间是很艰苦的，商谈很费时间。但是，一旦签订了契约，就稳如泰山了，这一点是可以放心的。法国后裔则恰恰相反，他们非常和蔼可亲，容易接近，对客人很亲切。但是，一旦坐下来，正式进行商谈时，就判若两人，讲话慢吞吞的。所以，要谈出一个结果来是很费劲的。

大体而言，加拿大商人属于保守型，不喜欢产品的价格上上下下、经常波动。加拿大人举办招待会大都在饭店和俱乐部举行。如果应邀去加拿大人家里做客，可以事先送去或随身携带上一束鲜花给女主人，但不要送白色的百合花，在加拿大，白色的百合花只有在葬礼上才用。

去魁北克省与法裔加拿大人谈生意，如能说几句法语，会有意想不到的好处。加拿大人不喜欢外来人过分地把他们的国家和美国进行比较。加拿大人喜欢外来人谈有关他们的国家和人民的长处。

二、美国

和美国人做生意，要注意美国的商务礼俗和美国社会的一些习俗。美国人不像英国人那样总要衣冠楚楚，而是不大讲究穿戴。一般情况下，他们穿衣以宽大舒适为原则，但正式场合，就比较讲究礼节了。

在与美国商人见面时要讲究服饰，注意整洁。穿着西装较好，特别是鞋要擦亮，手指甲要清洁。美国商人较少握手，即使是初次见面，也不一定非先握手不可，时常是点头微笑致意，礼貌地打招呼就行了。男士握女士的手要斯文，不可用力。如果女士无握手之意，男士不要主动伸手，除非女士主动。握手时不能用双手。上下级之间，上级先伸手；长幼之间，长者先伸手；主宾之间，主人先伸手。男性之间，最忌互相攀肩搭臂。美国人谈话时不喜欢双方离得太近，习惯于两人的身体保持一定的距离。一般应保持 120 ~ 150 厘米，最少也不得小于 50 厘米。

美国人从来不以职务来称呼对方，如某某局长、某某经理。美国海关的人员总把“请”和“谢谢”挂在嘴上，“请你打开箱子”、“请你把护照拿出来”，检查完毕时，还会说“祝你旅途愉快”或“今天天气真好”等客套话。

拜访前必须先订约会，最好在即将抵达时，先通个电话告知。美国人热情好客，哪怕刚相识不久，也有可能被邀请去看戏、吃饭或出外旅游。到美国人家去拜访，贸然登门是失礼的，必须事先做好约定，就是给亲朋好友送礼，如果他们事先不知道的话，也不要直接敲门，最好把礼物放在他家门口，然后再通知他自己去取。应邀去美国人家中做客或参加宴会，最好给主人带上一些小礼品，如化妆品、儿童玩具、本国特产等。对家中的摆设，主人喜欢听赞赏的语言，而不愿听到询问价格的话。

与美国商人打交道，准时守信相当重要。美国商人喜欢表现自己的“不正式”、“随和”与“幽默感”。能经常说几句笑话的人，往往易于为对方接受。美国商界流行早餐与午餐约会谈判。当你答应参加对方举办的宴会时，一定要准时赴宴，如果因特殊情况不能准时赴约，一定要打电话通知主人，并说明理由，或者告诉主人什么时间可以去。赴宴时，当女士步入客厅时，男士应该站起来，直到女士找到位子后才可坐下。美国人在招待客人时，多用焙牛肉、焙鸡肉，因为这些菜式受一般美国人欢迎，既方便又实惠。只要另配上一两种蔬菜、芋类及谷类，如果再准备点饭后甜点，就算是大餐了。

美国由于犹太人甚多，商务走访应注意避开当地的犹太人节日。圣诞节与复活节前后两周不宜往访。美国人除 6 月至 8 月多去度假外，其余时间大都工作。

三、墨西哥

按照墨西哥的商务礼俗，建议穿着保守式样的西装。由于墨西哥商人经常旅行，拜访前一定要订好约会，然后再出发赴墨西哥。中午，公司和政府机构休息 3 小时。

墨西哥商人善于精打细算。虽然许多人会说英语，却希望对方能说西班牙语。如果接到用西班牙文写来的信，而用其他文字回信，这在墨西哥会被视为相当失礼。墨西哥人认为紫色是不吉利的颜色，应避免使用，因此向墨西哥人送礼物不能送紫色类的物品或以紫色包装的礼品。穿紫色系的衣服访问别人一样也不受欢迎。在墨西哥，黄色花与红色花也不受欢迎。

在墨西哥，商务活动中要注意，微笑和握手是他们的问候方式。男士绝不能吻一个十分不熟悉的女士的面颊和手，亲吻和拥抱仅限于熟人之间。

除 7 月、8 月及 12 月不宜往访外，其他时间均宜到访。圣诞节及复活节前后两星期最好不要去。

四、巴西

在巴西商务访问时，宜穿保守式样深色西装。言谈举止宜保持温暖友好。走访政府机关或私人机构，均需事先订约。

和巴西商人进行商务谈判时，要准时赴约。如对方迟到，哪怕是一两个小时，也应谅解。和巴西人打交道时，主人不提起工作时，不要抢先谈工作。谈话时要亲热，要离得近一点，但不要有失礼貌。不管那里天气怎么热，穿深色服装都是适宜的。巴西人特别喜欢孩子，谈话中可以夸奖他的孩子。巴西的男人喜欢笑，但应避开涉及当地民族的玩笑。

巴西人非常忌讳棕黄色，也不喜欢紫色和咖啡色。在巴西，会话和行文时使用当地语言会更便利和亲切。使用名片应有当地通用文字，商品说明应有当地文字对照。

在巴西人家里做客后的第二天，应托人给女主人送去一束鲜花或一张致谢的便条，鲜花千万不能送紫色的。

嘉年华是巴西最著名的狂欢节，在该日前后一周，巴西商业活动几乎完全停顿，此期间应避免前往。12 月至次年 2 月为当地“暑假”度假期，也不宜进行商业走访，其他时间宜往访。

五、古巴

古巴共和国位于加勒比海西北部，是西印度洋群岛中最大的岛屿。全国由古巴主岛、青年岛以及围绕主岛的 1 600 多个岛屿组成。面积约 11 万平方公里。古巴人口中白人占 72.8%，黑人占 12.7%，印欧、黑白混血人种占 14.4%，黄种人占 0.4%，华人约 2 万多。居民中大多数信奉基督新教。官方语言为西班牙语，但很多人会讲英语、法语、俄语。

首都哈瓦那是全国政治、经济、文化中心和重要航空港，也是西印度洋最大的城市和著名良港。哈瓦那始建于 1519 年，据说是为纪念一位美丽善良的印第安少女——“哈瓦那”而得名。城里有许多殖民地风格的建筑、教堂和宫殿。

古巴人十分好客、讲礼节，但不烦琐。他们易于结识，初次相见也表现得无拘无束，并乐于为他人服务。如对人问路、打听事情，他们总是非常热情，帮忙到底。

古巴人见面时行握手礼，另外还有吻脸、拥抱等。异性之间握手时，应由女性先伸手。拥抱一般用于上层关系亲密者之间或普通人久别重逢时。而吻面礼用得很普通，一般用于异性见面打招呼并相互问候。问候语为“早晨好”、“下午好”、“很高兴认识您”之类。称呼上，古巴人普遍互称同志。对外国人多数场合也称同志，只是在非正式场合，有的称“先生”、“阁下”等，熟人之间也称朋友。古巴女性，对不熟悉的男性常称“亲爱的”，这种称呼只是表示友好。古巴人的姓名是：名·父姓或称全称。

古巴人喜欢主动向别人介绍自己的经历、爱好、家庭等情况。初次相识，往往会邀请客人上门做客。客人登门时可带上鲜花或其他小礼物。

古巴人喜欢的衣着特点是男性比女性严谨。不管天气多热，男性甚至连小男孩，也不可以穿凉鞋和短裤，而且必须穿袜子，否则就会被人瞧不起，而女性却可以光脚穿拖鞋上街。古巴男性天热时多穿长、短袖衬衫，天冷时穿各种夹克衫，穿西服的较少，许多人只在正式场合才穿西服、打领带。女性多穿单色裙子。

饮食上，古巴人主要是欧式西菜，爱吃烤、煎、炸制食物。口味清淡，不喜油腻。肉类以猪、牛肉为主，也爱吃鸡、鸭、鱼以及各种辣味食品。

禁忌：忌 13，尤其是忌讳 13 日星期五举行娱乐活动；忌谈论当地政治；忌对军事设施拍照。

六、巴拿马

巴拿马共和国，位于中美洲地峡地区，南濒太平洋，北临加勒比海。面积 7 万多平方公里。巴拿马是通往南北美的咽喉，被称为“世界桥梁”。巴拿马人口中巴拿马人占 91.1%、黑人占 13%、印第安人占 10%，有华人 5 000 多人。官方语言为西班牙语，通用语言为西班牙语和英语。居民中绝大多数信奉天主教，少数信奉新教。

首都巴拿马城是全国政治、经济和文化中心，也是重要的国际金融中心。巴拿马城是一座历史悠久的名城，它分为古城、旧城和新城三部分。古城始建于 1673 年，1903 年成为首都；最近三四十年，在旧城与古城之间，建起了大片现代化高层建筑，这就是新城。巴拿马城是一座以商业和服务业为主的城市，没有工业污染，碧空万里，树木苍翠，蓝天碧海，构成一幅优美的热带风情画卷。

巴拿马人热情好客，具有中世纪的骑士风度，不管什么人，都可以随便到别人家去做客，都会受到主人的热情款待。印第安乔科族人尤其好客，心地善良，在任何情况下都不会表现出狂热感。

巴拿马人男尊女卑观念很强。

巴拿马人见面时行握手礼，并互道“早安”、“午安”、“晚安”、“您好”，异性之间握手并亲吻面颊。称呼上为“先生”、“女士”、“太太”、“小姐”，也可以头衔、职务相称。使用英文、西班牙文对照的名片。拜访公司单位，需事先约定，准时赴约。但巴拿马人却不太守时。应邀到巴拿马人家中做客，可以送食品或小树苗作为礼物。

巴拿马城市居民大多穿西装。富人都有一件名为“波列拉”的服装——白麻纱或高级薄麻布做成的薄纱短衫，上面绣有各种动植物图案，镶花边。农村最典型的是“下米西亚利”——一种薄料圆领长衬衫。妇女大多穿印花连衣裙。

巴拿马人主食是大米，其次为玉米、豆类、君子兰、香蕉。一种用大米、豆类和肉做成的，名为“爪乔”的菜是巴拿马名菜，巴拿马人爱食玉米饼、腊肉米饭，爱饮可口可乐、咖啡。

禁忌：忌13，认为每月的13号是个不吉利的日子；忌问妇女年龄、他人工资收入、男女私生活等；忌谈当地政治和过去的运河区。

七、秘鲁

秘鲁共和国，位于南美洲西部，太平洋东岸。面积128万平方公里，为古印加文化的发祥地。秘鲁西部滨海沙漠区属热带沙漠、草原气候，干燥而温和；中部山区属热带雨林气候，酷热而潮湿。秘鲁人中印第安人占41%，印欧混血人占39%，白人占19%，其他人种占1%。官方语言为西班牙语和克丘亚语。印第安人通用克丘亚语，居民中95%信奉天主教。

首都利马气候温和，雨水少，有世界“无雨城”之称。利马是古老的都城，建于1535年。市内古代建筑仍保持着当年的风采，现代建筑体现了新时期的特色。博物馆、教堂、广场遍布全市。还有建于1551年的南美洲最古老的学校——圣马科斯大学。利马被称为南美洲最富裕、最优美的城市。

秘鲁人比较保守、刻板、讲究形式。他们为印加帝国和西班牙殖民地文化历史感到自豪。秘鲁人崇拜太阳，古印加人认为自己是太阳之子，每年都举行“太阳祭”。秘鲁人热情好客，时间观念不强，工作缺少计划性，缺乏信守约束的精神。

秘鲁人见面多以拥抱为礼。社交中见面、告辞均握手。秘鲁人有两个姓——父姓和母姓。称呼上只用父姓，可以“先生”相称，也可以职衔相称。社交中普遍使用名片。

访问公、私单位需事先约定。秘鲁人常常迟到，但对别人迟到却很不满。商务宴请大多安排在晚上9点以后，比预定时间迟半小时属正常。在秘鲁，任何场合都可以送鲜花。向日葵（太阳花）为秘鲁国花。

印第安人常年披一件名为“PONCHO”（蓬哥）的大披风，白天当衣服，晚上当被子用。

从事商务活动宜穿保守式样的西装。紫色服装不受欢迎。

禁忌：秘鲁人平时禁用紫色，只有在举行宗教仪式时才能使用，他们认为紫色代表不祥。

八、阿根廷

按照阿根廷的商务礼俗，商务走访必须穿保守式样的西装。若在餐厅吃晚餐，也要穿西装，打好领带。即使是外地来的观光客也应如此。如果某人衣履不整，他们会认为这个人不正派，服装是他们据以作“人物评价”的基准之一。因此，到公司或机关访问，或到商家做客，须西装革履、整整齐齐才行。另外，穿灰色西装去访问对方，印象一定会大打折扣，不能不慎。

商务活动宜于5月至11月进行。圣诞节与复活节前后两周不宜。1月至3月为阿根廷“暑假”度假期。

阿根廷人久别相见，男士互相拥抱，女士则握住对方双手并亲吻面颊。送礼不要送衬衫、领带之类贴身用的物品，阿根廷人喜欢别人夸奖他们的孩子、家里的陈设和他们的菜。可以谈谈体育，特别是足球以及当地的公园。

在阿根廷，拜访绝对有必要预约。阿根廷商界流行以握手为礼，交换名片频繁。一般而言，谈生意的态度仍以保守谨慎著称，给人印象较佳。阿根廷许多商人会说英语。此外，意大利语和德语也是常用“外语”。

在阿根廷需时刻注意保持体面，重视礼节。在这方面，阿根廷人的习惯已经根深蒂固。

第四节　非洲主要国家商务礼俗与禁忌

非洲的全称叫“阿非利加洲”（Africa），位于东半球的西部，东部濒临印度洋，西临大西洋，北隔大西洋的属海地中海，和直布罗陀海峡与欧洲相望，东北以红海和苏伊士运河与亚洲相邻。最北端为本·赛卡角，最西端为佛得角，最南端为厄加勒斯角，最东端为哈平角。

非洲是仅次于亚洲的世界第二大洲，总面积3 020万平方公里，相当于三个欧洲那么大，其中撒哈拉以南非洲面积为2 070万平方公里，占非洲总面积的67%左右。岛屿总面积约62万平方公里。

目前非洲大陆居居主要有黑种人和白种人，种族构成比较复杂。撒哈拉以北主要属于闪米特语系的阿拉伯人，另有柏柏系人、埃塞俄比亚人、索马里人。撒哈拉以南地区分为苏丹语系黑人和班图语系黑人两大系统，分别占非洲人口的32%和30%。此外还有少数黄种人，如属马来—波尼西亚语系的马达加斯加人等。居民中多数信奉伊斯兰教，少数信奉原始宗教、基督教新教和天主教。

国际上习惯将埃及、利比亚、毛里塔尼亚、苏丹、阿尔及利亚、摩洛哥、突尼斯、西撒哈拉八个国家和地区称为阿拉伯非洲，而将其他国家和地区称为撒哈拉以南非洲，亦称黑非洲。

非洲的语言比较复杂，一般认为语言总数在800种上下，分属芬兰语系、班图语系、闪米特—含米特语系，马来—波利尼亚语系等。除本民族语言外，有一些国家通用原宗主国语言，或将其定为官方语言。

非洲人的服装一般是色泽鲜艳、色彩搭配反差大，式样别致，具有浓厚的民族风格。在非洲的服装中，既有紧小的，又有宽大的；既有长的，也有短的；有的一件衣服缠裹全身，也有的一件衣服只遮蔽一部分身体，袒胸露臂。在北非地区，人们喜欢穿又宽又大的长袍，长到脚部，颜色多为白色或深蓝色，里面穿背心和过膝长裤。在西非地区，当地男子除西装、衬衣外，更多的人则是身着一件传统的长袍，它无领无袖，穿在身上后，裸露右肩右臂，袍面上带有富于变化的图案。年轻妇女多爱穿长裙，上衣为色彩艳丽的罩衫，头戴五颜六色的包头。在中部非洲地区，也盛行长袍，但无领有袖，貌似“和尚服”，长至下摆拖地。中老年妇女，习惯上身穿汗衫，下身束一种叫做“巴依”的传统裙子。年轻姑娘喜欢穿各种颜色的筒裙。在东非地区，青年妇女们爱穿“加乌尼”和“康加”这样的民族服装。“加乌尼”是一种长到膝盖的无褶长裙，“康加”是一块围在身上的墨布，上面印有椰树或田园风光等图案，妇女们用这种墨布从胸部或腰一直围到腿脚部。

在辽阔的非洲大陆上，民族众多，饮食习惯各异，主食各有特色。在西非，以“萨尼奥”做主食，这是一种近似中国高粱的耐旱作物。西非人将其米粒捣成粉末，倒入一个有许多细孔的葫芦瓢里，将瓢架在盛水的铁锅上用火烧。水蒸气将粉蒸熟，用肉丸、菜汤拌着吃。在东非和南非，人们爱吃烤玉米粒，也爱用玉米糊或小麦面捏成小球，放在盛有牛羊肉汤、菜汤、辣椒和其他调料的锅里煮熟后食用。在中非，传统主食是木薯粉糊、小米粥和烤玉米。

非洲人的交往有多种礼节。头语：头自上而下地摇动，表示对某件事情有赞美之情；两手按住头部，是遇上了不愉快的事情；右手食指刮自己的鼻子，表示极度蔑视；右手指反复刮右耳壳，表示坚决反对某人意见；不想送给对方所要的东西就晃动肩膀并摇头。手语：伸出两只手、手心向上，是恳求对方给某样东西；右手手指握在一起，大拇指伸出，不停地挥动，表示对某人的极大尊敬；五个手指握成拳头，则表示对某人的谴责和抗议；拇指和食指弹出“哒、哒”的声音，表示同意对方的说法；伸出双手握成拳头，来回有节奏地轻轻晃动，表示谈论的事情令人十分高兴；右手手指贴在嘴上，有时还轻轻拍打，示意对方不要讲话。非洲人的双手有严格的分工，右手拿入口的东西，左手拿脏物，从不混淆。用左手递东西带有侮辱人的性质，因此送东西给别人时要用双手。接东西也要用双手，这意味着诚挚和谢意；亲朋好友相逢，先轻轻握一下对方的手，再摸拇指，最后紧紧握住对方的手讲话，谈话时两眼紧紧盯住对方，一直到谈话结束才松手。在非洲人家中做客，女主人递送饮料时，两眼不可盯住女主人，而要眼观手中的杯或碗，双手接过并道谢；走在路上与女性相遇要主动让路，问路要找男子，没有男子时找年老的妇女，女子则找女子问路。非洲人如对客人表示极大的尊敬时，称客人为“爸爸”、“妈妈”，而直呼其名被认为是不懂礼貌的。

一、埃及

阿拉伯埃及共和国地跨非、亚两洲，面积100多万平方公里。埃及气候复杂多样。尼罗河三角洲和北部沿海地区为亚热带。

埃及人口中阿拉伯人占总人口的87%；原科普特人占11.8%；此外，还有少量的贝多因人和努比亚人。阿拉伯人、贝多因人几乎全部信奉伊斯兰教；科普特人信奉基督教。埃及的官方语言为阿拉伯语，通用英语、法语。

首都开罗是一个具有悠久历史和文化的历史名城。它同时也是非洲、中东的文化中心。开罗是埃及的工业中心，全国1/3的工业集中在此地。目前，开罗已成为非洲最大的城市和重要的国际交通枢纽。开罗有许多名胜古迹，最著名的是约建于公元前27世纪的金字塔。

埃及人90%以上信奉伊斯兰教，而且受宗教影响非常深。在商业活动中要注意不要违反宗教禁忌。埃及人民待客特别热情，从早晨6点到中午12点以前见面时常要主动问好。送别时，往往要馈赠客人礼物。

1. 交往礼节

在埃及，对一般人的称呼是“赛义德”，即中文“先生”的意思，对一些重要的经贸界、文化界的人物最好称“乌斯塔兹”，即中文“教授”的意思；对政府官员一般用“答喀突拉”，即“博士”的意思。

商务往来中，名片占有很重要的地位。一般双方见面时或会谈前都互赠名片。会谈前，双方必然要进行一阵寒暄才进入正题。

到埃及人家中做客，一般要带些小礼物送给主人。吃饭时，不宜让女主人作陪。

无论是在座椅就坐，还是席地而坐，都注意不要亮出足底，或把足底朝向对方。

2. 衣食礼俗

埃及男人大多穿大白袍子，妇女穿的衣服花色品种较多。

外籍人员到埃及不要穿短衣、短裤或大背心上街。男士最好是长上衣或短袖上衣、长裤；女士上街最好是长上衣、长裙。

埃及人通常以“耶素”为主食，进餐时与“富尔”（煮豆）、“克布奈”（白乳酪）、“摩酪赫亚”（汤类）一并食用（耶素是不用酵母的平圆形埃及面食）。

埃及人喜食羊肉、鸡、鸭、鸡蛋以及豌豆、洋葱、南瓜、茄子、胡萝卜、土豆等。口味上一般要求清淡、甜香、不油腻。串烤全羊是他们的佳肴。

3. 禁忌

埃及人禁食猪肉，即使是对其他动物的肉，不诵古兰经、不经过阿訇宰杀的动物的肉他们也不吃。

埃及人一般都遵守伊斯兰教教规，忌讳饮酒。

埃及人在正式用餐时，忌讳交谈。并且习惯用右手就餐，认为左手不洁净，忌用左手与他人接触或给别人递送食物以及其他物品。埃及人忌讳黑色与蓝色。埃及人禁穿有星星图案的衣服，此外这种图案的包装纸也不受欢迎。埃及人禁忌猪、狗、猫、熊。埃及人忌讳13，认为它是消极的。

二、苏丹

苏丹共和国，位于非洲的东北部，面积250万平方公里，是非洲面积最大的国家。苏丹的气候属热带草原和热带沙漠气候，终年炎热，全国平均降水量不足100毫米。苏丹首都喀土穆是世界有名的“世界火炉”，年均气温为28.7℃。它是全国的政治、经济、文化的中心，并且是全国的交通枢纽。

苏丹人口中，苏丹阿拉伯人占49%，丁卡尔人占11.5%，努比亚人占8.2%，贝扎人占6.3%，努埃尔人占4.9%，阿赞德人占2.7%，巴里人占2.5%。苏丹全国有73%的居民信仰伊斯兰教，信仰传统宗教的居民占16.7%。苏丹的官方语言为阿拉伯语，英语在全国通用。

苏丹人热情好客、注重礼节。在苏丹，朋友相遇，特别是老朋友久别重逢时，彼此握手拥抱，亲切问候。从个人问好一直到对方的家属、亲戚和朋友等，历时数分钟之久。

苏丹人见面，通常彼此会握手拥抱，并进行长时间的亲切问候。在苏丹进行商务活动，冬天宜穿保守式样的西装。访问政府机关或大公司须预约。在苏丹，若对方敬咖啡或邀请你到咖啡馆，最好不要拒绝，因为对于对方来说，被拒绝是十分有失颜面的事。应邀到苏丹人家中参加晚宴，一定只有男性参加。切记带份礼物给对方，并且注意不要给主人的太太带礼物。

苏丹人大都以玉米、高粱为主食，喜爱的副食品有牛肉、羊肉、鸡、鸭、鸡蛋以及西红柿、黄瓜、洋葱、土豆等新鲜蔬菜。他们一般喜爱欧式西菜，但也喜欢吃中国的四川菜。苏丹人的口味清淡，却又爱吃辣味食品。他们喜食以煎、烤、炸烹饪的菜肴。他们忌吃猪肉、虾、蟹、动物内脏（除肝外）和奇形怪状的食品，如鳝鱼、甲鱼、鱿鱼、海参等。早晨起床喝一杯加糖的红茶，吃几片饼干。正式早餐在上午9时至10时。下午2点半午餐，晚上8时是晚餐。午、晚餐较早餐丰富。

苏丹人的饮食还有一个特别之处，就是离不开糖。不仅是蛋糕、奶制品之类的食品，而且普通人吃的面包、“面包糊”之类的食品，也要加糖后食用。苏丹人一般都习惯喝红茶，并且喜欢在茶中放入糖和牛奶。他们在各种冷饮中，如柠檬汁、“苏丹红”（把一种名叫克尔克迪的红色植物果实晒干，捣碎成沫，用水浸泡后，加些糖和冰即成）也要加糖。

苏丹人的衣着比较朴素，男子多半缠白巾，身穿阿拉伯式长袍；女子则披白色或其他颜色的薄纱，不戴面纱。苏丹人认为黄色是美的标志，因此妇女特别喜欢沐烟雾浴，使皮肤变成黄色。苏丹有悠久的文面历史。早在古代，部落与部落之间的战争连绵不断，为了避免误伤自己人，各个部落都有自己独特的标记，文面就成了永久性的标记，如青龙、白虎、雄狮、兀鹰等。现在，人们仍然保持文身和文面的习俗，因其可以增加美观和避邪。

禁忌：在苏丹，如果对方发出宴请的邀请，千万不要拒绝。到苏丹人家中做客，千万不要给其太太送礼物。

三、摩洛哥

摩洛哥王国位于非洲西北角，扼守大西洋入地中海的门户。摩洛哥意为“休养胜地”，面积45.9万平方公里。摩洛哥官方语言为阿拉伯语。贸易活动通用法语，政府、外交、中等以上教育亦用法语。

在摩洛哥从事商务交往，随时宜穿着保守式样西装。拜会公、私单位均须预约，宜持印有英文、法文对照的名片。与摩洛哥商人交易，一开始最好用现金，建立信用后，再改为其他付款方式。与摩洛哥商人谈生意，态度宜保守、正式。到摩洛哥人家中做客，不要去和其家眷见面。进入摩洛哥人的房间，应主动脱鞋。

摩洛哥人的饮食除面包、大饼外，最爱吃的食物名叫“库斯库斯”（阿文音译）。它用鸡肉、牛奶、洋葱、土豆和麦片或面粉制成。用油煎成小丸子形，或者煮成粥。斋月里、节日里，人们都喜欢吃这种食物。平时爱吃各种甜食和喝加白糖的绿茶。

摩洛哥人喜穿呢子制的西装或阿拉伯长袍，头上戴红毡帽或白毡帽。

禁忌：摩洛哥人忌白色；六角星，猫头鹰等图案，是禁忌的图案；13 是消极的数字，忌使用。

四、利比亚

利比亚位于非洲北部，面积 176 万平方公里。利比亚沿海为亚热带地中海式气候，冬暖多雨，夏热干燥。

利比亚绝大多数为阿拉伯人，少数为柏柏尔人。穆斯林逊尼派教徒占全国人口的 98%。利比亚的国语为阿拉伯语，意大利语和英语在大城市均可通用。利比亚首都的黎波里，人口约 100 万。它自古就是贸易中心和战略要地，现在是全国的政治、经济中心，也是全国最大的港口，年吞吐量达 500 万吨。

利比亚是坚持伊斯兰教原教旨主义的国家，在日常交往中规定男女严格分开。在利比亚从事商业活动，冬季宜穿保守式样的西装，拜会需预约。被利比亚人邀请做客，就应放怀畅饮，欢闹不散。但须注意分寸，要做到闹中有“品”、乐中有“礼”。在利比亚的商务活动中，应邀做客，只有男性参加。赴会时应送礼给对方，但决不要给对方的太太送礼物。

利比亚男子大多数穿长袍，头上扎头巾。妇女出家门穿黑长袍、戴面纱。利比亚人爱喝绿茶。喝茶的方法与众不同：先烧开水，然后把茶叶放进水里煮 3 ~ 5 分钟；待茶煮好后，再往壶里加点新鲜薄荷叶或其他香料，过一会儿，将煮好的茶水倒进另一只茶壶，再加些白糖饮用。

禁忌：利比亚人忌讳黑色；猫、猪、女性人体均属禁忌的图案。

五、阿尔及利亚

阿尔及利亚位于北非西部，面积 238 万平方公里。阿尔及利亚人口大多数是阿拉伯人；其次是柏柏尔人，约占总人口的 20%；少数民族有姆扎布族和图阿雷格族。阿尔及利亚以逊尼派伊斯兰教为国教。阿尔及利亚官方语言为阿拉伯语，亦用法语和柏柏尔语。

阿尔及利亚人十分慷慨、好客。若遇客人来访，主人总是要予以热情款待。通常要请客人喝咖啡、喝茶。阿尔及利亚人十分注重礼节，见面要行礼。十分尊敬老战士和老人。

阿尔及利亚人见面时，通常要用右手按住胸口，互相问候，并口中念道：“愿真主保佑您。”在阿尔及利亚，握手愈用力愈受尊敬。他们认为，握手用力的程度跟对方友好的程度成正比，最好握得他们手都感到麻痛。

阿尔及利亚人大多爱穿西服，穿长衫的多为农村人。城市青年人也爱穿牛仔裤。阿尔及利亚人的主食是面包，形状如棍棒，其次是糕点。爱吃甜食，还有喝咖啡的习惯，每餐饭后，必喝一杯咖啡，一天至少喝三四次。上层人士一般喜欢吃欧洲式西餐，但也爱吃我国的四川菜。烤全羊是他们的名贵佳肴。阿尔及利亚人对喝茶也比较讲究，通常爱喝绿茶，并在茶里放入薄荷和冰糖，也有加牛奶、糖的红茶。

禁忌：在阿尔及利亚外出上街时，男女不可过于亲热，不允许牵手。在阿尔及利亚，女人不可去电影院；忌用猪、类似猪的以及熊猫等作广告图案。

六、尼日利亚

尼日利亚联邦共和国位于西非东南部，面积92.3万平方公里。尼日利亚共有50多个民族，其中豪萨人占21.5%，约鲁巴人占21%，伊博人占18.4%，富拉尼人占11%，伊比比奥人占5.5%。尼日利亚居民中有47.2%是伊斯兰教教徒，34.5%的居民信仰基督教。

尼日利亚的官方语言为英语，主要民族语言有豪萨语、约鲁巴洛和伊博语。

尼日利亚首都拉各斯是优美的热带海滨城市，也是主要的港口和工业基地。市区高大的现代化建筑鳞次栉比，有国立图书馆、博物馆、拉各斯大学等，有国际航空站、海滨，是疗养胜地和旅游中心。

尼日利亚人非常守时。在商务往来中，往往坚持守时。外商如能做到这一点，会给其留下良好的印象。尼日利亚人有行贿、受贿的特点，不管职位高低，尼日利亚要“红包”的人很多。

尼日利亚由于以前是英国的殖民地，旧统治者的影响仍然存在。拜访政府官员宜穿西装。访问商界可不穿西装，但宜打领带。在尼日利亚，拜会政府机关宜先预约，访问商界则无此必要。在与政府、公营事业单位做生意时，必须找一个中介人。

尼日利亚商人很少邀请外商去家中做客，招待活动大多在俱乐部和餐馆举行。这些地方的食物和习惯都非常英国化。

禁忌：尼日利亚是世界上黑人最多的国家，他们的商人对曾经实施种族歧视制度的南非有憎恶感，故外商不宜直接从南非入境。交谈时应避免涉及南非的事，携带的物品中不要出现在南非从事商务活动的画面以及有关印刷品。

七、赞比亚

赞比亚共和国位于非洲中南部，属内陆国家，面积75万平方公里。赞比亚属热带草原气候，分凉季（5—8月），热季（9—11月），暖湿季（12—4次年月）。

赞比亚共有60多个民族，其中本巴人占34.7%，通加人占16.4%，浩齐人占9.5%，马拉维人占13.7%，隆达人占6.5%，卢埃纳人占5.1%，恩戈尼人占3.6%，菲帕人占3.3%，恩科维人占2.7%。

赞比亚人多数信仰基督教，农村居民大多数信奉原始宗教。赞比亚首都卢萨卡是全国最大的城市，人口60万，有“铜都”之称。终年风和日丽、四季如春。有古老的贸易通衢和国际公路通向邻国，市内有国际机场。

赞比亚人朴素而亲切。如海关人员，给人以好感。赞比亚人日常生活很优雅。

在赞比亚，介绍生人相见时须遵从一定的礼仪。通常在见面或告别时，要与对方握手。一般场合总是称呼对方的头衔或尊称。如果并不了解对方的职称，则可使用尊称。数次见面后，对方可能会请求改称名字，但通常只有去过美国和欧洲的人才会这样做。在商界，名片的使用日益普及，但在日常生活中名片用得还不多。旅客可适量携带，以备不时之需。

在赞比亚，除了旅游观光区以外，不要拍摄照片。若对女人、小孩等拍照，赞比亚人会认为是莫大的耻辱，故应禁忌。另外，总统官邸、政府建筑物、邮政局、警察署、桥梁、机场等都被列为重要的军事设施，禁止拍照。

八、南非

按南非的商务礼俗，应随时穿着保守式样的西装。拜访须预约。南非商人较保守，交易方式应力求正式。在南非做生意，使用过于细腻的手段或说话兜圈子常不被人了解，以这种方式达到目的多半行不通。

按南非交易的订约、交货、付款三件大事来说，是偏重于英国式类型的，由具有决定权的负责人出面商谈，属权力集中型。因此，商业谈判不会拖时间。当然，我方商谈代表最好也要具有决定权。南非商人很守约定，付款方式也很规矩。南非处在海拔平均 1 200 米的高原地带，因此气候并不炎热，住起来很舒适，终年只穿西服就够了。最好于 2 月至 5 月、9 月至 11 月进行商务走访。避免圣诞节与复活节前后前往，当地犹太商人不少，注意避开犹太节日。许多商人一年度两次假：12 月至次年 1 月、6 月至 7 月。

第五节　大洋洲主要国家商务礼俗与禁忌

大洋洲位于太平洋西南部和南部的赤道南北广大海域中，面积 897 万平方公里，占世界陆地总面积 6%，是世界上最小的一个洲。

大洋洲有 24 个国家和地区，人口 2 600 多万，占世界人口的 0.5%，是除南极洲外世界上人口最少的一个洲。居民中欧洲人后裔大约占 70%，当地原居民占 20%，印度人占 1%。此外，还有混血种人、华人和日本人等。居民中绝大多数信仰基督教，少数人信仰天主教，印度人多信仰印度教。

大洋洲绝大部分居民使用英语，三大群岛上的当地居民分别使用美拉尼西亚语、密克罗西亚语和波利尼西亚语。

一、澳大利亚

澳大利亚人时间观念很强，会见必须事先联系并准时赴约。他们待人接物都很随便。如果应邀到澳大利亚人家中做客，可以给主人带瓶葡萄酒，最好给女主人带上一束鲜花。

在悉尼和墨尔本宜随时穿西装。拜访商界或政府人员，须预约。很多生意是在酒吧中做成的。如果你提议喝一杯，通常由你付账，不可各自付账，除非事先说好。

在澳大利亚，商务活动最好于 3 月至 11 月进行，12 月至翌年 2 月为休假期，圣诞节及复活节前后一周不宜走访。

澳大利亚的商务活动大多在小酒店进行。澳大利亚人对工作很热心，待人不拘泥礼节。在澳大利亚，人们相见时喜欢热情握手，彼此以名相称。

澳大利亚人沉着者居多，且都不喜欢生活环境被搅乱。但是，因居民是不同国籍的后裔，所以有微妙的差异。比如，和英国后裔商人进餐，不要在就餐中提起生意。相反，美国后裔商人，就可以边吃边谈生意，而且还会谈得很起劲。此外，遇有商谈时，对方出来接洽的人，一定都是有决定权的人。因此，我方也应该派出同样具有决定权的人，否则他们会不高兴，这是因为他们很重视办事效率，不愿把时间浪费在不能决策的空谈上。还有，他们在商务谈判时不喜欢先开高价，再慢慢减价，应尽力避免在讨价还价上浪费时间。他们虽在价格上往往不太计较，但对产品质量要求相当严格，一旦发现质量问题，将会不客气地提出索赔。

二、新西兰

按照新西兰的商务礼俗，应随时穿着保守式样的西装。拜访商界或政府办公人员大多须预约。新西兰的商界气息被认为接近伦敦，保守刻板，与澳大利亚不同。

在新西兰做生意一般不讨价还价，一旦提出一个价格就不能再变更。如果对方询及交货日期、品质、付款条件时，生意大概就成交了，如此认定大致不会出错。不分青红皂白见人就送见面礼的习惯在这里未必管用，应予注意。生意谈成之后，为表示谢意，可以宴请有关人士，这样做不但效果最佳，而且对方也很愿意接受。

新西兰人见面和分手时都握手。和女士相见时，要等对方先伸出手来再握手。商务活动中，客人要先到一会儿，以示礼貌，客商通常喜欢请外来主顾到自己住的饭店或旅馆吃午饭，会谈一般是在当地人的办公室里进行。如应邀到新西兰人家里吃饭，可以带一盒巧克力或一瓶威士忌作为礼物，礼品不要太多或太贵重。

新西兰人有一种传统的礼节：当遇到尊贵的客人时，他们要行“碰鼻礼”，即双方要碰鼻尖二三次。按照其风俗，碰鼻子的时间越长，就说明礼遇越高，越受欢迎。

习题与实训

一、简答题

1. 亚洲主要国家商务礼俗的特点是什么？
2. 欧洲主要国家商务礼俗的特点是什么？
3. 美洲主要国家商务礼俗的特点是什么？
4. 非洲主要国家商务礼俗的特点是什么？

二、实训

课后实验：

让学生装扮成比较典型的一些国家的商人进行商务活动，让其他同学制订接待方案。

技能题：

1. 小张医生作为我国援非医疗队的一员，被派往中非某国。在一次巡回医疗中，他来到一个土著部落，该部落酋长以最隆重的仪式欢迎他的到来，请他用鲜牛粪洗手，喝直接从牛身上取下来的鲜血。小张为难了，你说他应该怎么办呢？

2. 你所在企业与一外商谈妥了一项出口协议，就在当晚你赴庆祝酒会途中，发生了严重堵车，按时到达已不可能，此时你怎么办（假设你是此次谈判的主谈人）？

实训题：

公司老总准备到加拿大考察，他要你准备一份有关加拿大民间习俗及禁忌的材料。请你就此写一份关于加拿大礼仪习俗情况的备忘录。

附　录　商务礼仪相关知识

一、礼貌用语

常见的基本礼貌用语主要有以下几种：

1. 问候语：早上好！你早！晚上好！晚安！

2. 致谢语：请多关照！承蒙关照！拜托！

3. 慰问语：辛苦了！受累了！麻烦您了！

4. 赞赏语：太好了！真棒！美极了！

5. 谢罪语：对不起！实在抱歉！劳驾！真过意不去！请原谅！

6. 同情语：太忙了！不得了啦！这可怎么好！

7. 挂念语：身体还好吗？怎么样？还好吧？

8. 祝福语：托您的福；上帝保佑；您真有福气！

9. 理解语：只能如此；深有同感；所见略同。

10. 迎送语：欢迎！欢迎光临！欢迎再次光临！再见。

11. 问候语：您好！早安！午安！晚安！多日不见您好吗？

12. 祝贺语：祝您节日愉快！祝您生意兴隆！祝您演出成功！

13. 征询语：您有什么事情？需要我帮您做什么？您还有别的事情吗？如果您不介意的话，我可以做……吗？请您慢点讲。

14. 应答语：没关系！不必客气！照顾不周的地方请多多指正！非常感谢！谢谢您的好意。

15. 道歉语：实在对不起！请原谅！打扰您了！失礼了！完全是我们的错，对不起！谢谢您的提醒；我们立即采取措施使您满意。

16. 婉言推托语：很遗憾不能帮您的忙；承蒙您的好意，但我还有许多工作呢。

二、颜色的礼仪象征

紫色——正义、王权

青色——希望、虔敬、诚实

蓝色——和平、良心的安静、善事的爱好

金黄——光荣、力量

红色——殉教、慈善、圣爱
银色——纯洁
白色——纯洁、节制、无邪气、信实
绿色——信实、喜悦、长生
灰色——困苦
玫瑰红——殉教
蓝紫色——忏悔
黑色——悲痛、死亡
淡绿色——洗礼

三、部分国家的国花

印度——荷花
巴基斯坦——素馨花
斯里兰卡——兰花
土耳其——郁金香
埃及——睡莲
伊朗——郁金香
巴西——毛蟹爪兰
秘鲁——向日葵
苏格兰——蓟
芬兰——绣球花
美国——玫瑰
墨西哥——仙人掌、大丽菊
智利——红兰
乌拉圭——女神之花
巴拿马——巴拿马草
哥伦比亚——洋兰
利比里亚——龙葵
英国——玫瑰
日本——樱花
新加坡——卓锦·万代兰（胡姬花）
马来西亚——扶桑花
意大利——雏菊
希腊——橄榄花
加拿大——枫叶
爱尔兰——白金莱
委内瑞拉——五月兰
比利时——虞美人
奥地利——火绒草
荷兰——郁金香
丹麦——冬青
瑞典——白菊、睡莲
波兰——三色堇
澳大利亚——金合欢花
德国——矢车菊

四、花木的礼仪寓意

花木的礼仪寓意如附表所示。

附表 花木的寓意和适用对象

花木种类	寓意	主要适用对象
玫瑰	美丽，爱慕，爱的心声	欧洲人
白玫瑰	对死者的怀念	印度人，华人
红玫瑰	火热的爱情	欧洲人
黄玫瑰	分离，伤离别	土耳其人
橄榄	和平，太平，安定	欧洲人
红蔷薇	倾慕，求爱	欧洲人

（续上表）

花木种类	寓意	主要适用对象
鸡冠花	真挚的爱情	欧洲人
柠檬	纯洁的恋情	欧洲人
折断的柳条	失恋的痛苦	欧洲人
	依依惜别之情	华人
红色鲜花	热恋，赤诚	欧洲人
粉色鲜花	纯真的友谊	欧洲人
白色鲜花	纯真的情谊	欧洲人
黄色鲜花	嫉妒之情	欧洲人
橙色鲜花	孕育着希望	欧洲人
浅色鲜花	温柔之情	欧洲人
金盏花	悲伤，悲苦	法国人
金合欢花	信赖，安全	法国人
金鱼草	自信，信心	法国人
石竹	奔放，富有幻想	法国人
白石竹花	纯洁无瑕	土耳其人
红石竹花	友爱，友情	土耳其人
黄石竹花	忧愁，伤感	土耳其人
大丽花	新鲜，新颖，新意	法国人
百合花	庄重，尊敬	法国人
	美好，希望，尊贵	罗马人
	纯真，贞洁	波斯人
	祝君子孙满堂	华人
白百合花	对未婚妻的热恋	法国人
	对亡灵的悼念	印度人、华人
兰花	热烈的情谊	法国人
	清静雅致	华人
	美好的激情	波兰人

国际通行花语如下：

红茶花——天生丽质

白茶花——真美

红菊——我爱

黄菊——微爱

条纹康乃馨——拒绝

桂花——光荣

杏花——疑惑

紫藤——欢迎

白菊——真实
墨菊——追念
刺玫瑰——优美
鸡冠花——爱情
红郁金香——爱恋
黄郁金香——爱的纪念
紫丁香——初恋
白丁香——希望得到爱
野丁香——谦虚
四叶丁香——属于我
红康乃馨——伤心
黄康乃馨——轻蔑
蓝紫罗兰——诚实
野葡萄——慈善
杜鹃花——节制
松枝——哀怜
垂柳——悲哀
万寿菊——忌妒
白桑——智慧
水仙——尊敬
大丽花——不坚实
橄榄——和平
自栋树——独立
黄生莫——忘恩

参考文献

1. ［英］林・布伦南．21 世纪商务礼仪．北京：中国计划出版社，2004
2. ［美］大・罗宾逊．商务礼仪．北京：北京大学出版社，1996
3. ［美］惠特摩尔．最权威商务礼仪课．石家庄：河北教育出版社，2008
4. 金正昆．涉外礼仪教程．北京：中国人民大学出版社，2005
5. 金正昆．商务礼仪教程．北京：中国人民大学出版社，2009
6. 金正昆．商务礼仪概论．北京：北京大学出版社，2006
7. 刘雪松．公务礼仪．广州：广东人民出版社，2009
8. 张岩松．现代商务礼仪．北京：清华大学出版社，2009
9. 杜岩．商务礼仪．北京：北京航空航天大学出版社，2009
10. 王家贵．现代商务礼仪简明教程．广州：暨南大学出版社，2009
11. 姜桂娟．公关与商务礼仪．北京：北京大学出版社，2005
12. 曹艺．商务礼仪．北京：清华大学出版社，2009
13. 李兰英．商务礼仪．上海：上海财经大学出版社，2007
14. 胡爱娟．商务礼仪．北京：首都经济贸易大学出版社，2008
15. 徐觅．商务礼仪．北京：北京邮电大学出版社，2008
16. 姜虹．商务礼仪．上海：复旦大学出版社，2009
17. 杨眉．现代商务礼仪．大连：东北财经大学出版社，2000
18. 何浩然．中外礼仪．大连：东北财经大学出版社，2006